东北师范大学文库

区域经济发展的
动力系统研究

谷国锋　著

QUYU JINGJI FAZHAN DE DONGLI
XITONG YANJIU

东北师范大学出版社　长　春

图书在版编目（CIP）数据

区域经济发展的动力系统研究/谷国锋著. —2 版.
—长春：东北师范大学出版社，2015.3（2024.8重印）
ISBN 978 - 7 - 5681 - 0364 - 0

Ⅰ.①区…　Ⅱ.①谷…　Ⅲ.①区域经济发展—
研究—中国　Ⅳ.F127

中国版本图书馆 CIP 数据核字（2015）第 006682 号

□责任编辑：邓江英　□封面设计：李冰彬
□责任校对：刘　芳　□责任印制：刘兆辉

东北师范大学出版社出版发行
长春净月经济开发区金宝街 118 号（邮政编码：130117）
网址：http：// www.nenup.com
东北师范大学出版社激光照排中心制版
河北省廊坊市永清县晔盛亚胶印有限公司
河北省廊坊市永清县燃气工业园榕花路 3 号（065600）
2015 年 3 月第 2 版　2024 年 8 月第 3 次印刷
幅面尺寸：170mm×227mm　印张：21.25　字数：300 千

定价：63.00 元

主要内容

　　区域经济发展是大国公共政策的核心问题之一。发展是当代世界的主题，也是当代中国的主题。人类已经进入 21 世纪，无论是发展中国家，还是发达国家，都面临着严峻的发展问题。因此，必须把发展问题提到全人类的高度来认识，并从这个高度去观察问题和解决问题。经济发展是社会发展、政治发展和人类文明进步的基础。区域经济在国民经济中占有十分重要的地位，国民经济区域化和区域经济国际化已成为当今世界经济的两个明显趋势。然而，大量文献表明，迄今为止尚未找到适当的理论来解决各国区域发展不平衡的问题。

　　区域经济发展需要动力，解决动力问题一直是区域经济学、经济地理学、发展经济学和生产力布局学等学科长期研究的重点领域，发展的动力源于人的需要。实践表明，区域经济发展是多要素共同作用的结果，没有任何一种要素能够独立控制经济的发展。尽管每一种要素都在经济过程中起着自己独特的作用，但由于不同要素在经济发展中所处的地位不同，对经济发展的作用也不尽相同。这种情形，既保留了各要素在经济发展中存在的价值，又为人们研究经济发展提供了新的多维视角。从国内外区域经济发展实践看，无论是出现了"新经济"的美国，还是靠"技术立国"的日本，经济发展普遍存在动力不足问题，究其原因是多方面的，但从整个经济发展过程及运行机制看，经济系统动力要素的配置，似乎存在一定问题，即各种动力要素之间没有很好地优化、协同而形成合力，而这应该是制约经济发展的重要因素之一。

本书在国内外专家学者研究的基础上，以系统科学思想为主线，综合运用了区域经济学、发展经济学、数量经济学、经济地理学、技术创新学、新制度经济学、管理学、社会学等多学科理论与方法，从科学发展观视角出发，初步构建了区域经济发展动力系统的基本理论体系和运行模式。在透视和分析区域经济系统、动力系统及其子系统相互作用关系基础上，较深入地探讨了区域经济发展的自组织动力系统、技术创新动力系统、制度创新动力系统和文化动力系统对区域经济发展的作用机制，提出了"合动力网络"的概念，并对其进行了初步界定。本书共分七章内容：

第一章，绪论，主要包括本书的研究背景及意义，国内外研究现状、总体思路、主要内容和研究方法。

第二章，相关理论部分。主要阐释了区域经济发展的几个基本理论，即区域经济增长理论、区域经济均衡发展理论、区域经济非均衡发展理论和区域经济发展阶段理论；区域经济发展的动力学原理，即区域经济发展的动力推动模式、区域经济发展的内动力原理、外动力原理和动力相互作用原理；介绍了系统科学理论与方法，现代系统科学的发展及主要贡献，以及系统科学与区域经济理论的融合过程；分析了现代区域经济学几个主要流派的基本特征，概述了区域经济理论的新发展和区域经济发展观的演变过程。

第三章，通过对区域经济发展动力及其主要类型的描述，建立了区域经济发展系统的多主体系统模型，指出了区域经济发展动力系统的属性；根据区域经济系统的内涵、特点以及构成要素，分析了区域经济系统及其复杂性；阐述了区域经济发展系统及系统发展的过程；在对区域经济发展要素进行分类及分析基础上，运用力学原理直观刻画了区域经济发展过程中力的作用模型；分析了区域经济系统、动力系统及其子系统的相互作用关系，以及对区域经济发展的作用机制；探讨了区域经济发展动力系统结构与功能，并对其进行了定量分析；提出了"合动力网络"的概念；初步构建了区域经济发展动力系统，分析了其运行模式和作用机制。

第四章，依据耗散结构、协同学等自组织理论和结构主义观点，认为区域经济发展中，市场与政府是自组织与他组织的载体，即自组织与他组织的作用过程是通过市场与政府来实现的；通过分析结构变动效应对区域经济发展的影响、区域经济发展与系统的耗散结构特征，分析了动力系统中的自组织结构动力对区域经济发展的作用机制；重点探讨了区域经济发展过程中，作为序参量的主导产业的变化对区域经济发展的影响过程，即区域经济发展过程就是主导产业的发展与更替过程。

第五章，从创新思想的萌芽，到熊彼特创新理论产生以及技术创新理论的发展，在总结前人研究的基础上，通过分析技术创新与区域经济发展的依存关系，指出技术创新是区域经济发展的决定力量；根据成本与收益理论，对区域技术创新激励过程进行了分析；提出了区域科技创新的运行机制模型和评价指标体系。

第六章，通过制度的起源与发展过程，从制度创新角度，对经济增长因素进行了重新解释，深刻阐明了区域经济发展中制度创新的保证作用；技术创新与制度创新必须协同发展，并运用随机过程理论和定量社会学方法，建立了区域创新协同演化模型；通过博弈分析和依据相对成本收益理论，阐述了技术创新与制度创新的互动关系和作用机制，即制度创新能够为技术创新创造条件，并且使技术创新的直接收益得到保障，技术创新在一定情况下能够引发制度创新，甚至可以降低某些制度创新的成本。

第七章，回顾了文化与区域文化的历史演变过程，揭示了文化动力及其结构；探讨了文化与经济发展的相关性；从文化定势、文化观念和文化模式等方面，论述了文化因素对区域经济发展的重要影响；对区域经济发展的文化成本与效应和区域经济发展中的文化传导机制进行了具体分析；动态考察了文化变迁与区域经济发展的交互关系，指出如果忽视文化将文化排斥在发展思想的核心之外，文化因素就可能会摇身一变而成为不可逾越的障碍。

关键词：区域经济发展；动力系统；自组织；技术创新；制度创新；区域文化

Abstract

Regional economic development is one of the key questions of big country's public policy. Development is a theme of contemporary world, and also a theme of contemporary China. The mankind has already entered 21st century. No matter developing countries, or developed countries, they face the severe development problems. So the development problems must be mentioned to human level to study well, and we must observe and solve the problems from this level. Economic development is a foundation of social development, political development and human civilization progress. The regional economy plays a very important role in the national economy. The national economic regionalization and regional economic internationalization have already become two obvious trends in the current international economy. However, a large number of documents indicate that the proper theories have not been found to solve various imbalanced development problems in the country's regions until now.

Regional economic development needs motivation, and solves the motive force problems which have been studied for a long time as key fields such as regional economics, economic geography, development economics and arrangement of productivity. The motivation of development comes from peoples needs. Practice indicates that the regional economic development is the result that many key elements acting together. No key element can control the development of economy independently. Though each kind of key elements plays its own and unique role in the economic course, because of the positions that different key elements in economic development are different, the functions they act on economic development are not the same. This kind of situation has kept the value that every key element exists in economic

QU YU JING JI FA ZHAN DE DONG LI XI TONG YAN JIU

development, and has also offered the new multidimensional visual angle for people to study economic development. By the look of domestic and international regional economic development practice, either America which appeared "New Economy", or Japan "which founds a state by technology", economic development has power on insufficient issue generally. There are many aspects to trace its causes. But seen from the whole economy evolution and from operating mechanism, there seems to be certain question in the key element disposition of the systematic motive force of economy. That is, various kinds of key elements of motive force were not well-optimized and worked in coordination with each other. And this should be one of the important factors to restrict economic development.

On the basis of the studies of domestic and international experts and scholars, this book takes systematic science which is thought as the main thread, and has used multi-disciplinary theories and methods synthetically, such as regional economics, development economics, quantity economics, economic geography, technological innovation study, new institutional economics, management, and sociology, etc. From the angle of scientific development, this book structures the basic theoretical system of the regional economic dynamical development system and operating mode tentatively. By perspective and analyzing the interaction of regional economy system, dynamical system and its subsystem, we have probed more deeply from the dynamical system and function mechanism to regional economic development, such as self-organization, technological innovation, institutional innovation and dynamical system of culture. We have put forward the concept of "the combining motive force network", and we have defined it tentatively. This book divides into eight chapters:

Chapter one: introduction. It includes the research background, meaning of the book, the current study situation both at home and abroad, overall thinking, main contents and the research methods.

Chapter two: The relevant part of the theory. We have mainly explained several basic theories of regional economic development as followings; they are regional economic growth theory, the balanced and imbalanced development theory, the dynamic principles of regional economic development, the interior motive force principle, outer motive force principle and the interaction of motive force in regional economic development. We have introduced the systematic scientific theory and method; the development of modern systematic science and its main contribution, the integration course of systematic science and regional economic theory; we have analyzed several main schools of modern regional economics, and outlined a new development of regional economic theory and the evolution course of regional economic development concept.

Chapter three: Through the descriptions of the motive force for regional economic development and its main types, structuring the model of the multi-agent regional economic development system, pointing out the attributes of the regional economic dynamical development system. According to the intension, the characteristic and key elements of the regional economy system, which we have analyzed the regional economy system and their complexity. It has explained the course of the regional economic development system and system development. In classifying and analyzing the foundation about the key elements of regional economic development, we use the ocular function model of strength while portraying the regional economy evolution of the mechanic principles; We have analyzed the interaction between regional economy system, dynamical system and its subsystem, and the function mechanism to the regional economic development; we have probed into the structure and function of regional economic dynamical development system, and have carried on quantitative analysis to it; we also have put forward the concept of "the combining motive force network"; we structure the regional economic dynamical development system tentatively and analysis, analyze its operating mode and function mechanism.

Chapter four: According to self — organization theory and the structure doctrine view about dissipating structure and synergetic. It is known that the function of self-organization was realized through the market and government in regional economic development. By analyzing the influence that the structure changes on regional economic development and the characteristics of regional economic development and systematic dissipation structure, we analyze the function mechanisms that self-organization structure motive force in the dynamical system effects on regional economic development. We have probed into the impact of change of leading industries on the regional economic evolution especially. Namely the regional economic evolution is a development and replacement thesis the leading industries.

Chapter five: From the rudiment of the innovative thought, the producing to Schumpeter's innovative theory and marking the development of technological innovation theory. On the basis of summarizing the predecessors' study, and through analyzing the interdependence of technological innovation and regional economic development, we point out that the technological innovation is the decisive strength of regional economic development. According to the cost and income theory, we analyze that the encourage course of the regional technological innovation. And we have proposed the operating mechanic model of regional scientific and technical innovation and evaluation of index system.

Chapter six: Through analyzing the origin and evolution of the system, we have explained the economic growth factors in terms of innovation system, and we have deeply expounded the assurance function of system innovation in the regional economic development. Technological innovation and system innovation must be developed in coordination, and use the stochastic processing theory and the

QU YU JING JI FA ZHAN DE DONG LI XI TONG YAN JIU

quantitative sociological method, we have set up the regional innovation coordination evolving models. According to game theory and the relative cost income theory, we have explained the interdependence and functional mechanism of technological innovation and institution innovation. That is system innovation which can create conditions for technological innovation, and make the direct income of technological innovation ensured. While the technological innovation can cause system innovation in certain cases, even can reduce the cost of some system innovation.

Chapter seven: We have reviewed the historical development of culture and regional culture and announced the cultural motive force and structure. We have probed into the dependence of culture and economic development. We have described the important cultural influence on the factors of regional economic development, such as culture tendency, culture idea and culture pattern, etc. We also have made a concrete analysis of the cultural conductional mechanism in cultural cost and the effect in regional economic development. We investigate the interactive relations between cultural changes and regional economic dynamically, pointing out that if we neglect culture and exclude culture form the core of the development ideological, cultural factors may be transformed to become an insurmountable obstacle.

Key words: Regional economic development; Dynamical system; Self-organization; Technological innovation; Institution innovation; Regional culture

目　录

Contents

目　录

Contents

第四章　区域经济发展的自组织结构动力系统

目 录

Contents

目　录

Contents

序 一

谷国锋博士的《区域经济发展的动力系统研究》，是在自己博士学位论文的基础上，修改、调整、完善起来的一部颇有分量的著作。

作为从事区域经济学研究的年轻学者，谷国锋博士在同龄人中是相当勤奋的一位，认真读书、深入思考、广泛涉猎、不断地提出问题并力求解决问题是他的特点，我很为之感动。所以，在此作序我是多少有些诚惶诚恐的。

这是一部系统探讨区域经济发展动力的基础理论的著作。从我自己的研究经历看，只是粗浅地认识到一些经济学关于要素、市场、制度、结构和发展阶段的简单理论，以及关于经济发展的一般原理，几乎从来没有系统地研究关于区域经济发展的基础理论。而且，地理学的专业出身也使我更多地从区域条件、区域形式、区域问题等角度思考问题，更多地注重在应用研究领域里去讨论具体的区域发展问题。所以我特别看重这部从一般原理、纯理论视角出发的理论著作。

该著作有几个地方值得我们关注。一是对区域发展动力研究的文献回顾，总结了国内外各种流派的比较经典的观点，为形成自己的理论奠定了一个很好的基础。二是提出了系统科学指导下对动力因素的综合，从原理到方法，到各个因素之间的逻辑关系，形成了在哲学、科学认识观层次上的升华。三是把自组织与他组织、技术创新与制度创新等动力机制很系统地阐述出来，基本上形成了关于区域经济发展动力的系统认识。

谷国锋博士是数学专业出身的，精准研究、一般性、抽象表达、逻辑与结构是他的强项，也是我们的弱项。我常常感叹自己在研究方法上的欠缺，也苦于找不到改进方法的出路，现在看来，回到基本原理问题上去，使用数学语言分析和表达的确是一个方向。虽然我自己能做到的已经不多，但是必须肯定谷国锋博士的方向。

当然，我们注重的具体区域、具体问题和具体分析的方法也不是没有发展的空间，所谓"后现代"的地理学研究正在力求恢复传统的地理学研究方法。两者是可以互补的。经验和知识，尤其是地理知识和区域知识对区域经济学的科学研究同样重要，从浩繁的经验和知识里获得一般性并精确地表达一般性，是我们努力的方向，也是擅长纯理论研究的学者可以参考的。在两个方向上都可以做得很好当然不容易，但是我想，中国区域经济发展的实践土壤是如此丰厚，如果有人能够在西方经济学家的方法观念下，从大量扎实的区域基础调查、分析、归纳中获得一般性理论成果，形成不同于西方经验的区域经济学理论体系，那将是对经济学的巨大贡献。我希望谷国锋博士在这个方向上能取得更大的成就。

东北师范大学教授、博士生导师

区域经济学学科带头人　丁四保

序 二

　　谷国锋的这部著作是在他的区域经济学博士学位论文基础上，经过进一步修改、充实、完善而完成的。虽然学位论文通过近三年了，可现在读起来，不仅没有失去它的理论价值，而且仍具有现实意义。著作紧紧把握现代区域经济发展多要素构成的系统性、非线性和协同性特征，运用现代系统科学方法，从经济结构、科技创新、先进文化和经济制度等方面，比较深入地探索了区域经济发展动力系统问题，并着力说明和解释了区域经济发展动力系统的时代性特征和科学发展观的必要性。

　　积极构建和丰富自己的知识结构是著作成功的基础。区域经济问题需要运用多学科的理论和方法来认识和解决，区域经济学是一门综合性的应用学科，作者本科毕业于东北师范大学数学系，硕士攻读的是科学技术哲学专业，他充分利用了数学优势，在现代系统科学方法和科学技术与经济社会两个方向上下了不少功夫，在攻读博士学位期间，他苦读了大量经济学、区域经济学、数量经济学、人文地理学和城市经济学的理论与实践方面的文献，还参加了多项省部级区域经济及相关课题的研究。

　　提出了符合时代特征的理论观点是著作成功的关键。作者提出了区域经济是一个多因素构成的、复杂的非线性动态系统的观点，即"区域经济发展是多种要素共同作用的结果，没有任何一种动力要素能独立控制经济的发展，只有通过动力系统内子系统的相互协同与耦合，产生新的动力结构和系统合动力，才能提高动力系统的效率"。

构建可操作性的系统结构和机制是著作成功的具体体现。著作提出了区域经济动力系统及其作用机制模型，它包括自组织结构动力系统、技术创新动力系统、制度创新动力系统和文化动力系统。提出了区域创新必须协同共进共同发展，才能提高效率的观点，并根据随机理论和定量社会学原理建立了区域创新协同演进模型，把区域经济发展动力问题放在科学、技术和社会的大背景条件下去考察。

多角度、多视野研究范式的转换是著作成功的标志。作者从多角度、多视野研究经济学的范式的转换，从传统理论下的经济系统，转换为现代意义下的经济系统，完成了从线性到非线性的转换。区域经济学面对的问题十分复杂和多变，仅仅从传统的经济发展理论来认识已经远远不够了，作者运用多学科理论和方法，从概念的把握到实际应用，使其研究成果更加深入和符合实际。

从技术创新理论到区域创新理论的转换是著作成功的特色。熊彼特的《经济发展理论》对作者影响较深，他在思索熊彼特的创新理论中，提出了技术创新是生产要素和条件要素的新组合的学术观点，即区域技术创新是生产要素和条件要素的新组合，进而形成了区域创新概念的新构想，将熊彼特的技术创新理论转换为区域创新理论的应用和再创新。

在当前学术论文著作出版较难的环境下，东北师范大学出版社决定出版他的区域经济学博士论文，我作为他攻读博士学位的指导教师，当然为他成果的出版而高兴，同时向出版社深表谢意。为论文出版作序，使我回忆起他三年前攻读博士学位过程中燃起科研兴趣和创造激情，他是那样不知疲倦地查阅文献，不耻下问地请教诸多老师，在艰辛打拼中表现出的顽强毅力、好学、聪慧和才智，从而开拓了自己的学术视野和研究方向。他论文的选题，属于区域经济的理论前沿问题，富有挑战性，开题报告时，有些教授认为该题难度大，劝他改题，但他坚持做下来了，而且在论文答辩时，还受到答辩委员会诸位专家的一致好评。攻博士学位论文的意义，不仅仅是一个题目的完成，而更具意义的是能力的检阅和锤炼，学会寻找科学问题和机会的本领，驾驭和整理知识和创造表达方式的能力。作者在博士论文之后，又发表了一系列有质量的论文，主持完成了多个省部级项目，使他无论接受实际课题还是理论探讨，都能得心应手，这与他扎实攻读打下的坚实基础有很大关系。

综观全书，尽管作者提出了一些富有新意的学术观点，但还应看到书中还存在许多不足和值得斟酌、商榷的地方，论文出版后希望作者虚心听取意见，在这个研究成果基础上，继续进行更加深入的探索，要时刻保持头脑冷静，脚踏实地地追求更高的学术境界。

东北师范大学资深教授、博士生导师　滕福星

01 第一章 绪 论

第一节 研究背景及意义

区域经济增长是区域经济理论的核心问题之一。有人把它称为经济学永恒的主题。总之，无论怎样强调经济增长的重要性都不为过。因为，一个国家只有实现经济增长，才能达到经济与社会的发展目标，满足人民日益增长的物质与文化需求，给人民带来福祉。20 世纪 80 年代中期以来，随着全球化、信息化和市场化的发展，知识经济已见端倪，单纯以资本和自然资源的传统增长方式发展经济逐渐失去了竞争力，科技与知识越来越凸现在区域经济发展中的主导地位。而在各国的经济增长竞赛中，出现了一些国家先盛后衰，一些国家中场告退等情况①，这些情况说明，一个国家经济的繁荣和发展源于经济增长，如果失去持续增长的动力，经济增长就会趋缓或停止，甚至会出现负增长（如 90 年代日本经济连年发生负增长）。经济增长需要不竭的增长动力来维持，21 世纪，无论发展中国家还是发达国家，都面临着严峻的发展问题，探寻经济持续增长动力是一个国家经济成功的关键。因此，必须把发展问题提到全人类的高度来认识，并从这个高度去观察问题和解决问题。

---

① 如 15 世纪法国和西班牙曾领先于世界各国，维持了 100 年左右的繁荣后便被尼德兰和英国超越。18 世纪英国发生了产业革命，这使英国经济以前所未有的速度增长，赢得了世界制造中心的霸主的地位。经过两次世界大战，英国的实力大大下降，增长速度放缓，美国经济迅猛发展，取代了"日不落"英国的地位。1937 年美国工业生产总值占到资本主义世界工业生产总值的 42％，1948 年这一比例上升到 54.6％。20 世纪 50—80 年代，美国的增长速度减慢，曾被日本和联邦德国超过。进入 90 年代，美国经济出现了历史上第二个长期繁荣时期，增长能力再次位于发达国家之首。在发展中国家，阿根廷曾跻身世界经济前 10 强，在 20 世纪六七十年代被誉为"阿根廷奇迹"，但自 2001 年爆发经济危机以来，已从世界增长的行列中消失。

一、 研 究 背 景

(一) 科学技术与创新改变了传统的经济发展模式

科学技术的快速发展，使世界经济发生了一系列深刻的变化。其重要标志之一就是生产体系已由标准化大批量生产的福特制占主导地位，转为柔性专精的后福特制，以自然资源为基础的经济逐渐转向以知识为基础的经济，进入了知识经济时代。知识经济带来的社会经济变化既波澜壮阔又潜移默化，它不仅使整个经济发展方式和结构发生了变化，更重要的是引起了经济发展基础的变革，尤其是信息基础设施、制度结构和政府作用等方面的变化，使得科技进步和创新已经成为推动区域经济发展的决定性因素。

21世纪是以科技创新为主导的世纪。以信息技术、生物技术、纳米技术为代表的新科技革命，深刻地改变着传统的经济机构、生产组织和管理模式。然而，全球化和知识经济在推动资源流动的同时，并没有带来各地区经济发展的趋同化或归一化过程，相反区域特性表现得更为明显了。区域经济作为国民经济发展中不容忽视的重要组成部分，其运行机制和动力要素都在发生根本性的改变。许多国家和地区的发展现实已经证明：在新的国际社会经济背景下，区域经济发展不仅仅是一个简单的由资本、劳动和技术推动的过程，而是一个复杂的社会—经济—技术的系统过程。长期的经济增长来源于知识的创新能力，单纯依靠外来资本以及本地自然资源禀赋等外力来发展区域经济，势必造成脆弱的国民经济。因此，许多国家都在寻求以知识和技术为根本的区域发展战略。而在众多区域发展战略理论中，最著名的是美国经济学家、诺贝尔奖获得者西奥多 W. 舒尔茨 (Theodore W. Schultz) 的"人力资本"理论和哈佛大学的迈克尔·波特 (M. E. Porter) 教授的"战略管理"理论。舒尔茨在对美国农业进行长期跟踪研究后发现，促使美国农业生产产出迅速增加和农业劳动生产率提高的重要原因已经不仅仅是土地、劳动力数量和资本存量的增加，而是人的知识、能力和技术水平的提高。

（二）区域经济发展不平衡现象普遍存在

经济发展的过程实际是一个逐步拓宽生存空间和梯度推移的过程。从各国经济发展的历史可以看出，经济发展总是从一些国家或地区开始，然后向其他国家或地区扩散。由于各个区域的地理位置、资源禀赋、文化背景、经济体制、人口素质、技术水平和原有基础等条件的不同，形成了地区之间经济发展的梯次展开现象。

从发达国家来看，英国最先发展起来的是以伦敦为中心的东南沿海地区，结果形成了以伯明翰为中心的工业区，以后才逐渐向西部转移；意大利则一直是北方发达，南方落后；加拿大最先发展起来的是法国人建立的殖民地，即以魁北克为中心的东部，独立以后才开始对西部和内地进行开发；美国则是东北部最先发展起来，南部和西部在"西进运动"之后才逐渐获得发展。

发展中国家以巴西为例，其经济中心主要在东南部，尤其是圣保罗、贝洛奥里藏特和里约热内卢三角地带。该地区面积仅占全国的11％，却聚集了全国45％的人口和60％以上的国民生产总值，其中圣保罗一个城市就占全国工业生产能力的40％以上，成为南美洲最发达的地区，而占全国面积60％以上的北部和中西部地区则人烟稀少，生产落后，有待发展。作为世界上发展中大国之一的中国，区域经济发展的不平衡性主要表现在东西部的发展差距上。这种差距表现在：经济增长速度、经济总量、人均国民生产总值和人均收入差距等的不断扩大。可见，区域经济发展的不平衡性是世界各国的普遍规律。

（三）系统动力缺乏是制约区域经济发展的关键因素

文献表明，迄今为止尚未找到适当的理论来诠释解决各国区域发展及其不平衡的问题。[1]随着科技进步、经济全球化、市场竞争日益复杂化和激烈化，区域经济持续发展问题越来越被人们所关注，它不仅促使经济学家和社会学家对发展问题进行研究，也使区域政府在煞费苦心地寻找着使区域经济永远保持活力和发展的途径。那么，区域经济的发展，除了地理区位等自然因素外，决定一个区域经济增长快慢和发展水平高低的因素究竟是什么？同一个国家，为什么有的地区增长速度快，有的地区增长速度慢？同一个地区，为什么有的时候增长快，有的时候增长慢？这是我们研究区域经济发展时不得不面对的重要问题。

区域经济要保持持续稳定的发展途径很多，但归根到底是要在市场环境等要素一定的情况下，进行有效的创新活动。创新是区域经济持续发展的永恒主题。从这个意义上说，创新是区域经济发展的直接动力。因为持续高效的创新活动能使区域经济成本不断降低，效率不断提高，并促使区域经济稳步发展。如果区域经济发展没有动力，没有支撑力、提升力、引导力、向心力、系统合力，就不会有发展力，更不会有活力。

综观国内外区域经济发展现状，无论是出现了"新经济"的美国，还是靠"技术立国"的日本，无论是我国的东部，还是中西部，区域差距存在的原因是多方面的。有社会制度上的、经济体制上的、文化环境上的、地理区位和区域政策上的，等等。虽然单一的动力对区域经济发展产生了一定的功效，但是缺乏系统动力是一个普遍存在的问题。即从整个经济发展过程及运行机制看，经济发展中的动力单一化和动力要素间的分散化，使得区域经济发展的动力系统要素资源配置不合理，没有形成系统合力，而这些应该是制约区域经济发展的最重要因素之一。

二、研究意义

区域经济发展问题一直是区域经济学、经济地理学、发展经济学和生产力布局学等学科研究的重要领域，也是世界各国共同关注的焦点之一。国民经济区域化和区域经济国际化已成为当今世界经济的两个明显趋势。在这种背景下，研究区域经济发展的动力系统问题具有一定的理论和实际意义。

（一）理论意义

1. 是对区域经济发展理论的必要补充

西方区域经济学研究中，区域经济发展理论研究的侧重点是区域增长的动力机制及其区际差异问题（陈栋生、魏后凯，1994），产业结构与空间结构作为影响区域经济增长或发展的一个变量，也被置于其研究的框架之内。但是，长期以来，在我国有关国民经济的研究中，人们往往往注重于部门经济发展问题的研究，而对区域经济的发展问题涉及很少，也不全面。随着经济体制改革的深入和社会的飞速发展，我国的区域问题已成为各类改革和发展的重大问题之一，并引起了党和国家的高度重视，从"六五"、"七五"、"八五"、"九五"到"十五"以至于"十一五"规划都把区域发展和区域经济协调发展等问题摆在了非常重要的位置。

在古典经济理论中，从亚当·斯密的一个自由放任经济，由分工和专业化，自然就获得发展，到李嘉图认为经济发展的焦点在于收入要素的分配作用，……从新古典主义经济学瓦尔拉的收入分配理论，到马歇尔的边际价值理论等，无一不是把经济发展作为理论核心而展开他们的分析与探索。而把经济增长与发展作为一个专门问题研究，是从熊彼特开始的，在他的《经济发展理论》专著中，系统地分析了经济发展过程，并提出了著名的创新理论。在 20 世纪的大部分时间，经济学家一直把经济增长与经济发展视为同义语，认为"增长"即是"发展"。后来，随着研究内容的不断深入，对"增长"与"发展"问题进行了更加清晰的界定，使"发展"问题得到了进一步的丰富和发展

2. 进一步拓展了区域经济发展的研究领域

20 世纪 50 年代之后，"发展"一词在经济学界流行起来，但直到 70 年代，人们才知晓"增长"并不等于"发展"。由于经济发展的目标和概念变了，因此必须重新考虑发展的动力问题。在强调经济增长的时代，经济学理论把增长的动力归结为资本积累。但是，我们在比较不同国家经济发展差异时发现，尽管资本积累在增加，但不一定带来相应的经济增长。世界银行在《增长的质量》研究报告中进一步指出："合理的管理规章构架是经济增长的强大动力。此构架包括政府机构，规章制度，公民参与的权利，确保法律的透明性和可知性的机构等各方面。"其实，经济体制和政策对经济增长的影响早已存在，人们之所以至今才认识得比较清楚，是因为经济活动方式发生了根本变化。

经济发展需要动力，解决动力问题始终是经济发展的核心问题，而经济发展的动力最重要的是来自人们的参与。吉利斯说："这个国家的人民必须自力动手加入这个经济发展的过程，成为使经济结构发生上述重大变化的主要参与者。"他把这种参与看作"经济发展的第三个主要

因素",并指出:"参与经济发展过程是指分享经济发展带来的好处,并且参与形成这些好处的生产活动。"经济发展是多种要素互动的结果,尽管每一种因素都在其中发挥着自己独特的作用,但没有任何一种要素能够独立控制经济的发展。由于不同要素在经济发展中所处的地位不同,那么对经济发展的作用也不尽相同,这种情形,既保留了各因素在经济发展中存在的价值,又为人们研究经济发展提供了多维视角。

对区域经济发展的动力系统进行深入研究,其理论意义和学术价值主要表现在:运用现代系统科学理论研究区域经济发展问题,是目前区域经济学研究的热点,也是现代区域经济学理论的发展方向;系统科学与区域经济学的交叉与融合,进一步丰富和发展了区域经济理论;现代系统科学,特别是自组织理论的应用,为全面系统地研究区域经济问题,提供了新的思路,具有一定的方法论意义;在系统理论指导下,综合运用了区域经济学、发展经济学、数量经济学、经济地理学、技术创新学、新制度经济学、社会学、管理学等多学科的理论与方法,拓展了区域经济学研究的领域和方向,使区域经济发展动力系统的研究更具有学术性和科学性。

(二) 研究的实际意义

区域经济研究的目的在于应用实践、指导实践。经济发展系统动力不足,在不同的区域有不同的表现形式。区域经济发展的动力因素众多,而单一动力要素的作用是有限的。通过对区域经济发展系统要素的科学认识,抓住关键动力要素,可以有针对性地构建适合本区域经济发展的动力系统,有利于政府做好区域开发与规划工作,避免盲目投资,提高资源配置效率,同时还能为政府审时度势,根据区域实际发展经济提供理论依据和政策参考。因此,深入研究和探讨区域经济发展的动力系统,对于解决区域经济发展差距问题具有一定的现实意义和指导意义。

第二节　国内外研究现状

区域经济发展动力系统研究的目的,是通过建立合理的动力系统,提高资源配置效率，使区域经济不断充满活力，保持长期、持续和高质量的发展。因此，区域经济发展必须建立在区域经济多元化、多部门和多环节都具有强大动力的基础上，没有系统动力，就不能解决区域经济发展的根本问题。关于区域经济发展的相关问题，国内外学者都有研究，而在区域经济发展动力方面的研究虽有涉猎但不系统，基本上没有形成体系。因此，对区域经济发展动力问题进行系统深入的研究空间很大。

一、 国内的相关研究状况

（一）国内学者的研究

从国内研究情况看，对单一要素与区域经济发展关系的研究比较普遍，也取得了一些研究成果。卢国良（1990）研究社会主义经济问题时认为："经济发展动力普遍不足，是众多复杂'病因'中最重要的方面。""作为经济发展动力，不论是物的因素或是人的因素，都不是指其静态形式，而是指它们的动态形式。从'物'来看，它是指物质生产资料质和量的增长过程。从人的因素看，它是指劳动力质和量的增长过程。发展运动着的物质力量构成经济发展的客观性动力；发展运动着的劳动力构成社会经济发展的主体性动力。它们的相互关系是：客体动力和主体动力是相互依存、相互促进和相互转化的，但前者对后者又有依赖性和从属性。"[2]这是国内学者较早以《经济发展动力论》为核心内容，从社会经济角度研究经济发展动力问题的文献。

赖勤学（1996）对日本经济研究认为，在战后不到30年的时间里，日本以每年平均增长率10％的速度取得了财富和经济实力，平步青云进入了世界经济大国的前列，科技是日本经济得以成功发展的原动力。[3]近年来，随着"科学技术是第一生产力"论断的深入，越来越多的学者认识到科学技术是区域经济发展的根本动力，与其说科学技术是区域经济发展的根本动力，不如说技术创新才是区域经济发展的根本动力。[4]李京文（1999）研究创新理论后认为，创新是当代经济发展的动力，观念创新是一切创新的源泉，技术创新是创新的主要形态。他还就技术创新与其他创新的区别进行了深入研究，认为技术创新具有创造性、高投入、高收益、高人力资本存量和高风险性等特点。只有大力推进技术创新才能推进区域经济的发展，提高区域竞争力。[5]冯之浚、张念椿（2000）认为，技术创新更具魅力之处，是它与经济增长结下了不解之缘，它实实在在是经济振兴、经济起飞、经济发展的不枯竭动力，也是科技进步、社会发展、国家兴旺的生命力所在。

严江（2001）认为，科技进步与技术创新对区域经济发展要素的积极影响可以归纳为两点：一是改善要素的存在形态而提高要素作用功能；二是克服要素在空间贮存方面的不足而提高要素的组合功能。[6]李善同、刘勇（2001）研究了知识经济与区域经济发展关系后认为，知识经济深化了区域合理分工，知识经济促进了区域经济一体化，知识经济缩小了区域差距，知识经济是区域经济发展新的动力。[7]王立行（2002）认为，科技创新是经济社会发展和增强综合国力的强大动力，是启动经济持续增长的动力。[8]刘霜桂（2000）通过对近年来台湾问题的研究认为，科技创新是台湾决胜 21 世纪经济的关键。[9]吴传清、刘方池（2003）认为，技术创新对区域经济发展具有重要作用，它不仅可以促进区域经济发展的要素形态与功能、区域经济增长方式、区域产业结构和区域空间结构的变化，而且可以推进区域经济的制度创新。[10]

骆泽斌（1998）从分工的二重性，研究了区域经济发展的微观机制。认为区域经济增长与发展研究是一致的，严格区分二者的做法会妨碍分析逻辑，分工是区域经济发展研究的一个良好起点。[11]叶荣（1999）从系统论观点研究了我国中西部经济发展，认为系统均衡性取决于总量及结构两方面的均衡稳定性。我国出现的区域经济差距过分悬殊、以及与之相伴随的区域经济结构不合理、产业结构不合理等一系列现象，其原因主要是在"总量"与"结构"的问题上。在经济发展中，既要强调促进总量的增长，也要注重协调结构的均衡。总量与结构同等重要，促进与协调不可或缺。[12]

孙金华（1998）从技术的角度研究认为，技术和经济是社会大系统中两个相对独立的系统，两者有着密不可分的联系，当技术与经济结合，技术的发展将对经济活动、经济发展水平、经济结构和经济增长方式转换等产生重大的推动作用，为社会带来巨大的效益。技术进步受制于经济环境，经济发展依赖于技术进步，技术进步与经济发展是逻辑与历史的统一。[13]任崇强、韩建民、刘显勋（2004）按照区域经济发展要通过以国家为主题的发展去实现，而国家发展的一个重要标志是城市经济发展水平的逻辑顺序，认为城市经济是区域经济发展的动力。主要表现在：城市是经济中最为活跃的因素；知识经济是城市经济中的核心，城市经济是区域经济可持续发展的主力军。[14]

陈本良、陈万灵（2000）通过对我国区域经济差异产生的背景分析，说明自然条件、人文资源和优惠政策不能说明地区差异扩大的原因，他们从制度分析入手，指出区域经济差异扩大的原因在于制度环境差异，并提出缩小差异的对策—制度创新。刘乃全（2000）研究了外部性、递增收益与区域经济发展的关系，指出产业聚集和产业群对区域经济增长具有一定的促进作用，并且认为，由于技术与创新是区域经济增长的一个决定性因素，所以技术的转移或传递就成为决定区域能否持续发展的一个重要因素。曾维新（2000）从管理的角度研究认为，科学的管理可以激发区域经济的内在活力、构造区域经济系统的整体合力、维系区域经济系统的持续活力，是区域经济发展的主动力。[15]

陆文喜、李国平（2003）从资本是经济发展的基本要素角度认为，区域经济发展不平衡，一个主要因素就在于在不同地区资本会形成差距：我国东部快速发展的关键在于东部地区建立了一个有效率的资本形成机制，而这正是落后的西部地区所缺乏的。[16]豆建民（2003）通过西方有关区域经济理论，指出政府以及区域合作在区域经济协调发展中的作用。李银（2004）认为，文化的非均衡发展是形成区域经济发展差异的重要原因之一。文化引导经济，经济发展文化，文化与经济具有很强的互动性，提高经济的发展水平，与文化创新有着密切联系。[17]苏胜强（2002）通过对资本、技术和制度三者的层次性和逻辑斯蒂特性的分析，从理论上证明了三者对经济增长的不同作用和地位。

主悔（2006）基于系统理论、控制理论和发展观等理论，运用规范与实证紧密结合的方法，通过系统分析和数理模型，探讨了区域经济发展的动力和动力机制，讨论了经济发展动力的传递路径、推动模式、效用实现和系统结构等，揭示了区域经济发展系统中各种动力要素之间的内在规律。

王建廷（2007）在经济区域形成的基础上，构建了以集聚为核心的时空相结合的内生动力模型,揭示了始于要素禀赋的区域经济发展的一般规律。

综观国内学者的研究观点,他们主要集中在分工、政策、资本、技术、制度、创新等单因素、或两个要素对区域经济发展的影响,取得了一系列研究成果,当然在其他因素方面还有学者继续研究。总之,新经济的出现已经证明,信息技术及其产业是当今美国乃至世界经济发展的重要动力(迟文岑,1998;罗华志、蒋信贤,2001)。

(二)党的三代领导人对经济发展动力的认识

必须打破常规,尽量采用先进技术。新中国成立后,党的第一代领导人毛泽东明确指出,要把我国建设成为一个社会主义的现代化的强国,"必须打破常规,尽量采用先进技术"。[18]而且他特别强调要发挥广大工人、农民这些劳动者的主观能动性和创造性,大力发展我国的社会生产力,加快我国的经济发展速度。

科学技术是第一生产力。改革开放后,以邓小平为核心的党的第二代领导人,提出了"科学技术是第一生产力"的著名论断。他指出:"马克思说过,科学技术是生产力,事实上这话讲的很对。依我看,科学技术是第一生产力。"[19]邓小平关于"科学技术是第一生产力"的论断是他科技思想的精髓,是对马克思主义科技学说和生产力理论的创造性发展。改革开放20多年来,我们党把科学技术进步和发展摆在重要位置,取得了国民经济快速发展、综合国力不断增强、人民生活水平显著提高的巨大成就,实践充分证明,科学技术是生产力发展的第一推动力,也是经济发展的重要保障。

"科教兴国"的战略思想。党的第三代领导人发展了邓小平关于科学技术是第一生产力的思想,提出了"科教兴国"的战略思想。[20]对我国经济发展的动力的认识有了进一步的深化,对我国经济发展的动力做出了新的更为准确、更为科学而深刻的回答。江泽民(2002)在十六大报告中还进一步指出:"……必须把发展作为党执政兴国的第一要务,不断开创现代化建设的新局面。"

"科学发展观"的提出。在党的十六届三中全会上,以胡锦涛(2003)为总书记的新一代中央领导集体,按照党的十六大精神,从新时期所处的国际、国内形势和新阶段党的历史任务出发，着眼现实，立足长远，开拓思路，创新观念，高屋建瓴地提出了"坚持以人为本，树立全面、协调、可持续的发展观，促进经济社会和人的全面发展。"强调"按照统筹城乡发展，统筹地区发展，统筹经济社会发展，统筹人与自然和谐发展，统筹国内发展和对外开放的要求"，建立经济社会可持续发展机制。其本质和核心是坚持以人为本，其根本要求是坚持统筹兼顾，其关键是强调发展。这一论断既是对马克思的"以人为中心"的发展观的继承和发展，又是对社会主义现代化建设的指导思想的新发展。

从三代领导人经济发展动力思想看，邓小平首先在发展理论的特有含义上把"发展"这一术语引用到中国的政治生活中来，并提出和阐明了发展是当代世界和当代中国的主题。1984 年，他在谈到中国的内外政策时指出，中国国内政策的目标是要通过几十年的发展，"接近发达国家的水平"，"在争取和平的前提下，一心一意搞现代化建设，发展自己的国家，建设具有中国特色的社会主义"。[21]1986 年，他在接见外宾时高度概括地指出："我们所做的工作可以概括为一句话：要发展自己。"1987 年，他在会见日本来宾的谈话中指出："我们现在所干的事业，就是把中国变成一个现代化的社会主义国家"。"中国的主要目标是发展"，"中国解决所有问题的关键是要靠自己的发展"，"我们现在的主要任务就是发展自己。"[22]

二、 国外的相关研究现状

国外学者的研究大多集中在经济增长理论上。事实上，经济增长理论的发展史就是经济学家对促成经济增长的诸因素进行深入研究，并不断深化认识的过程。[23]从古典经济学家斯密、马尔萨斯、李嘉图、熊彼特、奈特等开始，他们探讨了促进经济增长的基本因素。哈罗德、多马则提出了经济增长模型。这一模型以社会只生产一种产品，只使用劳动和资本两种生产要素，并且劳动和资本的比率不变、技术状态不变等为前提，提出了资本积累和投资效率是影响经济增长的因素。

50 年代后期，索洛（1956）[24]、斯旺（1956）、丹尼森（1962）等人对美国经济增长进行研究，建立了新古典增长理论。索洛等人认为：

在没有外力推动时，经济体系无法实现持续的增长。只有当经济中存在外生的技术进步和外生的人口增长时，经济才能实现持续增长。新古典增长理论，一方面将技术进步看作经济增长的决定因素，另一方面又假定技术进步是外生变量而将它排除在考虑之外，这就使该理论排除了影响经济增长的最重要因素。

新古典增长模型在理论上非常富有启发性。它不仅区分了两种效应，即增长效应和水平效应，而且第一次明确地把增长研究的中心转向技术进步，突出了技术进步对增长的重大推动作用。索洛在实证分析中，测算出技术进步对美国总增长率的贡献约为 87.5%。丹尼森等人的增长实证分析，证实了索洛的观点并发现了很大的"余值"。[25]

以索洛、斯旺、丹尼森等为代表的新古典增长理论，认为哈罗德—多马模型的前提条件太苛刻。索洛放弃了这一前提，同时提出了两个新的前提假设，即规模报酬不变和完全竞争市场。他以柯布—道格拉斯函数为基础，把资本、劳动和技术看成是影响经济增长的三个主要因素，并相应地建立了新古典经济增长模型。根据这一模型，经济增长主要是由资本积累、劳动投入和技术进步等三者决定的。以这一模型为基础，很多学者计算了资本、劳动和技术对经济增长的贡献。以罗默、卢卡斯、格罗斯曼等人为代表的新增长理论把技术进步看成是促进经济增长的重要因素，强调知识、技术对经济增长的推动作用。他们在索洛模型的基础上，把技术、创新能力看成是经济增长的内生因素，提出了一系列的内生经济增长模型，包括罗默的知识驱动模型、卢卡斯的人力资本模型、格罗斯曼的研究开发模型等。

多年来，很多学者还对影响经济增长和区域经济发展差距的诸多因素进行了考察。[26][27][28]这些因素主要有：投资，特别是外商直接投资；政策；区位；教育、技术进步或知识；劳动力流动，等等。研究的范围主要集中在经济增长的因素分析和区域发展差距上。迄今为止，从总的研究方向看，无论是国外学者的理论探索，还是国内学者对实际问题的研究，都没有脱离索洛所创立的因素分析法的分析框架。其基本的分析逻辑是找出影响经济增长或区域差距的因素，然后进行定量或定性的分析，计算出一种或几种因素对增长或差距的贡献程度。而在区域经济发展中，将发展因素作为一个系统来研究的却不多见。

三、 国内外相关研究观点述评

根据已有文献和学者们的研究，现将与经济发展动力相关的一些观点做简单梳理。

(一) 劳动分工和专业化动力的观点——亚当·斯密的"经济增长动力钟"

亚当·斯密在其名著《国民财富的性质和原因的研究》中，向我们展现了他精密的经济增长动力思想。可以用以下的"动力钟"[①] 的形式表达出来。

图 1-1 表明，人们追求自己利益的"利己心"在市场机制这个看不见的手的作用下，成为国民财富增长的源动力。资本积累经过投资过程，特别是经过分工机制，使增长能力显著增强，产出量增加，从而获得更多的利润、更高的工资基金，使人均收入增加、年消费水平提高，从而使一国财富增加，在此基础上，可以增加资本积累、扩大投资，进入下一轮增长循环。图 1-1 中描述的经济增长链，实际是在源动力的驱动下，经济增长力实际产生并不断自我强化的过程。

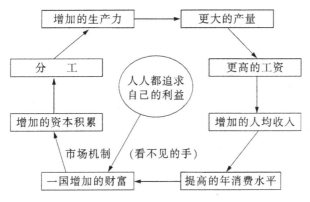

图 1-1　亚当·斯密的"经济增长动力钟"

---

① 史东明. 和谐的增长 [M]. 北京：清华大学出版社，2007.13—14.

亚当·斯密（Adam Smith）还认为，分工是导致经济进步的唯一原因，是经济进步的巨大原动力。阿林·杨（Allyn A. young）深化和发展了斯密的思想。在他们之后，经济学界存在着两种分工观：其一认为分工意味着经济的多样化，分工表现为新行业的出现及生产迂回程度的加强，分工经济是一种多样化经济；其二认为分工表现为工人将越来越多的时间用于生产一种产品，即工人专业化程度的加深，分工经济是一种专业化经济。亚当·斯密的《国富论》是第一部较为系统的经济发展理论著作，根据斯密的分析，经济增长是以劳动分工深化为基础的社会经济组织结构自发演进的结果，分工深化导致技术进步和生产率提高。可见分工程度的高低，将直接影响劳动生产力的水平和国民财富增长的速度。

（二）劳动动力的观点

迪奥梅德·卡拉法（1406—1487）在其《论王权和好国王……的作用》中说"劳动是财富的源泉"。从斯密、李嘉图、马克思对劳动价值问题的讨论，持续到现在，如今的人力资本、智力资本理论，应该说更加系统地论证了"劳动"在经济发展中的动力作用。

（三）资本积累动力的观点

18世纪以前，甚至19世纪的头几十年，经济学家基本不使用"资本"这个概念，这个词一直是法律和商业上的术语，是魁奈奠定了资本理论基础；西斯蒙第是第一个研究资本主义生产和积累的条件和极限的思想家；杜尔阁把资本作为生产要素来看待。李嘉图认为资本积累乃是资本主义的起动力；马克思认为资本积累是资本主义扩大再生产的源泉；从古典经济学至20世纪初的哈罗德—多马模型，都把资本积累作为经济增长的决定因素。

（四）消费需求动力的观点

英国著名经济学家马歇尔指出："一切需要的最终调节者是消费者的需要。"关于消费需要的作用，马克思早就说过："没有需要就没有生产，而消费则把需要再生产出来"，"消费的需要决定着生产"。生产和消费是相互促进，互为条件的。人们通过消费，满足了需要，又会产生新的需要，新的需要又推动生产不断发展。正如一些学者（尹世杰，2002）所说的：只有从扩大消费需求入手，才能真正抓住了扩大内需的"牛鼻子"。应该说，最终需求是经济增长的根本动力。

（五）投资动力的观点

熊彼特在其《经济分析史》里分析马克思关于"工业剥削收益"时说，投资是经济发展的主要原动力。欧文在其《经济魔杖》中说："投资是经济启动力，这是汉森理论的出发点。"凯恩斯认为投资需求，是推动经济发展的动力之一，这已被当今各国普遍采用。

（六）制度动力的观点

制度经济学对制度及其创新在经济发展中作了全面系统的论述。著名经济学家 Eirik G. Furubotn 说："在过去的几十年中，经济学家们越来越重视制度在经济体系中所发挥的作用……制度是经济发展的关键因素，因为它们管制个人的社会行为，虽然这种管制可能是不完善的。"（埃瑞克 G. 菲吕博顿，鲁道夫·瑞切特，1998）"制度必须随着环境的变化而变化，因为就其性质而言，它就是对人类引起的刺激发生反应的一种习惯方式。而这些制度的发展也就是社会的发展……"（凡勃伦，1964）

（七）城市化动力的观点

城市化是经济增长的重要源泉，是人类制度创新的重要组成部分，城市化过程也是人口集中、经济和社会活动集中的过程。长江三角洲的发展向我们证明：城市化作为现代化的主旋律，正在成为中国区域经济增长的动力和源泉。长江三角洲土地面积只占全国的 1％，人口占全国的 6.25％，工业总产值则占到了全国的 21％，这与长江三角洲目前约40％的城镇化水平是分不开的。（陈述彭，2002）

（八）创新动力的观点

熊彼特用"创新理论"开创了解释经济发展的先河，他认为，一个经济，若没有创新，它就是一个静态的，没有发展和增长的经济。经济之所以不断发展，是因为在经济体系中不断地引入创新。"创新是一个民族的灵魂，是一个国家兴旺发达的不竭动力。"（江泽民，1995），如今"创新"已越来越被人们重视和利用，党的十五届五中全会和十六大报告把"科技创新"和"体制创新"作为推动我国经济发展和结构调整的动力。

（九）科学技术动力的观点

恩格斯在马克思墓前的讲话中说，在马克思看来，科学是一种在历史上起推动作用的革命力量。引起资本质量、土地质量和劳动质量变化的技术进步，推动经济增长。邓小平指出："马克思说过，科学技术是生产力，事实证明这话讲的很对。依我看，科学技术是第一生产力。"

第三节 研究的总体思路、主要内容和研究方法

一、总体思路

区域经济发展是建立在区域经济增长之上的区域经济系统不断演化、区域产业结构与空间结构高度化演进的过程。本书遵循理论与实证研究相结合的总体思路（图 1 - 2），在系统科学等理论指导下，围绕区域经济发展的动力系统这个主轴，沿着以下主线和主要环节完成整个研究过程：即基础理论→系统→区域经济系统→区域经济发展的动力系统的逻辑顺序逐步展开。

二、主要内容

基本框架由 7 章和结语组成。大体可分为：相关理论、系统构建、

系统分析和结语等四个部分。

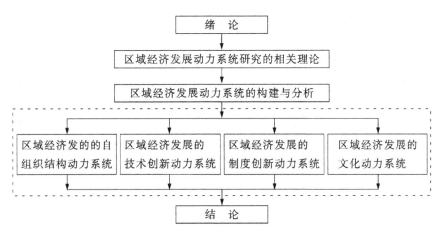

图 1 - 2 基本框架和研究思路

第一章，绪论，主要包括研究背景及意义，国内外研究现状，总体思路、主要内容和研究方法。

第二章，相关理论部分，主要阐释了区域经济发展的几个基本理论，即区域经济增长理论、区域经济均衡发展理论、区域经济非均衡发展理论和区域经济发展阶段理论；区域经济发展的动力学原理，即区域经济发展的动力推动模式、区域经济发展的内动力原理、外动力原理和动力相互作用原理；介绍了系统科学理论与方法，现代系统科学的发展及主要贡献，以及系统科学与区域经济理论的融合过程；分析了现代区域经济学几个主要流派的基本特征，概述了区域经济理论的新发展和区域经济发展观的演变过程。

第三章，通过对区域经济发展动力及其主要类型的描述，建立了区域经济发展系统的多主体系统模型，指出了区域经济发展动力系统的属性；根据区域经济系统的内涵、特点以及构成要素，分析了区域经济系统及其复杂性；阐述了区域经济发展系统及系统发展的过程；在对区域经济发展要素进行分类及分析基础上，运用力学原理直观刻画了区域经济发展过程中力的作用模型；分析了区域经济系统、动力系统及其子系统的相互作用关系，以及对区域经济发展的作用机制；探讨了区域经济发展动力系统结构与功能，并对其进行了定量分析；提出了"合动力网络"的概念；初步构建了区域经济发展动力系统，分析了其运行模式和作用机制。

第四章，依据耗散结构、协同学等自组织理论和结构主义观点，认为区域经济发展中，自组织与他组织的作用过程是通过市场与政府实现的；通过分析结构变动效应对区域经济发展的影响、区域经济发展与系统的耗散结构特征，分析了动力系统中的自组织结构动力对区域经济发展的作用机制；重点探讨了区域经济发展过程中，作为序参量的主导产业的变化对区域经济发展的影响过程，即区域经济发展过程就是主导产业的发展与更替过程。

第五章，从创新思想的萌芽，到熊彼特创新理论产生以及技术创新理论的发展，在总结前人研究的基础上，通过分析技术创新与区域经济发展的依存关系，指出技术创新是区域经济发展的决定力量；根据成本与收益理论，对区域技术创新激励过程进行了分析；提出了区域科技创新的运行机制模型和评价指标体系。

第六章，通过制度的起源与发展过程，从制度创新角度，对经济增长因素进行了重新解释，深刻阐明了区域经济发展中制度创新的保证作用；技术创新与制度创新必须协同发展，并运用随机过程理论和定量社会学方法，建立了区域创新协同演化模型；通过博弈分析和依据相对成本收益理论，阐述了技术创新与制度创新的互动关系和作用机制，即制度创新能够为技术创新创造条件，并且使技术创新的直接收益得到保障，技术创新在一定情况下能够引发制度创新，甚至可以降低某些制度创新的成本。

第七章，回顾了文化与区域文化的历史演变过程，揭示了文化动力及其结构；探讨了文化与经济发展的相关性；从文化定势、文化观念和文化模式等方面，论述了文化因素对区域经济发展的重要影响；对区域经济发展的文化成本与效应和区域经济发展中的文化传导机制进行了具体分析；动态考察了文化变迁与区域经济发展的交互关系，指出如果忽视文化将文化排斥在发展思想的核心之外，文化因素就可能会摇身一变而成为不可逾越的障碍。

三、研究方法

区域经济发展的动力系统本身及其研究都是一个动态问题。因此，本书主要运用了系统理论处理动态系统的思路和方法。

(一) 系统分析和综合分析相结合的方法

系统论方法贯穿全文，是本书研究的方法论主线。区域经济是一个庞大而又复杂的社会经济系统，是自然系统和人工系统相结合的复合系统。它的"多因素"、"多层次"、"动态性"和"非线性"等最适宜于运用系统的方法加以分析和研究。系统思想的突出特点是强调整体性。[29] 区域经济发展的动力系统本身，就是强调对动力系统的结构、功能以及各要素之间的相互作用作整体的认识，通过对动力系统的各个子系统进行全面分析，充分挖掘推动区域经济发展的动力系统中的关键动力对经济发展的作用机制，然后，再通过综合分析动力子系统的结构和功能，集各关键动力的非线性作用，全面把握动力系统中，合动力对区域经济发展的作用模式，进而实现 $1+1>2$ 的发展目标。

(二) 动态分析与静态分析相结合的方法

本书研究是以区域经济发展的动力系统为研究对象，发展和动力系统各自都是一个动态过程，因此无论是理论分析，还是实证分析，都必须在动态的过程中进行考察，这样才能科学地把握区域经济发展动力系统的变化趋势和过程。一个时间序列的动态发展过程，又由若干个时点截面的静态构成，静态分析不仅有助于建立模型，更全面细致地探讨动力系统要素及其结构之间的联系，而且能够通过静态分析，深化动态分析的结果，更好地理解和把握区域经济系统本身及动力系统发展过程中要素的相互作用关系。

(三) 一般分析和个别分析相结合的方法

在区域经济发展过程中，区域经济本身作为一个复杂系统，是由诸多子系统构成的。对于区域经济发展的动力系统来说，在动力系统内，推动区域经济发展的各种动力，自身又成为一个单独系统，它们之间各具特点并存在差异。因此，只有采用一般分析的方法，才能客观地把握动力系统以及各动力子系统之间的相互联系和相互作用，分析系统内要素、结构变动的一般规律。个别分析为一般分析提供依据，是一般分析的重要组成部分和必要步骤。这种由一般到个别，再由个别到一般的分析方法贯穿全文，是本书研究进行理论分析的一个重要工具。

（四）定性分析和定量分析相结合的方法

在对区域经济系统和区域经济发展的动力系统进行分析和研究的过程中，根据动力子系统对区域经济发展的作用过程，进行了必要的定量分析。根据规范分析方法，理性判断区域经济发展的动力系统相互联系和相互作用时，需要进行定性分析，但定性分析是定量分析的基础，定量分析是定性分析的升华，二者相辅相成，结合使用，才能取得更好的效果。因此，在本书的不同章节具体再现了定量分析在研究过程中的重要性。

02 第二章 区域经济发展动力系统研究的相关理论

经济发展问题，历来是经济学家关注的一个核心课题。从英国古典经济学家李嘉图到马克思，再到现代西方各派经济学家，都把经济发展当作自己经济理论的一个贯彻始终的重要问题。他们关于经济发展提出了一系列理论观点，如投入产出效率理论、技术创新理论、最优增长理论、不均衡发展理论、社会选择理论、剩余增长理论、制度动力理论以及利润率递增理论，等等。正是这些研究，为我们从理论高度上研究经济发展，提供了非常有益的借鉴。[30]区域经济发展理论是区域经济发展战略的基础和理论依据，正确的、科学的、适合区域实际的经济发展理论，是研究区域经济发展的关键。区域经济的发展不仅取决于区域内的资本、技术、管理等因素的综合作用，更重要的是区域外部因素对区域经济的合理推动，如外部的技术与人才引进等均对本区域的经济发展起着极为重要的作用。因此，区域经济发展动力系统的研究，必须在系统思想指导下，以区域经济理论为基础，充分发挥多学科理论与方法的重要作用。鉴于上述理论的丰富内涵，本章结合其要点，进行简单综述。

第一节　区域经济发展的相关理论

一、　区域经济增长理论

区域经济增长是多种影响因素相互作用的过程。对区域经济增长要素的分析，是研究区域经济增长的起点。

（一）区域经济增长与区域经济发展

区域经济增长（Regional Economic Growth）与区域经济发展（Regional Economic Development）两者是有本质差别的，所谓区域经济增长是指一个区域在一定时期内包括产品和劳务在内的总产出的增长。而区域经济发展则意味着建立在区域经济增长基础之上的区域结构的高度化演进，这种结构的高度化演进集中体现在区域产业结构和空间结构的高度化演进上。[31]通俗地说，经济增长只是量的扩张，而经济发展则是质的飞跃。一般情况下，一个区域由落后经济走向发达经济要经过增长为主—发展为主—增长为主—发展为主的多层次循环。因此，区域经济发展与区域经济增长彼此是互动的、相互联系的，并共同作用于整个区域经济的运行过程之中。正如赫立克（B. Herrick）和金得伯格（C. P. Kinderberger）所说："很难想象没有增长的发展。功能的变化总是自然而然地包含规范的变化。一国的经济除非能够生产超过它生存所需要的东西，否则，作为发展标志的产出构成的变化是不可能出现的。"[32]另外，在经济学中，不少发展理论是与经济增长理论交叉的，①有的还很难绝对区分，主要看它的理论倾向。[33]

（二）区域经济增长要素的分类②

基于不同视角，采用不同的分类标准，可将区域经济增长要素划分为不同的类型。国内学者提出的分类方法可以归纳为以下三类：

1. 基于各种要素性质、特征和作用的差异视角的分类

根据区域经济增长诸要素的性质、特征和作用的不同，将其分为"区域性因素"和"一般性因素"两类。一般性因素是国家和区域共有的增长因素，反映区域经济增长的共性特征；区域性因素是区域特有的增长因素，反映区域经济增长的个性特征。区域性因素包括：区域资源配置的改善、区域经济中心的发展、区域经济的组织与管理的改进、城市化水平、资源禀赋与配置、国家投资的区位偏好；一般性因素包括：劳动投入量、资金投入量和技术进步（程必定，1989；陈栋生，1993）。

按此分类标准，也可将区域经济增长诸要素分为"供给面要素"（生产要素），"需求面要素"和"作用于供、求方面的要素"三类（陈秀山、张可云，2003）。还可将区域经济增长诸要素表述为六类（郝寿义、安虎森，1999、2004）：自然条件和自然资源（恒常要素）、劳动力

---

①由于早期的文献对"增长"与"发展"没有区分，故在本书中这两个词有时同时出现。

②主要参考吴传清. 区域经济学原理 [M]. 武汉：武汉大学出版社，2008. 62—65.

要素（资源）、资本（物质资本）、技术条件（技术进步、创新）、结构变化（产业结构、就业结构变化、企业组织结构变化）、制度安排（区域经济政策、体制、政策和法规、道德、伦理、观念和习惯等）。

2. 基于各种要素的区域来源视角分类

影响区域经济增长的因素很多，一般可分为内部因素和外部因素两大类。[34]内部因素—供给因素、需求因素和区域空间结构；外部因素—区域间生产要素流动和区域间贸易。

内部因素中的供给因素就是生产要素的供给，主要包括劳动力、资本和技术，它们是衡量一个区域经济增长潜力的基本指标，可以用生产函数来表示：$Y=AK^{\alpha}L^{\beta}$，其中：Y 表示产出；A 表示技术；K 表示资本；L 表示劳动力；$0<\alpha+\beta<1$。需求因素包括消费和投资两方面，也就是区域总需求。而总需求的变动具有乘数效应，即消费或投资的增加往往会导致区域收入呈倍数增加。由于经济活动空间的不均匀分布，所以良好的区域空间结构可使经济活动在空间上呈有效率的分布并达到最大的聚集经济。

外部因素中的区域间生产要素流动包括劳动力迁移、资本流动和技术知识的传播等。一般高收入区域将吸引劳动力的迁入，资本则多由低资本收益率区域流向高收益率区域，从理论上讲，区域间的资本收益率在市场机制作用下将趋于均等化，但由于市场信息的不完备、风险的不确定性和资本空间聚集效益的存在，使得区域间资本收益率无法达到均等。技术知识则多从较发达地区传播到其他较不发达地区。

3. 基于各种因素与社会生产过程的相关程度视角的分类

根据区域经济增长诸要素与社会生产过程的相关程度，将其分为"直接影响因素"和"间接影响因素"两类（陈栋生等，1993）。

直接影响因素即"生产的因素"，是指直接参与社会生产过程的因素，包括劳动力、资本和技术。直接影响因素对区域经济增长起着决定性的作用。间接影响因素即指通过直接影响因素对社会生产过程间接发生作用的因素，包括自然条件和自然资源、人口、科技、教育、经营管理、产业结构、对外贸易、经济技术协作、经济体制和经济政策等。间接影响因素一般通过改善生产条件、劳动力和生产资料的质量来影响区域经济的增长。

总之，影响区域经济增长的要素是多元的。区域经济增长要素分析应重点关注以下三大内容：生产要素分析：即分析劳动力、资本、技术等生产要素对区域经济增长的决定性影响作用。制度要素分析：制度分析是新制度经济学倡导的一种具有相当强解释力的分析方法。结构要素分析：西方区域经济增长理论研究的侧重点是区域经济增长的动力机制及其区际差异问题，产业结构及空间结构一般被置于其理论框架之内，作为影响区域经济增长过程的一个变量（魏后凯，1999）。

（三）区域经济增长要素的功能

区域经济增长取决于多种要素相互作用的合力，这些要素对区域经济增长的作用各不相同，但又相互联系。如何区分各要素对区域经济增长的贡献，是一个重要而又困难的论题。区域经济增长要素理论一般侧重分析主要要素对区域经济增长的影响作用（于宗先等，1986；陈栋生等，1993；郝寿义、安虎森，1999、2004）。

1. 自然条件和自然资源要素。自然条件和自然资源要素作为区域经济增长的物质基础，是影响区域经济增长的基本要素，具体表现为对劳动生产率的影响，对区域产业结构的影响，对区域初始资本积累的影响等，亦即首先影响区域经济的投入结构，进而影响区域经济产出结构。

2. 劳动力资源要素。劳动力资源对区域经济增长的作用主要表现在：劳动力投入量的增加，可提高区域经济的产出水平；影响生产要素投入的结构，劳动力资源丰富区域适宜发展劳动力密集产业，而劳动力资源短缺、资金充裕区域则适宜发展资本密集型产业，从而促进生产要素优化配置；劳动力素质的提高必然导致劳动生产率的提高以及产出的增加；有序的劳动力空间流动有利于促进劳动力资源的重新配置，在一定程度上促进劳动力流入区、流出区经济增长。

3. 资本要素。资本是一种相对稀缺的生产要素，资本形成对经济增长具有决定性的影响。资本存量的多寡，特别是资本增量形成的快慢，往往成为促进或阻碍区域经济增长的基本要素。

4. 技术要素。技术要素已成为经济增长的内生变量，技术进步对区域经济增长的影响日趋跃居主导地位，区域的技术能力已成为区域经济增长的核心要素。技术进步对区域经济增长的影响主要表现在：不同的技术条件决定了各种要素在经济活动中的结合方式；技术进步不断改善劳动手段和劳动对象；技术进步能促进劳动力素质的提升；技术进步能促进产业结构的优化升级。

5. 区际贸易要素。区际贸易也是影响区域经济增长的重要因素，对区域经济增长具有乘数效应。①

6. 结构要素。区域内企业组织结构调整、产业结构优化配置及产业组织结构优化、空间结构的合理有序等，都是促进区域资源优化配置的重要途径，是促进区域经济增长的重要因素，影响区域经济的稳定增长。

7. 制度安排。政府通过正式制度安排（体制、政策、法规、组织、规划）可以改变区域的要素供给特征和要素配置效率，影响区域经济增长速度、区域非正式制度安排（道德、伦理、观念、风俗习惯或文化传统、企业家精神）的差异引致区域制度创新能力的差异，进而影响区域经济增长速度和质量。

（四）区域经济增长模型

区域经济增长模型就是通过对影响区域经济增长的某个或某些要素的分析，在一系列假设前提下，所建立的影响区域经济增长的若干变量间的数学关系模式。较常见的区域经济增长模型有：新古典区域经济增长模型、希伯特区域经济增长模型和理查森区域经济增长模型。

新古典区域经济增长模型是运用新古典学派的经济增长理论，以纯供给要素为出发点所建立起来的理论模式。[35]它认为，在规模收益不变，存在完全竞争的产品和要素市场的前提下，区域经济长期增长来源于资本、劳动力和技术进步三个要素的区内供给率差异和区际流动。由于假定随着区域资本劳动力的提高，边际劳动生产率也提高，而边际资

---

① 产生于 20 世纪 50 年代的输出基础理论是关于区域经济增长动力的经典理论，该理论强调区外需求是决定区域经济增长的最重要因素，区域产出部门是区域经济增长的"引擎"。胡佛认为，需求和供给都是区域经济增长的决定因素，区域经济增长的动力不仅是输出产业，而且还包括减少区域货币流出的其他产业。参见［美］埃德加. M. 胡佛. 区域经济导论［M］. 王翼龙，译. 北京：商务印书馆，1990：248—253.

本生产率则降低。因而，资本与劳动力的流向相反，即劳动力将由低工资区域流向高工资区域，而资本则将由高工资区域流向低工资区域。其结果导致区域间的差距趋于缩小，区域经济趋于均衡增长。[36]

新古典区域经济增长模型可用如下方程表示：

$$Y_i = \alpha_i K_i + (1 - \alpha_i) L_i + F_i \tag{2.1}$$

其中：

$$K_i = \frac{S_i}{V_i} \pm \sum_j K_{ji}, j \neq i \tag{2.2}$$

$$L_i = \frac{N_i}{V_i} \pm \sum_j M_{ji}, j \neq i \tag{2.3}$$

$$K_{ji} = f(R_i - R_j) \tag{2.4}$$

$$M_{ji} = f(W_i - W_j) \tag{2.5}$$

式中，Y_i、K_i、L_i、T_i 分别为区域的产出增长率、资本增长率、劳动增长率和技术进步增长率。α_i 为资本对收入的弹性系数，S_i 为储蓄率对收入的弹性系数，V_i 为资本产出率，K_{ji} 为资本每年从 j 区域流向 i 区域的数量占 i 区域资本存量的比例，M_{ji} 为 j 区域流向 i 区域的每年净迁移人口数量占 i 区域总人口数量的比例，R_i、R_j 分别为 i 区域、j 区域的资本收益率，W_i、W_j 分别为 i 区域、j 区域的工资率，N_i 为 i 区域的人口自然增长率。

新古典区域经济增长模型主要是从要素供给的角度，讨论要素对区域经济增长的影响。希伯特（H. siebert）运用宏观经济分析方法，综合了供给、需求、内外部效果等因素的分析，通过一系列假设和恒等式，提出了一个一般性、总体性的区域经济增长模型，理查森又进一步把区域空间结构的变动对区域经济增长的影响，引入新古典区域经济增长模型，提出了一个空间维的区域经济增长理论模型。其数学表达式如下：

$$Y = [\alpha K + (1 - \alpha) L]^a + T \tag{2.6}$$

式中，α、K、L、T、Y 分别是资本对收入的弹性系数、资本增长率、劳动供给增长率、技术进步率、产出率和规模收益变动系数，指数表示规模收益递增（$\alpha > 1$）、递减（$\alpha < 1$）与不变（$\alpha = 1$）。

其中：

$$K = b_1 A + b_2 y - b_3 K_0 - b_4 CV_z + b_5 (R - R_0) \tag{2.7}$$

式中，A 为聚集经济，y 为区域收入增长率，K_0 为区域资本存量，CV_z 为区域 z 个城市每一单位面积资本存量的变异系数，R 为该区域资本收益率，R_0 为全国资本收益率。

$$L = b_6 n + b_7 A + b_8 F + b_9 (W - W_0) \tag{2.8}$$

式中，n 为人口自然增长率，A 为聚集经济，F 为区位偏好，W 为区域工资率，W_0 全国工资率。

$$T = b_{10} A + b_{11} K + b_{12} GN_1 + b_{13} QT_0 \tag{2.9}$$

式中，A 为聚集经济，K 为资本增长率，GN_1 为区域首位城市在全国城市体系中的位次，Q 为区域和其他区域联系的程度，T_0 为全国技术进步率。

理查森的区域经济增长模型明显地合并了空间不平衡增长与经济由区域间要素流动所导致的平衡增长过程。聚集经济及各种聚集变量决定了劳动力、资本、技术进步在空间上的聚集，从而导致区域间的不平衡发展及区域内经济的增长。而各种区域差异变量与区域资本存量的大小，则可能导致区域间的均衡发展。因而，区域间的均衡或非均衡发展取决于集中与分散这两股力量相互作用的结果。

二、 区域经济均衡发展理论

区域经济均衡发展理论是从发展经济学的有关理论引进并发展而形成的。这一理论主要包括均衡增长理论和大推进理论。[37]其中哈维·赖宾斯坦的临界最小努力命题理论、内尔森的低水平陷阱理论和 R. 纳克斯（R. Nurkse）的恶性循环理论是它们产生的逻辑起点。

(一) 纳克斯的"贫困恶性循环理论"

美国发展经济学家纳克斯在 20 世纪 50 年代初期，深入探讨了发展中国家为何经济落后却又停滞不前的原因，提出了著名的"贫困恶性循环理论"。[38]

纳克斯指出，不发达地区之所以不发达，是因为它们存在着"贫困的恶性循环"。好比一个穷人：他之所以穷，是因为收入少；收入少是因为工作效率低；效率低是因为吃不饱，身体差；吃不饱又是因为穷。

这便是一个恶性循环。而作为一个国家也同样存在着这种"越穷就越差,而越差就越穷"的"马太效应"。这是因为收入低的国家在现实生活中存在着两个恶性循环。从资本供给方面看,国民收入低导致储蓄少,储蓄少导致资本匮乏,资本匮乏又导致生产率低,生产率低又导致收入少。因此,资本匮乏、收入低下、储蓄少三者互为因果,形成一个恶性循环。从资本需求方面看,国民收入低造成购买力低,购买力低对资本投资缺乏引诱力,缺乏引诱力又导致投资不足,投资不足造成生产率低,生产率低又导致收入低。因此,收入低下、投资不足、购买力低三者互为因果,又形成另一个恶性循环。上述两个恶性循环相互制约,相互叠加,任何一个循环都无法自行突破,转为良性循环。

纳克斯认为,要真正打破这两个贫困恶性循环,就必须在各个部门、各个企业之间谋求平衡增长。只有同时全面地投资于工业、农业、外贸等国民经济各部门,使一切部门同时扩大,才能形成广大的市场,并对经济增长起决定性作用。当然,谋求平衡增长并不是在国民经济各部门按同一比例来投资,而是按不同的比例,对发展薄弱和有关键作用的部门多投资,以便实现各部门的协调发展。

(二) 罗森斯坦一罗丹的"大推进"理论

"大推进"理论是关于发展中国家各工业部门必须同时平衡发展的一种理论。英籍美国经济学家罗森斯坦一罗丹,在《东欧和东南欧的工业化问题》一文中首先提出这一理论,后来又在《关于大推进理论的说明》一文中作了进一步阐述。罗森斯坦一罗丹认为,发展中国家摆脱贫困,实现经济发展的途径是工业化,必须对各个工业部门全面地、大规模地投入资本,工业化才能实现,经济才能发展。这是因为,一方面只有扩大投资规模,同时创建各种企业,才能取得规模经济效益,发挥外部经济效应;另一方面,经济中存在着 3 种不可分性:第一,资本供给,特别是社会分摊资本供给的不可分性。一个项目,尤其是基础设施建设,需要有一个最低限度的投资量才能建成,如果只进行单项投资是不能产生预期经济效益的,只有在各有关部门同时投资,才能形成生产能力。第二,储蓄的不可分性。发展经济需要大量的投资,因此要有大量的储蓄,而储蓄是受制于收入水平的,收入水平低,消费所占比重大，储蓄就不能提高很快，只有收入水平达到一定限度后，储蓄才可能大幅度提高，而收入的提高有赖于大规模投资力生产。第三，需求的不可分性。投资成功与否同市场需求密切相关，为了形成广大的市场，必须大规模地在各个部门和各个行业同时进行必要的投资，才能形成彼此联系的广大国内市场。总之"大推进"理论的结论是：对经济进行大规模的投资是至关重要的。应当按照同一投资率和增长率来全面发展工业，把现有的资源均等地分配于一切工业，从而实现投资的最优布局。

三、 区域经济非均衡发展理论

（一）佩鲁的"增长极"理论

佩鲁的增长极理论是建立在现代系统科学和现代自然科学（特别是现代物理学）基础之上的非均衡发展理论。他认为，经济发展并不是在每个地区以同样速度平衡进行的，相反，在不同时期，增长的势头往往集中在某些主导部门和有创新能力的行业，而这些主导部门和行业一般聚集在某些大城市或地区，并在这些中心地带优先发展起来。这些大城市或地区便成为"增长极"。增长极往往又是生产中心、贸易中心、金融中心、信息中心、交通中心和决策服务中心等等。在受力场作用的影响下，增长极产生着类似磁极作用的各种离心力和向心力，每一个中心的吸引力和排斥力都产生相互交汇的一定范围的场，能够产生吸引和辐射作用，从而促进自身并推动其他部门和地区的发展。这些极少的中心对其他经济单位存在着支配效应，这种支配效应主要来自其创新能力。形成增长极要具备三个条件：一是在该地区必须有足够创新能力的企业和企业家群体；二是必须具有一定的规模经济效益；三是必须有适当的有利于经济发展的环境。

20世纪60年代以后，许多学者又将增长极的概念从抽象的经济意义推广到具体的地理空间之中。60年代初期罗德文（Rodin）开始将增长极理论应用于区域规划之中，提出了增长极的空间含义。60年代中期，布代维尔又系统分析了经济空间的概念，提出并拓展了佩鲁克斯的增长极理论，他基于外部经济和聚集经济的分析，将增长极的经济含义推广到地理含义，认为经济空间不仅包含了一定地理范围相联系的经济变量之间的结构关系，而且也包含了经济现象的区位关系。这些关系强调了增长极的结构特征。此后，尼科尔斯、达温特等学者把增长极作为增长中心或城市，进一步把增长极视为具体的空间单元。W. 艾萨德（W. Isard）还研究和探讨了空间相互作用引力等问题，使这一问题进一步得到深化。

（二）缪尔达尔的"地理上的二元结构理论"与"循环累积因果理论"

缪尔达尔认为，发展中国家一般都存在着"地理上的二元经济结构"，即经济发达地区和经济不发达地区并存。经济发达地区（增长极）的发展对不发达地区产生两种效应：一种是回波效应，一种是扩散效应。经济发达地区优先发展，不仅对自身和经济落后地区具有促进作用，而且也存在着对落后地区产生不利影响。发达地区人均收入、工资和利润水平及其他要素的收益都高于落后地区，必然会吸引着落后地区的资金、劳动力、技术、资源流向发达地区，这就是回波效应（极化效应）。这种效应使发达地区越来越发达，落后地区越来越落后。同时，发达地区发展到一定程度后，由于人口稠密、交通拥挤、环境污染、资源短缺等问题出现，使生产成本上升，外部经济效益下降，从而又使资金、劳动力、技术等生产要素倒流向经济落后地区，这就是扩散效应（涓流效应）。扩散效应会带动落后地区的发展。

缪尔达尔用"累积因果关系理论"来说明发展中国家"地理上二元经济结构"的消除。他指出，地理上二元经济结构之所以产生，是由于地区间经济发展差距，包括人均收入、工资水平差距的存在。这种差距会引起"累积性因果循环"，使发达地区越来越发达，对生产要素的吸引力越来越大，这两者又相互促进，螺旋式上升。与此同时，落后地区由于生产要素外流，也变得越来越落后，两者也相互促进，形成螺旋式下降，使落后地区与发达地区的差距越来越大。这种由于要素收益差距而引起的劳动力、资金、技术和资源等由落后地区流向发达地区的现象，就形成了"回波效应"。但回波效应并不是无限制地存在下去，当发达地区发展到一定程度时，由于产生外部不经济，形成扩散效应时，发达地区就会逐渐带动落后地区的发展。从而使落后地区与发达地区的差距慢慢缩小，最终实现两者的均衡协调发展，二元经济结构自动消除。

（三）赫希曼的"不平衡增长"理论

艾伯特·赫希曼（A. O. Hirschman）是著名的发展经济学家，他在1985年出版的《经济发展战略》一书中正式提出了"不平衡增长"理论。赫希曼由衷地反对"平衡学说"。他认为，发展是一种不平衡的连锁演变过程。

赫希曼提出了联系效应的概念，其中前向联系效应是指一个生产中间产品的企业或产业的建立，将导致利用其产品作为某种新生产活动的半成品投入的新企业或新产业的建立和发展。后向联系效应是指一个生产中间产品的企业或产业的建立，将会导致为其提供原材料、零部件及动力等的产业的建立和发展。

赫希曼认为，经济发展不会在所有地方同时出现。经济发展中常常由于各种因素使经济增长集中于起始点附近地域。除了一个地方的区位优势之外，其他优势来自靠近工业气氛浓厚，对创新与冒险特别能接受的增长中心，这些增长中心就是"增长极"。经济增长在区域间与国际间由发达地区向欠发达地区传递，这种传递是通过极化效应与淋下效应实现的。"极化效应"是指经济、技术等由增长极向发展极集中的趋势，而"淋下效应"则是指发达地区对欠发达地区的经济、技术、信息等的扩散作用和辐射作用。淋下效应与极化效应相比，最终将取得优势。因此，落后地区在淋下效应作用下，与发达地区的差距会越来越小，最终实现地区间的均衡发展。

四、　区域经济发展阶段理论

区域经济发展是一个动态的过程，在这一过程中，量的变化和质的飞跃使区域经济发展呈现出不同的阶段性。关于区域经济发展的阶段理论，比较有代表性的是胡佛—费雪尔的区域经济发展阶段理论、罗斯托的区域经济增长阶段理论、约翰·弗里德曼的区域空间成长阶段理论以及我国学者提出的区域经济发展阶段论。[①]

（一）胡佛—费雪尔的区域经济发展阶段理论

美国区域经济学家埃德加·胡佛（E. M. Hoover）与约瑟夫·费雪尔（J. Fisher）于1949年发表了《区域经济增长研究》一文。他们从产业结构和制度背景出发，指出任何区域的经济增长都存在"标准阶段次序"，都会经历大体相同的过程。大体将区域经济发展划分为五个阶段：

1. 自给自足经济阶段。区域内的经济活动几乎全部是农业，贸易活动很少。区域之间缺少经济交流，呈现出较大的封闭性，各种经济活动在空间上呈散状分布。

2. 乡村工业崛起阶段。随着农业和贸易的发展，以农产品、农业剩余劳动力和农村市场为基础发展起来的乡村工业开始从农业中分化出来，并集中分布在农业发展水平相对较高的地方。区域内贸易和专业化分工增强。

3. 农业生产结构转换阶段。农业生产方式发生了质的变化，由粗放经营型向集约经营型转化。区域间贸易和经济交往扩大，区际联系加强。

4. 工业化阶段。矿业和制造业活动兴起，工业逐渐替代农业成为新的主导产业部门，成为推动区域经济增长的主导力量。一般情况下，最先发展起来的是以农副产品为原料的食品加工、木材加工和纺织等行业，随后是以工业原料为主的冶炼、石油加工、机械制造、化学工业。

5. 服务业输出阶段。这是区域经济发展的最后一个阶段，服务业快速发展并逐渐占据主导地位，成为推动区域经济增长的重要动力。此时，拉动区域经济继续增长的因素主要是资本、技术以及专业性服务的输出。

（二）罗斯托的区域经济增长阶段理论

美国经济史学家惠特曼·罗斯托（Whitman Rostow）在1960年出

[①]转引自陈映. 区域经济发展阶段理论述评［J］. 求索，2005（2）. 16—18.

版的《经济增长的阶段：非共产党宣言》一书中，对区域经济发展的阶段性规律做了颇有影响的探讨分析，在宏观经济层面上提出了一个国家或区域的经济增长需经历：传统社会阶段、"起飞"准备阶段、起飞阶段、成熟阶段、高额消费阶段等五个阶段的观点。在 1971 年出版的《政治与增长阶段》一书中，罗斯托又补充了一个阶段——追求生活质量阶段。罗斯托认为，这六个阶段中，起飞阶段和追求生活质量阶段是两个关键性的阶段。

1. 传统社会阶段。罗斯托认为，传统社会的社会结构虽然是在生产功能有限的情况下发展起来的，但增长在一定条件下还是存在的。他认为，传统社会生产力水平低下，产业结构单一，区域内的经济活动基本上是原始的农业活动，农业是居民和国家的主要收入来源。

2. "起飞"准备阶段。即为起飞创造前提条件的阶段，是向起飞阶段过渡的阶段。这一阶段，农业制度开始变化，农业生产技术有所改良；家庭手工业和商业逐渐兴起，出现了专业化的分工和协作；资本市场开始发育，金融制度应运而生；城市不断发展，经济活动开始突破地域的限制，国内外贸易扩张。罗斯托认为，经济和整个社会的变化对以后的增长具有关键意义，为经济起飞创造了条件。

3. 起飞阶段。经过长期的积累，经济增长发生了质变，由缓慢增长进入持续、高速的增长阶段，即起飞阶段。罗斯托认为，在人类经济增长的六个阶段的转变时期，是传统社会进入现代社会的分水岭，是社会变化的飞跃。这一阶段，人均国民收入快速、持续地增长；农业技术进一步提高，农村经济走向商品化，劳动力向工业领域的流动加速；资本在部门间的转移加快；近代工业和交通运输业带动了其他产业的快速发展，成为推动经济增长的主导力量。

罗斯托认为，经济"起飞"必须具备三个基本条件：一是高积累率，确保生产性净投资率达到国民收入的 10％ 以上；二是培植以制造业为代表的区域主导产业；三是建立一个有利于现代产业扩张的政治结构、社会结构和制度结构。

4. 成熟阶段。这一阶段，新的主导产业部门（钢铁、电力、煤炭等）逐渐替代了旧的主导产业部门，成为带动经济增长的"火车头"；劳动力素质提高了，农业劳动力持续向工业部门转移；人口继续向城市集聚；新的管理方式、新的融资方式以及新的销售方式不断出现。

5. 高额消费阶段。这一阶段，在满足基本生活必需品消费需求的基础上，人们对耐用消费品和服务业的需求空前增长，导致消费结构发生重大变化；为了满足耐用消费品需求的增长，主导工业部门开始转移到生产耐用消费品和服务业方面来，汽车工业成为这一阶段具有代表性的主导部门，标志着"高额消费阶段"的形成。这一阶段的经济特点主要是"服务型"经济和"福利型"经济。

6. 追求生活质量阶段。随着物质生活水平进一步提高，耐用消费品的边际效用趋于递减，人们开始追求生活的舒适，开始偏好文化娱乐方面的享受，这一消费倾向的改变对第三产业提出了更高的要求。人类不再以有形产品数量的多少来衡量社会的成就，而是以"生活质量"的增进程度作为衡量区域是否成熟的标志。

(三) 约翰·弗里德曼的区域空间成长阶段理论

美国著名城市与区域规划学家约翰·弗里德曼 (John Friedman) 通过对发达国家及不发达国家的空间发展规划的长期研究，在考虑区际不平衡较长期的演变趋势的基础上，将经济系统空间结构划分为核心和边缘两部分。在 1966 年出版的《区域发展政策——委内瑞拉案例研究》一书中，他首次提出了核心—边缘论。并在此基础上以空间结构、产业特征和制度背景为标准，将区域经济发展分为四个主要阶段：

1. 工业化过程以前资源配置时期。这一阶段区域生产力水平低下，农业经济占绝对优势，城市规模较小，腹地之间的联系几乎没有或极其微弱，空间结构呈原始状态。

2. 核心边缘区时期。随着社会分工的不断深化，区域贸易的日益频繁，区位条件好、资源优势突出、交通便捷的区域发展成为城市，即核心区，而广大的农村则成为边缘区。核心区由于发展条件较好，经济效益高而处于支配地位；而边缘区由于发展条件较差，经济效益低而受制于且依附于核心区，处于被支配地位，空间二元结构十分明显，核心区与边缘区的经济发展不平衡加剧。

3. 工业化成熟时期。随着经济的发展，核心区发展加快，核心区与边缘区的差距进一步加大。权力分配、资金流动、技术创新、人口迁移等都进一步向核心区集聚。

4. 空间经济一体化时期。当经济进入持续发展阶段，随着政府干预的加强、区际人口的转移、市场的扩大、交通运输的改善和城市层次的扩散等，核心区与边缘区的界限会逐渐消失，区域空间走向一体化。

（四）我国学者对区域经济增长阶段理论的研究

1. 陈栋生等的区域经济成长阶段论。

我国著名区域经济学家陈栋生等在 1993 年出版的《区域经济学》中对区域经济成长阶段进行了研究。他们认为，区域经济的成长是一个渐进的过程，可分为待开发、成长、成熟和衰退等四个阶段。

（1）待开发阶段。其特征是，区域经济处于未开发或不发育状态，社会生产力水平低下，传统农业处于经济活动的主体地位，第一产业在产业结构中所占的比重极高，商品经济不发育，市场规模狭小，资金积累能力很低，区域自我发展能力差，经济增长速度缓慢。

（2）成长阶段。其主要特征是，区域经济高速增长，经济总量规模迅速扩大；技术创新能力不断增强；要素配置更为有效，经济结构明显优化；商品经济逐步发育，区域专业化分工出现并迅速发展；人口和经济活动不断向城市集聚，带动经济增长的增长极由此产生。

（3）成熟阶段。经济高速增长的势头减缓并逐渐趋于稳定；工业化达到了较高的水平，第三产业较为发达，基础设施齐备，交通和通讯网络基本形成；生产部门结构的综合性日益突出，区内资金积累能力增强；人们的消费结构发生了根本性变化。但此时也往往会形成潜在的经济衰退因素。如"空间不可转移"和"不易转移"的要素价格上涨，使生产成本和生活费用增高；设备刚性导致越来越多的产业和产品的比较优势逐步丧失；技术老化、市场萎缩和资源枯竭导致产业的衰退。

（4）衰退阶段。其主要特征是，经济增长失去原有的增长势头；处于衰退状态的传统产业在产业结构中所占比重大，导致经济增长的结构性衰退；经济增长滞缓，区域逐渐走向衰落。

陈栋生等认为，当一个区域开始出现经济增长衰退的征兆时，如果能够及时采取有效的政策，通过经济的多元化和结构的高度化，并建立与之相适应的经济体制，就可以防止出现进一步的衰退，使经济增长趋于稳定，甚至有可能促进经济进入新的增长时期。

2. 陆大道的区域空间结构演变阶段论。

我国著名经济地理学家陆大道认为，社会经济的空间结构是历史发展的函数，处在不断变化发展中。在 1988 年出版的《区位论及区域研究方法》一书中，他提出区域空间结构的演变要经历四个阶段，并且每一阶段有其自身的特点。后来在 1999 年出版的《区域发展及其空间结构》中进一步深化了这一理论。

（1）农业占绝对优势的阶段。这一阶段，生产力水平低下，社会生产和社会极为封闭。商品经济有所发展，城市开始出现，但仅属于一种较为低级的居民点，仅作为商品交换的场所。城乡之间人员、物质、信息等方面缺乏交流。道路等区域基础设施水平低。总体上，区域空间结构处于不平衡状态，社会经济空间组织的构架呈原始状态，但空间结构较为稳定。

（2）由农业经济向工业化的过渡阶段。社会分工开始明显，出现了繁荣的手工业以及制造业，道路等区域基础设施大大改善。随着商品生产和商品交换的扩大，城乡之间的联系加强，交流日益频繁，城市的区位优势凸现。总体上说，空间集聚的不平衡开始出现，社会经济空间组织的构架在先发达起来的地区开始形成点——轴状态，区域的城镇居民点开始形成等级——规模体系。

（3）工业化中期阶段。这一阶段，社会生产力得到进一步的解放，区域经济进入强烈动态增长期。科技迅速发展，第三产业开始出现，城市之间的交换、交流越来越频繁。由于集聚经济因素的强烈作用，大城市越来越发展，区域的第二、第三中心开始出现。大区域间的不平衡加剧。

（4）工业化后期及后工业化阶段。科学技术高度发展，产业结构趋于高度化，社会福利水平大为提高，现代化的交通运输和通讯网络基本形成，地区之间就业、收入、消费和选择机会等的差异逐步消失，区域空间结构趋于"平衡"。陆大道所描述的空间结构演变的四个阶段，反映了社会经济空间集聚或分散趋势变化的一般规律。从这一过程中可以看出：在漫长的农业社会中，社会经济的空间结构在理论上是"平衡"的；随着社会经济的发展，集聚开始出现，空间不平衡加剧；到了工业化的后期或后工业化时期，空间结构又重新回到"平衡"状态。

第二节 区域经济发展的动力学原理

一、 区域经济发展的动力推动模式

（一）系统动力行为的力学特性

把区域经济发展系统中动力推动类比为物理学中的力学作用加以研究，更加有利于形象分析系统力的作用模式和规律，以便更加清晰地分析复杂系统中多种力的作用行为。物理学所研究的力是一个错综复杂、形式多样的自然客观实在，为探讨力的作用规律，人们力图找出其中最基本、最本质的内容，建立"理想模型"，通过对理想模型行为的描述来认识自然规律。

如果把施力体和受力体理想化为两个实物 m_1、m_2，可以这样认为 m_1 的运动是由于 m_2 对它作用的结果；m_2 的状态变化是 m_1 对它作用的结果。因此，我们可以把力描述为：力是一物体对另一物体的作用，将受力物体视为质点时，力可用受力物体动量的变化率来度量（在此可以用区域 GDP 增长率来评价区域推动力的效用）。如果用 F_{21} 和 F_{12} 分别表示 m_2 对 m_1 以及 m_1 对 m_2 的作用力，根据动量守恒原理，有：

$$m_1 \Delta v_1 = -m_2 \Delta v_2 （负号表示方向相反）$$

当时间趋于有限小时，有：

$$\frac{d}{dt}(m_1 v_1) = -\frac{d}{dt}(m_2 v_2) \qquad (2.10)$$

则：

$$F_{21} \frac{d}{dt} k (m_1 v_1) \qquad F_{12} = k \frac{d}{dt}(m_2 v_2) \qquad (2.11)$$

在标准体系中，k 是常数等于 1，则一般地写作：

$$F = \frac{d}{dt}(mv) \qquad (2.12)$$

在质量一定的情况下，力可表述为速度的变化即速率，这相当于 GDP 增长率。

进一步推广（2.12）至一般情况，设有诸如 F_i（i＝1，2，3，…）作用于质点 m 时，有：

$$\sum F_i = \frac{d}{dt}(mv) \qquad (2.13)$$

上式表示质点动量相对时间的变化率等于作用于该质点的力的矢量和。这个理论结果可引申表征相应的区域经济发展动力的大小和方向性。

（二）系统动力间的相互作用关系

区域经济发展系统中的力是复杂的，但任何力都不是孤立的，一个力如果没有承受体的存在就根本无法测量其大小，当有承受体存在时它又是以另一种力的形式表现出来，我们可以把它们理解为作用力与反作用力。在多种力发挥作用时，并不是简单的量的相加，而是力的方向性为条件的矢量之和。即使是简单的两个力的作用效果也表现为多种多样。假设区域经济系统中有两种动力影响着区域经济状态的变化，它们对于区域经济作用效果可以有三种情况：正效用（＋），负效用（－）和无效用（0），那么表现出来的综合效果可能有如下情况结果：即（＋、＋），（＋、－），（－、＋），（－、－），（＋，0），（0、＋），（0、0），（0、－）和（－、0）等九种形式。从绝对值分析看似乎诸如（＋，－）和（－，＋）没有什么区别，但从作用力矢量来看结果刚好相反。[①]

以上不同结果组合都可能从系统状态的变化表现出来。随着力的数量的增加，作用结果可能趋于更加复杂多样，但在一定条件下的同一时间表现的组合只有一种，这可以从体系的即时状态来确认。为了更加明确地说明系统中力的相互作用情况，可以用图 2-1 来直观表述，假设系统中有两种力，分别为 A 和 B，A 和 B 相互作用，二者作用的结果可以通过系统状态变化表征，A 与 B 的相互关系图示如下：

①漆安慎编：《力学》，高等教育出版社，1997. 58－63.

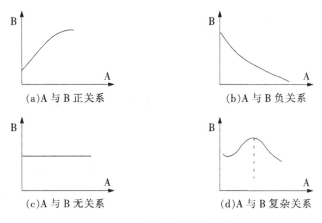

图 2 - 1　两种力可能的作用关系

从图 2 - 1 中不难看出，系统中两种动力之间的相互作用可能表现为四种状态，正关系可以加强动力效用，负关系削弱了动力效用，而复杂关系说明动力相互作用效用是随时间和空间的变动而变化的，开始表现为正关系，后来逐步转化为负关系。由此类推，

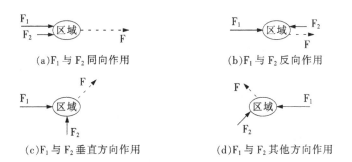

图 2 - 2　区域动力推动模式

当多种动力作用于一个系统时，力与力之间相互连结、相互作用及相互制约，使区域经济系统变化呈现出复杂的动态行为。

假设区域经济为一个力学质点，其中的各种影响因素设定为对质点的作用力，F_1 和 F_2 两个力（其中一个力视为除另一个力之外的所有推动力的合力）共同作用于区域这个质点上，以引起区域经济状态的变动。由于前述分析知道，两个力的组合方式不同，最终所产生的结果也不同。因此，可以建立如图2-2的区域经济发展动力推动模型。

二、 区域经济发展的外动力原理

从非平衡理论观点看，惯性系统是一个无加速度的平衡系统。保持匀速直线运动状态的叫动平衡，保持静止状态的叫静平衡。

区域经济是一个开放系统，系统内外的物质、能量、信息的交换，促进了区域经济的发展。封闭系统是无加速度的惯性系统；开放系统是有加速度的发展系统。产生加速度的原因是通过开放，产生外动力作用的结果。

我们从物理学角度，先不考虑质量，来研究加速度和力的关系，可以得到这样一个结论：即对质量相同的物体来说，物体的加速度与作用在它上面的力成正比。若 a_1 和 a_2 分别代表两个物体的加速度，F_1 和 F_2 分别代表作用在两个物体上的外力，那么：

$$\frac{a_1}{a_2} = \frac{F_1}{F_2} \qquad a \propto F \tag{2.14}$$

即外力与加速度成正比，外力越大加速度越大。

从区域经济系统角度看，只有通过开放，系统与外界环境相互作用，产生促进系统内部协同发展的外力时，才能加快区域经济发展的速度。因此，发展区域经济必须加大区域内外物质、能量和信息交换的力度，不断增大外力，加快区域经济发展的速度。

物体加速度的大小，除与外界的作用力相关外，还与物体的质量有关。两个物体在外力相同时，加速度与质量成反比。即有：

$$\frac{a_1}{a_2} = \frac{m_2}{m_1} \qquad a \propto \frac{1}{m} \tag{2.15}$$

m_1 和 m_2 为两个物体的质量。对于经济学来说，m 可以表示为区域内经济实体的规模。即区域经济发展的加速度与区域内企业规模大小成反比。区域内企业规模大，加速度小；企业规模小，加速度大。当然区域内企业的规模，不同行业有不同的适度速度，必须具体问题具体分析，同时还要进行科学研究，过大或过小，都会形成很多问题。

三、 区域经济发展的内动力原理

物理系统与生命系统和复杂的区域经济系统的主要差别，在于后者比前者要更加容易觉察到内部的应变能力和抵抗外部影响的能力，也就是说，它力图保持原有的区域惯性很大。在区域经济系统中，要将一个惯性系统改变成为一个加速度的开放系统，还必须改变区域内部的经济结构。为此，要改变维持平衡结构的旧体制，这样才能使区域经济系统内部具有发展机制，有势能差的非平衡系统是活的系统，是动态的发展系统。无势能差的平衡系统是死的系统，是静止的不发展系统，它服从势能最小原理。在这种系统中，增大势能差就能使系统从无序向有序自动转化，除了势能差外，还要注意结构组分的互补作用。这种不同要素，不同特点的组分构成的整体，它们相互作用的结果具有功能放大作用，这就是区域经济发展的内动力之所在。

关于协同动力，它有以下的力学基础公式：

$$F = \sqrt{F_1{}^2 + F_2{}^2 + 2F_1F_2\cos\theta} \qquad 0° \leqslant \theta \leqslant 180° \qquad (2.16)$$

两种力的方向在同一条直线上是两个完全极端的情况，直接相加或相减即可得到合力的大小和方向。假设合力的方向在一条直线上，那么，

1. 当两个力方向相同，即 $\theta = 0°$，$\cos\theta = 1$ 时，合力 $F = F_1 + F_2$，大小等于两个力大小之和。合力方向同两个力方向一致，此时合力为最大。

2. 当两个力方向相反，即 $\theta = 180°$，$\cos\theta = -1$ 时，合力 $F = F_1 - F_2$，大小等于两个力大小之差。合力方向跟两个力中较大的力的方向相同。如果 F_1 和 F_2 大小相等，则合力 F 为 0。

3. 当两个力的夹角为 θ 时（$0° < \theta < 180°$），合力 $F = \sqrt{F_1{}^2 + F_2{}^2 + 2F_1F_2\cos\theta}$

上述三种情况可用图 2-3 来说明。

$$F=F_1+F_2 \qquad\qquad F=F_1-F_2$$

当两个力的作用方向互相构成一个角度 θ 时，可用图表示为：

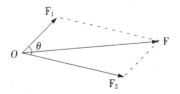

图 2-3 互成角度的力的合成

图 2-3 中，当两个力的夹角为 θ 时，说明两个互成角的力的合力，可以用表示这两个分力的有向线段为邻边的平行四边形的对角线来表示，对角线的长度表示合力的大小，对角线的方向表示合力的方向。

四、 区域经济发展的动力相互作用原理

（一）区域经济间的相互作用关系

在经济学中，无论微观经济还是宏观经济都存在相互作用的问题。如，企业间的协作，国家间的外贸关系，都可以同时具有相互作用、反作用和互补作用，产生相互催化放大的经济增殖现象。要发展区域经济就必须增强这种相互作用，特别是区域之间的贸易和技术交流，能增强交往区域之间的经济能力。催化作用分自动催化和相互催化两种。自动催化是区域内企业把自己作为催化剂，自己催化自己。如企业盈利从小到大，自身催化，自己改进管理，增加利润。相互催化的双方，各自作

为催化剂催化对方加速反应。如区域贸易能使双方的经济实力增强。

在经济学中，城市间、区域间和国家间等也存在着经济引力，这种引力决定相互关系的强弱。引力的大小与人口多少、距离、交通、经济实力相关。经济引力理论指出，两地之间经济联系的强度同它们的人口乘积成正比，同它们之间的距离成反比。一般来说，两地人口越多，它们之间的经济联系就越强，它们的距离越远则相互作用越弱。这个理论对众多区域的商业联系、电话通讯数量、公共汽车乘客数量、铁路货运量以及旅游人数等都是适应的。

（二）区域经济发展的动力相互作用模型

在区域经济发展的动力作用模型中，各种分力是相互联系相互影响的。这些力在时间上有时是同时发挥作用，有时是重点突出某一个分力的作用，犹如一个物体当其开始启动时，作用于物体的各种力都会表现出不同的作用，而当其运动到一定阶段时，其中某一阻力的作用将会凸显。区域经济发展也是如此，当区域经济在发展初期时，各种影响区域经济发展的作用力量都起着不同作用，如当区域经济发展到成长期和成熟期时，各种力就会表现不同的作用。影响区域经济持续发展的各种分力在区域经济发展过程中是此起彼伏地交替发挥作用。区域经济发展的合动力，是区域经济发展动力之和与区域经济发展阻力之和的差值，即 $\sum F_{合} = \sum F_{动} - \sum F_{阻}$。

如果从区域经济发展速度与区域经济的动力、阻力和区域经济规模的关系看，区域经济发展速度与区域经济发展动力之和与阻力之和的差值成正比，与区域经济规模成反比，根据这一关系，区域经济发展动力相互作用模型的表达式为：

$$A = \frac{\sum F_{动} - \sum F_{阻}}{M} \qquad \sum F_{合} = MA \qquad (2.17)$$

式中：

A—区域经济发展速度；M—区域经济规模；$\sum F_{阻}$—区域经济发

展的阻力之和；$\sum F_{动}$—区域经济发展的动力之和（$\sum F_{动} = MA + \sum F_{阻}$）。

第三节 系统科学与区域经济理论的融合

根据库恩的观点，"范式"的更替将对学科整体的发展与演进起到革命性的推动作用。20 世纪 60 年代以来，系统科学的研究方法被借鉴到有关区域发展的研究中来，引发了地理学研究的"系统革命"，并直接导致了地理学中"区域研究的复兴"。[39]

一、 系统科学理论与方法

系统科学的兴起是本世纪科学发展的重大事件之一。二十世纪以来，科学、技术、哲学和管理方面变革性的发展，是系统科学赖以形成的背景和根源。系统科学是以系统及其机理为对象，研究系统的结构、功能和演化发展的科学。系统科学的交叉性、横向性和综合性，使它带有一般方法论的性质。在现代科学技术、社会科学和哲学中，系统科学的思想和理论占有特殊的地位，具有十分重要的意义和作用。它是彻底改变世界科学图景，使当代科学思维方式发生革命性转变的最富有意义的成果之一。它给自然科学、技术科学和社会科学提供了一种跨学科界限，从整体上分析问题、处理问题的新范式、新思想和新方法，为人们认识世界和改造世界提供了现代化工具。

（一）系统科学理论的形成和发展

系统思想是进行分析与综合的辩证思维工具，它在辩证唯物主义那里取得了哲学的表达形式，在运筹学等学科那里取得了定量的表述形式，在系统工程那里获得了丰富的实践内容。[40] 贝塔朗菲（Bertalanffy）对系统进行了真正理性的描述，他把系统定义为：相互作用的若干要素的复合体，可用以下的一组微分方程来描述：

$$
\begin{cases}
\dfrac{dQ_1}{dt} = f_1 \ (Q_1, \ Q_2, \ \cdots\cdots Q_n) \\[2mm]
\dfrac{dQ_2}{dt} = f_2 \ (Q_1, \ Q_2, \ \cdots\cdots Q_n) \\[2mm]
\vdots \\[2mm]
\dfrac{dQ_n}{dt} = f_n \ (Q_1, \ Q_2, \ \cdots\cdots Q_n)
\end{cases}
\tag{2.18}
$$

上式表明，系统任何一个量是所有其他量的函数，任何一个量 Q_i（$i=1, 2, \cdots\cdots, n$）的变化，都将带来其他量（从 Q_1 到 Q_n）及整个系统的变化。

一个系统由单元（或称部分）组成，它们可以是相同或相似的，也可以是不同的。单元与单元之间按照一定的关系连接起来。当然，每个单元本身也是一个"子系统"。由单元构成的系统还存在一个边界，它的功能是保护系统内部单元免受外部环境的直接影响，并通过其与外部环境进行物质、能量、信息等交流和排除系统不需要的东西。对于很多系统来讲，其边界就是系统运行的规则。[41] 图 2 - 4 是根据克里曼（Marshall Clemens）所作图的翻译和改写的系统及其描述示意图。①

描述一个系统，人们首先要根据自己的经验和实验的结果，抽象出系统的一个图景，借助比喻和知识模型，通过概念框图、语言表达、数学工具和模型，达到对系统的描述。然后，可以通过对所描述的系统进行模拟，看其是否符合人们从经验和实验中所获得的对系统的认识。[42]利用所取得的描述模型，人们可以通过改变系统内部单元性质、调整它们之间的关系、外部环境以及系统与外部环境的互动作用关系，模拟系统的未来演化过程和情境，实现系统的预测与仿真。

---

① Marshall Clemens. Visualizing Complex Systems Science （CSS）. http：// www. necsi. org/projects/mclemens/cs _ sysrep. gif

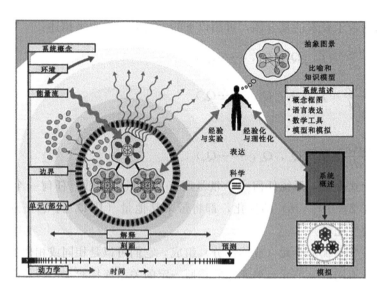

图 2 - 4　系统及其描述

　　系统科学作为现代科学技术体系中的一个大部门，作为一门综合的、横断的新兴科学技术部门，其形成和发展与总的科学技术背景有关。[43] 系统科学的思想最早是在 20 世纪 20 年代，由贝塔朗菲 1937 年提出来的。他认为现实是一个有组织的由实体构成的递阶秩序，在许多层次的叠加中从物理、化学系统引向生物、社会系统。因此，不能把分割的部分的行为拼加成整体，必须考虑各个子系统和整个系统之间的关系才能了解各部分的行为和整体。[44]

　　系统论的兴起始于生物学领域。贝塔朗菲于 1925－1926 年提出了生物学的有机体概念，并在 1928 年出版的《现代发展论》和 1932 年出版的《理论生物学》中进行了全面总结，在此基础上形成了一般系统理论。1937 年他首次提出了一般系统理论（General System Theory），但由于某种原因未能发表。1945 年他的“关于一般系统论”在《德国哲学周刊》上正式发表，宣告了系统论的诞生。几乎在贝塔朗菲创立了一般系统论的同时，信息论和控制论也诞生了。1948 年，美国应用数学家申农发表了《通信的数学理论》一文，运用数学方法研究了信息的计量、传递、变换和贮存等问题。维纳提出了“关于机器和生物的通信和控制的科学"，把自动调节、通讯工程、计算机、神经生理学和病理学等学科用数学做纽带联系在一起，在相互渗透的基础上形成了控制论学科。

40年代出现的系统论、控制论、信息论、运筹学等是早期的系统科学理论，而同时出现的系统工程、系统分析、管理科学则是系统科学的工程应用。第二次世界大战后，一般系统论、运筹学、控制论、信息论，以及系统工程、系统分析和管理科学，相互渗透和融合，织出了一幅系统科学从自然界扩展到人类社会，从基础理论到工程应用的五彩缤纷的图景，写出了系统科学从诞生到成长的历程（图2-5）。20世纪下半叶以来，随着科学技术的发展和社会的进步，现代工业、农业、交通、生物、生态、军事和航天等生产规模越来越大，生产技术越来越复杂，特别是科学研究涉及的专业越来越多以及生产过程的自动化，使信息与控制理论在工程技术、生产管理、经济与社会发展规划等许多领域起着越来越重要的作用。

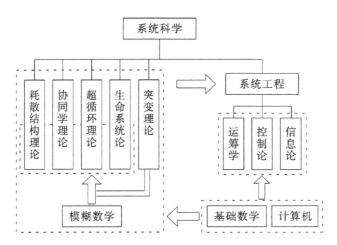

图2-5　系统科学体系框图

总之，系统科学思想内容十分丰富，它既有对文明的继承和发展，使古代伟大思想家们天才猜测建立在现代科学的基础上，又有对现代技术、社会以及经济发展的概括和总结，是各个领域和学科形成的汇流。

系统科学的发展为现代科学研究提供了十分有用的模式和广阔的发展空间。

(二) 系统科学的基本特性

系统科学思想内容十分丰富，系统科学的发展为现代科学研究提供了广阔的发展空间和不同于传统分析范式的方法论。作为牛顿体系的对立面而出现的现代系统论，在物理学、数学、化学、生物学等诸多领域已经发挥了巨大的作用，并逐步渗透到如经济学和国际关系学等一些社会科学领域。目前它们一方面正按各个学科的特点而深化发展；另一方面由于彼此研究对象和方法论的相近而相互交融，正处于更大的综合之中。

1. 系统的整体涌动性

整体与部分是系统科学的一对重要范畴，系统科学着眼于考察系统的整体性（wholeness）。若干部分按照某种方式整合成为一个系统，就会产生出整体具有而部分或部分总和所没有的特性，即整体涌动性（whole emergence），如整体的形态、整体的特性、整体的行为、整体的状态、整体的功能、整体的困难、整体的机遇和整体地解决问题的途径等。整体涌动性的通俗表述，就是两千多年前亚里斯多德曾提出的一个哲学命题："整体大于它的各部分的总和"。系统科学依据现代科学技术、社会和哲学的发展，提出了整体性的原理，即系统各个要素按一定方式构成的有机整体，其要素作为整体的部分，要素与整体、环境以及各要素之间相互联系、相互作用，使系统整体呈现出各个组成要素所没有的新的质，因而具有构成部分所不具有的功能的规律性。整体观点是系统思想最核心的观点，系统科学是关于整体性的科学。[45] 系统科学还揭示了系统整体效应的机理。系统要素组合会产生整体效应。系统科学从系统的整体出发，研究系统内各个单元的相互作用和联系，并具体分析各种相互作用的性质。

2. 系统的开放性

系统的开放性是指系统与其环境发生物质、能量和信息交换的性能。这里的交换包括两方面的意思：一是系统从其周围环境中得到（输入）物质、能量和信息；二是系统又向环境释放（输出）物质、能量和信息。系统的开放性是一切系统存在和演化的本质属性和前提，系统对于环境特定的物质、能量和信息的交换要求是系统对环境的需要。而需要的特定内容是由系统的组成要素、结构和功能的特殊性所决定的。对于经济系统，其在运行过程中，则需要提供材料、能源等自然资源，需要提供各种形式的劳动和一定的资本，还需要价格、财政与货币政策等信息的输入。任何系统由于其构成要素、结构和功能的特征，决定了它们对环境具有特定的需要。当这些被满足时，系统就能维持和发展，反之系统就会面临危机或崩溃。

对于系统的需要的满足有直接和间接关系的外部事物，或者说外部特定的物质、能量和信息系统，组成了该系统的外部条件，称为系统的环境（图2-6）。

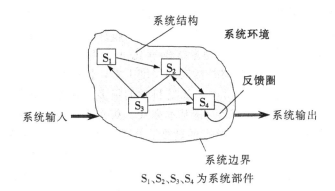

S_1、S_2、S_3、S_4为系统部件

图2-6　系统及其内部结构

例如一个区域，在原材料、资金、产品销售、人才等方面的需求，就构成了这个区域的环境。所有的系统都是在一定的外界环境条件下运行的，而环境是又一种更高级的复杂系统。系统与环境的分界称为系统的边界。环境通过边界对系统施加的影响称为扰动。系统与环境是相互依存的，它们之间存在着输入和输出的交互影响，在分析系统与环境的相互作用时，一般将其划分为输入域、交换域和输出域三个部分。输入域中产生输入运动，是系统的外界环境中输入物质、能量和信息的过程。输入运动是系统生存与发展的基础，但并非所有的输入对系统都是

必要的。如在经济系统的输入运动中，像自然资源、资本、劳动力等对系统是必要的，而一些错误的市场信息和预测则会对经济系统产生不利影响；交换域中产生运动过程，是系统对外部环境输入的物质、能量和信息进行加工和转换的过程，在这一过程中，将出现三种情况：一是为系统本身所吸收或同化，以维持系统的基本生存和运转；二是作为系统的输出，向其周围输出新的物质、能量和信息；三是作为废物直接排除。

总之，交换过程是一个分解、选择和合成的过程，它是系统将以何种方式，输出什么为重要前提；输出域是系统对输入域中的物质、能量和信息的行为反应，是系统与环境相互作用的最后阶段，输出产物的质量也是对系统结构与功能的直接检验。

3. 系统的演化性

不论何种系统，其存续能力都是有限的，不可能永远保持基本结构、特性、行为不变。系统的结构、状态、特性、行为、功能等随着时间的推移而发生的变化，称为系统的演化（evolution）。[46]演化性是系统的普遍属性。只要在足够长的时间尺度上看，任何系统都处于或快或慢的演化之中，都是演化系统。系统科学的很多内容都是研究系统演化的。系统演化有狭义和广义两种基本方式。狭义演化仅指系统由一种结构或形态向另一种结构或形态的转变；广义演化包括系统从发生、发育、形成与转变、老化或退化到消亡等。（1）系统演化的动力。系统演化的终极动力在于相互作用。首先是系统内部元素之间、子系统之间、层次之间的相互作用，包括吸引与排斥、合作与竞争等，这是系统演化的内部动力—非线性的相互作用。系统与环境之间的相互作用是演化的外部动力。系统与环境的适应是相对的，环境的变化以及系统与环境相互联系和作用方式的变化，会在不同程度上导致系统内部发生变化，推动着系统改变组分特性和结构关系，最终导致系统整体特性和功能的变化。一般来说，系统是在内部动力与外部动力共同推动下进行演化的。（2）系统演化的机制。揭示系统演化的机制、机理和规律，是系统演化理论的核心内容。系统演化有两种基本方向，即从低级到高级、由简单到复杂和从高级到低级、由复杂到简单。现实世界的系统两种演化又是互补的，但系统进化的总方向是越来越复杂，从简单系统进化到复杂系统。

（三）系统科学的方法论性质

系统科学是适应科学方法论的变革而产生的新学科，系统研究的方法论是新型科学的方法论。系统理论包含十分丰富的科学研究方法，从具体的科学方法和技术方法到具有方法论意义的思维方式。美国系统哲学的创始人之一拉兹洛认为，系统科学为我们提供一种"透视眼光"，我们可以用这种眼光看待人和自然。"这是一种根据系统概念、根据系统的性质和关系，把现有的发现有机组织起来的模型"。[47]

任何科学方法论都有它的哲学基础。系统科学的方法论性质，首先是以唯物辩证法为哲学依据，它的基本原理和方法总是从系统观点出发，即着重从整体与要素之间、整体与外部环境之间的相互联系、相互作用中，既综合又精确地考察对象，并定量地处理它们之间的关系，以达到最优化处理问题和解决问题的目的。系统科学各种理论中所包含的方法，如控制论、信息论、集合论、图论、网络理论、博弈论等，都具有一般方法论意义，它们的有机结合是系统方法论的精髓所在。其次，系统科学为我们提供的是有机的、能动的或功能性的系统，充分体现了系统的目的性、选择性。系统通过信息，不仅可以"记忆"过去的经验，把它贮存在自身的结构中，通过它来调节、协调系统的行为和各部分的关系，甚至能对环境做出"超前反应"。这样系统就能使外界环境对它们内部状态的影响缩小到最小程度。

系统科学还提供了一套具有哲学意义和方法论意义的概念和范畴。系统、信息、熵、控制、反馈、功能、结构、涨落等，这些概念和范畴是人们长期对系统的各种联系和关系认识的成果，是对系统各个方面的本质所做出的概括和反映。系统科学这些范畴的出现本身就标志着人们对世界的认识已经进入了一个新的阶段，即从存在到演化，从实体到关系，从实体和属性的认识到对功能和价值认识的新阶段。

二、 现代系统科学的发展及主要贡献

（一）现代系统科学的发展

现代系统科学是在第二次世界大战前后兴起的。它是以系统及其机理为对象，研究系统的类型、一般性质和运动规律的科学。包括系统

论、信息论、控制论等基础理论、系统工程等应用学科以及近年来发展起来的自组织理论。它具有横断科学的性质，与以往的结构科学（以研究"事物"为中心）、演化科学（以研究"过程"为中心）不同，它涉及许多学科研究对象中的某些共同方面。

20 世纪以来，现代科学技术的发展走的是一条综合发展的整体化道路。在这种背景下，现代系统科学应运而生，而且发展十分迅猛。从 19 世纪末到 20 世纪 20 年代，强调整体研究的若干系统分支理论几乎同时出现在不同的研究领域，它们的出现为现代系统科学构筑提供了材料，从而拉开了系统科学的序幕。

1. 20 世纪 30～50 年代 SCI 的兴起

SCI 是指系统论（System theory）、控制论（Cybernetics）和信息论（Information theory），它们先后形成于这个阶段。

信息论主要研究系统中的信息传输、变换和处理问题。其奠基人是美国数学家申农。他在 1948 年发表的"通讯的数学理论"宣告了信息论的诞生。他用"熵"来定义信息量，为信息论的发展奠定了基础。控制论的创始人维纳 1948 年出版的《控制论》标志着控制论的诞生。

一般系统论、信息论和控制论是几乎同时诞生并发展起来的系统科学理论，三者的关系极为密切，只是侧重点不同。[48]一般系统论侧重于系统一般概念和原理的定性描述；信息论侧重于定量地描述系统内部以及系统与环境之间的联系；控制论则侧重于运用一般系统论和信息论的原理对系统实施调节和控制。

2. 20 世纪 60～70 年代 DSC 的应运而生

20 世纪 60 年代后，为解决系统怎样组织在一起，它随时间如何演化以及演化的过程等问题，DSC 应运而生。DSC 是指耗散结构论（Dissipative Structure Theory）、协同论（Synergetic）、突变论（Catastrophe theory），通常称为"新三论"。

耗散结构论认为，一个远离平衡态的开放系统，在与环境不断进行物质、能量和信息的交换过程中，一旦系统某个参量变化达到一定阈值，通过随机涨落，系统就可以从无序状态变为有序状态或由比较有序状态变为更为有序状态，形成一种新的有序结构，这种新的有序结构称为耗散结构。耗散结构理论成功地解决了关于系统的自组织现象，在科学上具有重要理论、实践和哲学意义。协同论认为，一个与环境有物质、能量和信息交换的开放系统，在内部参量达到某一阀值时，系统即可通过各子系统的协调作用和相干效应，使系统从无序混乱状态转变为宏观有序状态。突变论主要研究连续过程发生突然变化的机理，它属于数学奇点理论和分叉理论的应用范畴。

3. 系统自组织理论

用系统观点从相互联系中考察一个系统，特别是复杂系统从无序到有序，从低级有序到高级有序的转变、过渡及其规律，逐渐形成了系统科学的一个新的领域，这就是 70 年代到 80 年发展起来的系统自组织理论。作为现代系统科学理论之一，系统自组织理论是一种关于演化发展的一般理论，它无需外界特定指令而能自行组织、自行创生、自行演化、能够自主地从无序走向有序，形成有结构的系统。它不同于传统的静态平衡理论，突破了把静态平衡作为追求目标的狭隘范围，为理解复杂系统的生机奥秘提供了一个科学的依据。

系统自组织理论包括普利高津的耗散结构理论（Dissipative Structure Theory）、哈肯的协同学（Synergetic）和托姆的突变理论（Morphogensis）。自组织理论最新的科学理论与方法论对复杂系统的形成、演化和发展规律进行了系统研究，特别是在物理、化学、生物的进化以及社会经济系统的演化发展方面，都获得了开创性成果。系统自组织理论的创立、发展和完善，促进了自然科学与社会科学的相互渗透，为各学科领域走向综合提供了一个共同的基础。

（二）现代系统科学的主要贡献

现代系统科学的贡献就在于：它把系统联系作为独立内容进行考察，不仅对许多具体事物的系统进行了深入研究，而且研究了许多系统的共性，建立了一般系统论，从而深入地揭示了系统之间、系统和要素之间、系统与环境之间、系统各层次之间、系统的结构与功能之间的联系，以及由这些复杂联系与相互作用所导致的系统网络的进化，并初步建立起关于联系的理论。

1. 现代系统科学使唯物辩证法范畴得到了深化

首先，对整体与部分范畴的深化。系统科学表明整体由部分组成，部分即要素在它们的相互作用中综合地决定着整体，部分之间不但存在着因果联系，也存在着结构联系、功能联系。由于要素间非线性相互作用的结果，使事物整体具有新质的特点，同时，部分之间的相互作用既可以促进系统演化，也可能破坏系统的存在。

其次，对内因与外因范畴的深化。系统科学不仅在系统与环境的基础上证实了唯物辩证法内外因辩证关系原理的正确性，而且赋予了内外因以新的含义，赋予了内外因辩证关系新内容。从系统的观点看，内因即系统内部要素之间的相互作用，正是这种相互作用构成了系统的结构并成为系统有序性之源。外因即系统与外部环境之间的相互作用，这种相互作用的内容是二者之间物质、能量、信息的交流，这是系统演化与发展的重要条件，而系统与外部环境的相互作用中所表现出来的基本特征，就是系统的功能。

再次，对内容与形式范畴的深化。系统科学把内容和形式，结构和功能联系起来，从而使它们更加具体化，而且还进一步揭示出它们之间的密切联系。功能是系统的基本属性，功能并不是单纯由要素或结构决定的，而是二者相互作用的产物，同时，系统的功能又在维护着要素与结构的相互作用。由于系统科学的理论和方法都具有注重形式的特点，数学手段的广泛使用这一特点更加突出，这不但突出了形式的相对独立性，而且增强了内容与形式的实践意义。

2. 现代系统科学具有重要的方法论意义

现代系统科学理论和方法，深刻地影响着人们的思维方式，它以整体性思维方式冲击着旧有的思维方式，这是系统科学对时代精神的重要贡献，具有方法论意义：（1）现代系统科学提供了一种认识世界的新理论。系统科学揭示客观世界中系统整体运行的情形、特点和规律，向人们展示了客观世界无限运动过程的集合体的整体面貌，揭示了客观世界各种系统内部的层次以及各种系统之间的层次性和交叉性，并从宏观和微观两个方面进一步深入地揭示了客观世界的物质统一性。（2）现代系统科学提供了一种认识世界的新方法。现代系统科学总结的一系列新的认识世界的方法，把客观世界看成是有机联系的整体，把客观世界同一切领域内部不同领域之间都可以看成是有机联系的整体，以崭新的系统方法，信息方法，反馈方法、功能模拟方法和电子计算机等现代认识手段，从总体上认识事物现象和过程。这种认识方法，不仅是对古代总体认识方法的科学的扬弃和综合、对近代分析方法的扬弃和综合，同时也是对当代科学技术认识方法的新综合，而且是对马克思主义哲学认识方法的丰富和发展。

总之，系统科学，尤其是以非线性科学为标志的现代系统科学理论创立以来，已深入应用到自然和社会科学的各个领域。

三、　系统科学与区域经济理论的协同

从系统科学出发的研究，首先将地理区域看作一种开放的复杂巨系统，不仅仅注重区域人口、资源、环境、经济以及社会等要素和子系统的描述性研究，更加强调从总体上把握各种要素、各个子系统彼此联系的结构性和功能性特征。[49]

系统科学在区域研究中的早期应用包括在区域发展规划、经济发展评价中直接借鉴系统工程学运筹学中等分析方法，也被称作"硬系统方法"，进入 20 世纪 80 年代以层次分析法、战略表面假设与验证法、社会技术系统设计法为代表的"软系统方法"，被引入到区域发展研究中，产生了广泛的影响。发端于 60 年代的系统动力学方法是另一种对区域研究产生重大影响的系统科学方法，进入 90 年代关于复杂系统的研究出现了一些新的思想和理论。

（一）系统科学与区域发展研究[50]

1. "硬系统方法"

最早在区域发展研究中引进的是被称作"硬系统方法"的研究技术，包括形成于 30 年代的运筹学方法（Operation-Research，简记 OR），50 年代 RAND 公司提出来的系统分析法（System Analysis，简记 SA），以及 50 年代末 60 年代初由古德、霍尔提出的系统工程方法（Engineering System，简记 ES）。OR、SA、ES 三种方法比较类似，都强调采用数学语言描述问题，通过数学模型分析问题，数学公式计算、评价问题。方法比较"硬"，钉是钉，铆是铆，因此称为"硬系统方法"。在早先区域发展研究中的应用主要集中于区域经济发展评价和

总体发展规划等方面。

2. "软系统方法"

进入 20 世纪 80 年代，以层次分析法（Hierarchy Analysis）战略表面假设与验证法以及社会技术系统设计法（Social Technology System Design)[51]等为代表的新技术开始广泛引入区域发展研究中来，在区域社会、经济、空间的发展研究和规划控制中都得到广泛应用。这些方法区别于先前的"硬系统方法"，不单纯依赖数学模型、定量化研究的手段，更强调在解决社会、经济发展、管理和决策时定性分析的重要性，主张定性判断与定量研究相结合，被称为"软系统方法"。"软系统方法"强调发挥研究、决策人员有价值的经验与判断能力，并认为决策的过程就是对行为、方案、研究对象进行评价和选择的过程。

（二）系统科学与区域经济学研究的重要结合

国际上，运用系统科学思想研究经济问题很早，其中最典型的例子是投入产出（I/O）模型。（华西里·列昂惕夫，1970)，由于华西里·列昂惕夫的突出成就，于 1973 年获得了诺贝尔经济学奖，并创办了国际投入产出学会，学会主办了一个具有国际影响的著名杂志《经济系统研究》（Economic Systems Research)。发表在《经济系统研究》杂志上的文章基本上全部都是利用系统方法研究的经济学问题。后来又发表了很有影响的专著：《系统经济学：概念、原理与方法论》（福克斯 A. G. fox、迈尔斯 D. Miles，1987)；《动态经济分析》 （哈瑞斯 M. Harris，1987)；《动态经济系统的分析与控制》（邹至庄，2000)，这些都是系统科学与经济学相结合的初期成果。

20 世纪 80 年代，我国开始尝试将系统方法应用于经济学的研究，并取得了丰富成果。《动态经济系统的调节与演化》（邓英淘、何维凌，1985)；《非平衡系统经济学导论》（周豹荣，1987)，一些学者利用自组织理论探讨了自组织管理理论和经济系统的自组织理论等（沈华嵩，1991；姜璐、时龙，1995)，其中最具代表性的是系统经济学准公理化体系的形成。（昝廷全，1988，1990，1995，1996，1997，1998，1999)标志着我国系统经济学研究已经进入了新的时期。

近年来，随着非线性系统科学的迅猛发展和区域经济学理论的日臻完善，系统科学与经济学相结合的作用不断加强并日趋深化。陈平

（1988）主要在集中寻找"经济吸引子（economic attractor）"和宏观经济系统的混沌行为与分岔方面进行了研究。基于企业间的经济关系，闫二旺（2003）在系统分析框架上，研究了区域经济发展的微观机理，进一步丰富了区域经济发展理论。叶荣（1999）从系统论观点研究了我国中西部经济发展，认为系统均衡性取决于总量及结构两方面的均衡稳定性。特别是系统动力学作为系统科学的一个重要分支，在经济发展研究中也得到了广泛应用。

（三）系统动力学在区域经济研究中的应用与发展

系统动力学是由 60 年代提出的一门分析研究信息反馈系统的学科，借鉴了控制论有关信息反馈的研究成果，强调用实验的方法借助计算机技术构建模型，对复杂系统进行模拟和仿真。[52]一般的方法步骤包括：（1）界定问题；（2）将系统问题暂时拆分为相对独立的要素或部分；（3）分析要素间以及与整体系统间的信息反馈环，并与决策相联系；（4）研究可能的决策方针；（5）决策、信息以及要素与整体组成计算机中的仿真模型；（6）将模型的计算与实践相对比，并调整模型；（7）借助模型对系统问题进行研究；（8）研究结果用以指导实践。

系统动力学（system dynamics）作为系统科学的一个重要分支，与经济发展问题渊源甚深。[53]20 世纪 70 年代，国际上就开始了关于系统动力学在可持续发展领域的研究，其中重要的代表性工作就是发表于20 世纪 70 年代初的著名的《增长的极限》。它以利用系统动力学的创始人福瑞斯特教授等开发的系统动力学世界模型 Word3 为基础，为罗马俱乐部构建了一个世界模型，对未来进行了预测。

系统动力学所建构的模型主要是一个"结构—功能"模型，强调分析系统内部各个要素的运动通过系统结构以及彼此的信息反馈机制对整体功能的影响，80 年代以后发展出定性系统动力学（Quality System Dynamics），借鉴软系统方法研究非结构性系统或不良结构系统。[54]系统动力学的研究方法从 80 年代开始被广泛借鉴到区域发展研究中来，其所强调的内源性的动力机制分析法已经广泛地运用于区域经济运行以及生态环境演化等复杂系统的相关研究中来，定性系统动力学还用来研究区域发展中的各种社会问题、环境感知等。[55]

近年来，我国学者非常重视系统动力学研究方法，应用范围广泛，据不完全统计，应用领域涉及微观的事业单位管理、中观的区域规划和宏观的国民经济三大类，并取得了一系列成果。如对区域经济发展（甘永辉、马新生，1996；刘继承、徐玖平，2001）、城市创新系统（赵黎明，2003）、社会（宏观、区域）经济系统分析（程玉玺、刘涌康，1986；胡玉奎、贾玉岭，1986；赵小敏、沈兵明、吴次芳，1996）发展战略和经济、社会发展总体规划（秦耀辰、赵秉栋、张俊军，1997；王黎明，1998；孟卫东、何谦，1997）、城市生态系统研究、生产管理（王莹、刘玉群，1997）技术进步促进经济发展作用、资源配置与土地承载力（齐文虎，1987；李久明，1988；杨晓鹏、张志良，1992；王黎明，1991）、农林牧副渔动态调节与控制（李相银，1987；王迪云，1995；高新科，1994）等方面进行了广泛研究。特别值得一提的是，在运用自组织概念和复杂性框架对经济过程进行分析的也有很多（李京文，1993；方福康，1999；王浣尘，1999）。

第四节　现代区域经济理论的发展：从分析走向整合

一、　现代区域经济学的几个主要流派

现代区域经济学的理论体系可以分为三部分，即区域发展理论、区域关系理论和区域政策理论（孙久文，2004）。从简单的、平衡的、静态的分析经济学到复杂的、非平衡的、动态的整合经济学，这是现代区域经济学发展的方向。

（一）新经济地理学派

以克鲁格曼、MachaFujita 等学者为代表的新经济地理学派，形成于 20 世纪 90 年代。其宗旨是将经济地理学，即区域经济学带进主流经济学的殿堂。正是从这点出发，分析区域问题的模型框架，基本上是以经济学为基础的，其理论的基石建立在三个命题之上：第一是收益递

增。由于生产规模的扩大带来产出的增加，从而带来生产成本的下降。各国或区域间通过发展专业化和贸易，提高其收益。集中是规模经济的反映，地理上的集中形成大型的聚集地区，其规模优势远远大于某一个部门或产业的集中优势，从而为地区获得竞争优势创造了前提。第二是不完全竞争模型。由迪克西特或斯蒂格利茨创立的不完全竞争模型，被克鲁格曼引入到区域经济的分析当中。例如，由于不完全竞争的存在，当某个地区的制造业发展起来之后，形成工业地区，而另一个地区则仍处于农业地区，两者的角色将被固定下来，各自的优势被"锁定"，从而形成中心区与外围区的关系。第三是运输成本。假设以保罗·萨缪尔森引入的"冰山"理论的形式存在，即假设只有制成品有运输成本，任何制成品的价值在运输途中都有一部分丢失了，而不是设计一个单独的运输业的存在。由这三个基石，设计出区域经济的"中心—外围模型"。[56]克鲁格曼指出，中心—外围均衡的条件，依赖于制成品在支出中的份额、以倒数衡量的运输成本和成反比的均衡规模经济。应当说，这个模型是新经济地理学派对区域经济学的主要贡献。但模型只揭示了从中心到外围的扩散效应，而没有揭示同时存在从外围到中心的聚集效应。这也应是区域经济学研究的重点方向。

（二）新制度学派

新制度学派，或者是"区域政策"学派，其研究的中心是将制度要素引入到区域分析当中，研究政府及其体制对区域发展的影响，并通过制定相应的区域政策，协调区域发展。所以，新制度学派的中心是研究区域政策问题。区域政策主要是解决区域问题和协调区域利益。约翰·弗里德曼认为，"区域政策处理的是区位方面的问题，即经济发展'在什么地方'。它反映了在国家层次上处理区域问题的要求。只有通过操纵国家政策变量，才能对区域经济的未来做出最有用的贡献。"区域政策研究将向什么样的方向发展呢？一种观点认为，区域问题反映了资本对空间的控制，形成了高技术水平的职能保留在发达区域，低技术水平的职能集中到不发达区域，分布的不均衡必须运用区域政策来改变。主张从制度的创新上，从政策的创新上来解决区域问题。另一种观点认为，目前的区域政策演化的方向应当是：协调性，消除各国各自制定的政策所造成的冲突与矛盾；选择性，稀缺资源应尽可能集中用于能实现可持续增长的区域，不主张把发展的优先权给予一个国家最不发达的区域；灵活性，政策应有灵活性，以适应区域发展的具体特点和行动需求。

（三）区域管理学派

1. 区域经济发展管理

区域经济发展管理面对的主要是宏观经济问题，其面临的两大挑战是：经济增长和充分就业。区域经济发展管理是在公平竞争的前提下，通过对区域内经济资源的有效协调，使区域经济能够健康有效地发展。区域经济管理的主要方法，其一是管理学的方法，其二是法律的方法，其三是行政的方法。

2. 区域人口管理

区域管理的基本目标是服务于人，人口管理是区域管理的基本问题。区域的适度人口主要应考虑区域内的资源状况、经济发展基础和人口就业的形势。通过对人口的管理和人力资源开发，使区域的发展能够上到一个新的台阶。人力资源开发是近年来颇受重视的一个区域发展的题目。在新经济时代，人力资源已逐渐成为创造财富的主体资源，区域的发展状况，很大程度上取决于这个区域人口教育水平、科技开发能力和技术创新精神。所以，人力资源开发正成为区域管理的重要组成部分。

3. 区域环境管理

区域环境管理正在成为区域管理的主要内容。近年来，一些学者提出区域环境管理应当是造就一种发展的模式，在对环境进行严格控制的前提下，造就一种经济发展的良好空间。这种被称为"环境经济模式"的观点认为，[57]环境经济模式是以区域或城市的区位优势和环境优势为前提条件，发展相应的经济中心，带动周边地区的发展。这种模式将区域或城市视为最大的产品，以城市自身形象为品牌，吸引投资者，促进区域和城市发展。由于这种模式的行为主体是地方政府，所以更能够突出其环境管理的功能，其引起的累积效应也就更大。

总之，区域经济学发展到今天，其研究内容在不断扩展，理论体系在不断完善，应用方法在继续推陈出新。

二、 用系统科学整合区域经济理论

（一）经济学研究必须从分析走向综合

现代科学已经突破了理论"质点"和"刚性"的简单世界，进入对复杂世界的探索之中；现实中的区域经济系统越来越趋向多元化、信息化，各种非线性因素大量涌现，古典的平衡点日趋模糊，区域经济中已难以找到在任何时刻，任何地方都能起主导作用的因素，处于科学与经济现实之中的传统经济学，如果仍然延续由一些原始要素构建的平衡理论框架中，势必背离现代科学与经济发展的方向，阻碍自身的发展。

现代西方许多经济学家都看到了这种危机，他们试图吸取现代科学和数学的成果，开辟经济学的新疆界：美国经济学家乔治西古—瑞根的《熵法则与经济过程》，应用热力学第二定律分析经济问题，在西方经济学界引起了极大震撼。香港《抖擞》杂志刊文谈到："这在经济理论发展史上树立了一个重要的里程碑，引发了'熵典范'或'熵社会'等新世界观的兴起"。此外，杰里来里夫金的《熵经济学》、科尔奈的《非均衡经济学》和 G. 劳斯《非线性经济学》等也产生了一定的反响。[58]

用系统科学来整合区域经济理论，构建区域经济系统分析的框架并不意味着以前和现今的区域经济理论对于区域经济分析是徒劳的。相反，一切区域经济现象分析的理论和方法都是区域经济系统理论分析和现实区域经济现象之间的桥梁，区域经济系统理论必须借助于迄今区域经济学的一切理论成果和方法，来全面正确地理解和把握区域经济系统的各种现象、特征、机制和规律。

（二）区域经济理论整合的意义

理论整合的目的是应用现代系统科学的原理和方法，为现有的一切区域经济分析理论在区域经济系统分析中分配一个适当的位置。区域经济系统理论的另一个目的是建立经济系统的演化理论，从系统科学角度，系统的演化是一个连续完整的过程，描述这一过程的理论应该是连续统一的，而不是分割孤立的。

作为经济学领域的一门年轻学科，区域经济理论经过几代科学家的努力其理论体系已逐渐走向成熟，也形成了一套较完备的研究方法。刘易斯在其名著《经济增长理论》中，讨论经济制度时写到"社会学家把经济制度的研究留给了经济学家。而经济学家又把这个题目留给了社会学家，在一般的态度是把某个领域留给其他学科的地方，也许对企图进行一般性概述的学者的勇气是不存在嫉妒的。如果这里所提供的至少是该领域资源与潜力的一幅草图的话，那么这一领域也许就不那么望而生畏了。"面对区域经济这一极为复杂的系统，区域经济学的整合，建立一个非平衡的动态的分析与综合统一的经济学，不仅是现代区域经济学发展的要求，而且也是两种文化汇流的需要。在普利高津和哈肯的著作中，西方许多学者注意到了人文科学与自然科学"两种文化"的分离状态，呼吁要在两者之间架设桥梁，打开对话通道。系统科学作为一门交叉科学，其生命力，越来越被人们所认识，无疑在两种文化的沟通中能发挥着不可估量的积极作用。

（三）理论简评

近年来，从国内外看，系统科学理论，特别是现代系统科学方法在诸多领域都得到了广泛应用，并取得了丰富成果。系统科学是各门学科的方法论和基础，作为一门横断学科，它把事物看成系统，从系统的结构和功能，从系统的演化与发展，在研究各学科的共性规律方面，发挥了巨大作用。但从目前的研究情况看，一些学者由于对经济学了解不足而形成的经济学自组织解释缺乏经济学根据，过分数学化。21世纪是更加开放、更加复杂的世纪，特别是在社会系统与经济系统研究中，系统科学将肩负着更加重大的历史使命。

三、 区域经济发展理论的新发展

系统的区域发展理论产生于20世纪50年代初，在半个世纪里，经历了从增长、发展到创新三个阶段的演变与发展，同时，区域发展模式也发生了相应的转变。

（一）现代区域发展理论的演变

1. 增长阶段

从 20 世纪 50 年代初至 70 年代初。受 20 世纪 40 年代初至 60 年代的发展经济学的影响，增长阶段的区域发展理论把发展看作国民生产总值或国民收入的增长、农业地位的下降和工业地位的上升的过程，强调高增长率和工业化的重要性，强调资本积累的重要性和必要性，强调计划的重要性和必要性。在这一阶段，区域发展理论的主要代表有：艾萨德的为对抗区域间发展不平衡的"恶性循环"而提出的国家干预说；弗里德曼 1967 年提出的"使新的核心区域从大到小在边缘活起来"的核心发展战略；克拉克主张国家对区域发展进行干预，这种干预被认为应放在对投资和就业的刺激上，同时还要实行"区域工资税和折扣"（Regional pay-roll taxes and Rebates）的制度。

2. 发展阶段

经过从 20 世纪 50 年代至 70 年代初的 20 多年的发展，那些奉行工业化、强调物质资本积累、实施计划化的国家，虽然在落后区域引进了现代工业，但是在许多情况下，特别是在发展中国家，这只不过是在传统经济的汪洋大海中注入了一个"现代化的飞地"，并没有产生预期乘数效应并施惠于普通老百姓，相反，到处可见农业衰退、农民破产，致使人们的基本需求得不到应有的保证。20 世纪 70 年代中期以来，人们开始对传统的区域发展理论进行反思。

首先，人们抛弃了把经济增长率和产业结构转换作为发展的传统发展观，认为经济增长率和产业结构改造只是发展的手段，而不是发展的目的，发展的目的应该是满足人们的需要。

其次，强调发挥农业或农村的作用。传统区域发展理论将工业化、城市化推崇到可以损害农业或乡村的地步。诺贝尔经济学奖金获得者舒尔茨对此作了较全面的论证。他说："低收入国家的数以百万计的农民具有很大的能力去改变他们缺少受教育的机会，但他们现有的成就显示了他们的学习能力，例如，他们在采用粮食高产品种上取得成功。鉴于适应低收入国家需要的农业研究的贡献和在这些国家中对农业发展投入的追加资本的庞大数量，新型农民把这些研究贡献和追加资本转变为粮食增产的能力是明显的和巨大的。"

第三，强调人力资本的重要性和必要性。舒马赫（E. F. Schumacher）将物质资本（工厂、设备）比做冰山之巅，而把人力资本比做冰山看不到的部分，他强调作为人力资本形成的重要途径—教育的关键作用，认为"教育是一切资源中最重要的资源"。舒尔茨也曾强调指出，"我们的经济制度最出色的特点就是人力资本的增长。离开了这一点，除了那些靠私有财产获取收入的人外，其他人便只有艰苦的体力劳动和贫穷。"

因此，20 世纪 70 年代中期以来，区域发展理论无论是在有关发展的目的上，还是在发展的方式和手段上，都发生了很大的变化。这些变化纠正传统区域发展理论的偏差、弥补其不足，无疑起到了良好的作用。但是应该看到，实际上，在这一阶段，各国政府在区域开发中仍然强调经济增长和工业化水平的提高。在 20 世纪 50 年代至 70 年代，由于世界各国各种区域问题的出现，区域经济学研究的重点开始转向区域经济发展和区域政策问题。在这一时期，各国学者提出了许多很有影响的区域发展理论和战略模式。其中，较有影响的有输出基础理论、增长极理论、累积因果理论、中心—外围模式、新古典区域增长模型等。

3. 创新阶段

20 世纪 80 年代末，世界范围内的环境问题日益严重，来自全世界多方面的环保呼声日益高涨，可持续发展成为世界各国和众多地区的战略选择。更为重要的是，随着科学技术的加速发展，尤其是信息技术的迅猛发展，在西方发达国家，由工业经济向知识经济转变的步伐加快。同时，在发展中国家，某些区域的知识经济特征亦日益明显，并显示出了对国家经济强大的拉动效应和旁侧效应。无论是可持续发展，还是发展知识经济，都强调知识资产和知识资源的重要性，同时，大学和科研机构在区域发展中第一次具有了真正的价值，技术资源和智力资本成为区域发展的最主要因素，创新成为区域发展的最主要动力。

在传统的物质经济形态中，人类利用的资源是自然资源，如铁矿等，这种资源的特点是越用越少。而在知识经济形态中，知识资源和知识资产将取代有形的土地、资本等资源而成为人类创造财富的最重要资源。与传统经济形态下的自然资源不同，知识资源和知识资产的特点是越用越多。众多"背道而驰"、"异军突起"的区域经济发展实践已非传统区域经济发展理论所能解释，众多经济学者和经济政策专家试图从多个角度、多个层次对现代区域经济的发展做出解释，出现了一些新的理论视角，如企业群理论、三螺旋理论、区域创新网络理论等。这些理论的共性是，强调市场力量、网络化、互动联系和知识资产的作用，归结为一点就是创新成为区域发展的最主要动力。

（二）现代区域发展理论的新观点

1. 新增长理论。一些经济学家运用新古典主义方法，构造了一批以知识和人力资源积累和内生技术为基础的内生型增长模型。主要有罗默（P. Romer）的"收益递增经济增长模型"、卢卡斯（R. Lucas）的"专业化人力资本积累增长模型"、普雷斯特—鲍依德（Prescort-body）的"动态联合体资本模型"、杨小凯—波兰德（Yang-borland）的"劳动分工演进模型"。

2. 新贸易理论。基本观点是"非比较优势贸易论"，认为贸易在很大程度上是由收益递增而不是由比较优势驱动。如阿尔温·杨（Alwyn. young）的"边干边学与国际贸易动态效应模型"。

3. 经济发展中的寻租理论。克鲁格（A. Krueger）等对发展中国家"寻租"活动的深入研究后发现，"寻租"的根源在于过多的政府干预，削减或消除"寻租"活动的根本途径是减少政府干预，充分发挥市场机制的作用。

4. 经济发展中的制度理论。具有代表性的是"国际经济增长中心"的研究成果，其通过对发展中国家现实困境根源的剖析，发现根源在于发展中国家的弊端制度，认为制度安排是经济发展的源泉。

（三）区域发展模式的转换

1. 从"运费"到"知识"的转换

20世纪90年代的贸易新路线是激光光束和卫星微波。货物不再是丝绸和香料，而是技术、信息和知识。在资源主导的经济向创新主导的经济转变的过程中，区域创新成为区域经济持续发展的主要动力，知识资源在区域创新中被赋予了新的含义。在传统的物质经济形态中，人类利用的资源是自然资源，如铁矿等，这种资源的特点是越用越少。从

20 世纪 50 年代以前的强调"运费"与"成本"的工业区位论和 20 世纪 80 年代以来的区域经济的计量化研究，都是建立在工业化经济的基础上的，它们强调区域自然禀赋的重要性，默认区域自然资源的难以移动性。而在知识经济形态下，知识资源和知识资产将取代有形的土地、资本等资源而成为最重要的资源，这种资源的特点是越用越多。正是这种易于移动的"越用越多"的知识资源和知识资产的作用的凸显，极大地动摇了传统区域经济发展理论的根基。

2. 从"雁型传递"到区域创新转换

梯度转移是由传统区域经济发展理论指导的、伴随着世界范围内的工业化进程而出现的一种区域经济发展模式，它的前提是地区间的经济和技术落差的刚性存在，是基于一种线性进化的假设。梯度转移模式将不发达的地区置于不利的分工序列位置，反映了一种不合理的分工格局。经济层次是客观存在的，但从本质上讲，经济区域是一条连续的发展谱带，而且经济层次是"山不转水转"式的"动态存在"。科学技术发展的跳跃性可以使一个原本落后的地区依靠创新，尤其是科技创新，实现跳跃式发展，而不必受梯度转移发展模式的限制。区域创新理论适应了世界经济及科学技术的发展规律，为不发达地区或国家打破不合理的分工秩序、实现经济的跳跃式发展奠定了理论基础。在知识经济形态下，知识资源和知识资产的传播和运用激发了创新，知识已成为区域发展的根本，创新成为区域经济发展的强力"引擎"和"推进器"。一些自然资源富集区，由于缺乏创新而沦为世界经济的"差等生"；相反，一些自然资源匮乏的国家或地区，通过扬长避短，另辟蹊径，凭借创新而成为世界经济的"领头雁"。

四、 区域经济发展观的演变

发展观是人们对发展总的看法和基本观点，是对发展实践的基本价值判断和哲学提升。

（一）经济增长发展观

经济增长发展观是二战前形成的以发达资本主义国家发展经验为依

据的传统发展理论。它盛行于第二次世界大战结束后至 20 世纪 60 年代中期。这种发展观以 GDP 总量和人均 GDP 增长为中心，把经济总量的增长作为发展的标准与目标，认为增长等于发展，只有促进经济的增长，落后国家才能实现追赶的目标。其基本观点是，工业化是一个国家或地区经济活动的中心内容，经济增长是一个国家或地区发展的"第一标志"，GDP 的增长是衡量一个国家或地区经济发展的首要标志，发展规划是实现工业化和实行发展战略的重要手段。不可否认，以经济增长为核心的发展观曾经起过积极的作用，很多发展中国家因此实现了经济快速增长和国民生产总值的增加，积累了丰富的物质财富。

但是，到了 20 世纪 60 年代中期，社会经济发展出现了一系列问题：城市经济得到发展，城市失业率却上升了；人均增加了，居民收入差距和地区发展差距却都拉大了；依靠牺牲农业推进工业化，农业受到了极大损害；工业投资急剧增加，而教育投资被忽视，知识和技术的发展落后了；重发展轻治理，生态环境日益恶化。由于经济增长不能体现收入分配的改善和社会结构的完善，不能反映科学和技术的进步，不能实现公平、公正的社会目标，社会出现了"有增长无发展"、"无发展的增长"或"恶意增长"。

（二）区域经济综合（协调）发展观

20 世纪 70 年代以后，美国学者率先发动了一场"社会指标运动"，提出了建立包括经济、社会环境、生活、文化等各项指标在内的新的社会发展的价值体系。在第二个发展 10 年（1970—1980 年）报告中指出："社会发展已不是单纯的经济增长，社会制度和社会结构的变迁以及社会衣、食、住、行设施的改善，具有同等重要的地位，经济发展应与这些方面保持平衡发展。"这一描述进一步丰富了发展的内涵。1983年，法国学者弗郎索瓦·佩鲁出版了《新发展观》一书，把发展视为"为一切人的发展和人的全面发展"，提出了"整体的""综合的""内生的"新发展理论，即综合发展观理论。所谓"整体的"是指发展要有整体观，既要考虑到作为"整体的"人的各个方面，又要考虑到他们相互依存关系中出现问题的多样性；所谓"综合的"是指各个部门、地区和阶层，要在发展过程中求得协调一致；所谓"内生的"则是指正确地依靠和利用本国的力量和资源，包括文化价值体系来促进发展[①]。

此后，各国学者提出了人与人、人与环境、人与组织、组织与经济合作的新发展主题，以及经济与政治协调、人与自然协调等新的发展观，即把发展观看做是以民族、历史、环境、资源等自身内在条件为基础包括经济增长、政治民主、科技水平、文化观念、社会转型、自然协调、生态平衡等各种因素在内的综合发展过程。显然这种发展观纠正了以物为主的发展，第一次强调了以人为中心、人的全面发展，强调了经济与社会的协调发展。因此，这种发展观比单纯追求经济增长的发展观更全面更成熟，表明了人们对发展内涵的认识已由单一性、片面性、向多元性、全面性的拓展。

从我国区域经济发展的实际来看，由于资源条件、发展历史、经济政策的差异，我国的东部地区、中部地区和西部地区处于极不平衡的发展状态，地区间的差异拉大，区域矛盾加剧。因而，统筹区域经济发展，实现协调的发展目标成为刻不容缓的重要任务，而所有这些从我国区域经济政策的变化上已经深深地得到了印证。

（三）可持续的区域经济发展观

随着对"经济增长发展观"和"以人为中心的综合发展观"的不断反思，人们逐渐认识到发展应是可持续发展。如果说，经济增长发展观和区域经济综合发展观，代表着国家是发展的组织者和评价者的话，可持续发展的理念则是一个世界范围内的发展实践，联合国是可持续发展观的提倡者和主要评价者，发展到可持续发展阶段已经超越了国家和地域的空间限制，同时考虑到当代人与未来人在资源与环境上的公平与协调机会。

"可持续发展"概念的提出和推广是 20 世纪 80 年代后期以来发展观最重要的进步。"可持续发展观"是一种全新的发展观，它是全球面临经济、社会、环境三大问题的情况下，人类从对自身的生产、生活行为的反思和对现实与未来的忧患中领悟出来的。"可持续发展"的提法最早出现在 1972 年世界环境大会上，但其概念的正式形成和真正成为

①弗郎索瓦. 佩鲁新发展观 [M]. 北京：华夏出版社，1987. 10.

国际社会的共识，则是在挪威前首相布伦特兰夫人主持完成的报告《我们共同的未来》问世以后。1980年3月5日联合国大会向世界发出呼吁："必须研究自然的、社会的、生态的、经济的以及利用自然资源过程中的基本关系，确保全球的发展"①。

1992年6月联合国环境与发展大会通过了《里约热内卢环境和发展宣言》和《21世纪议程》，第一次把可持续发展由理论和概念推向了行动。《宣言》提出的27条原则极大地丰富了"可持续发展的思想"。1994年9月召开的国际人口与发展大会，通过了《国际人口与发展大会行动纲领》，进一步发展了"可持续发展思想"。《行动纲领》提出的15个原则，充分阐明了"可持续发展问题的中心是人"这一重要命题，把"可持续发展"定位于人本主义的发展观。

1994年3月，中国政府也通过了《中国21世纪议程》，为可持续发展在中国的实施奠定了基础。可持续发展既是经济、社会发展与人口、资源、环境互相协调，又兼顾当代人和子孙后代利益的能够不断持续进行下去的发展观点。实现区域的可持续发展，是区域经济自身发展的客观要求，同时也是实现全社会可持续发展目标的前提和基础。

1995年3月，在丹麦首都哥本哈根举行的联合国社会发展世界首脑会议上，明确指出：人是可持续发展的中心，人类有权享有与环境相协调的健康、有活力的生活。会议通过的《哥本哈根宣言》中阐明，经济发展、社会发展和环境保护既彼此独立又相互作用，是可持续发展的有机组成部分。至此，可持续发展理论根据联合国环境与发展委员会的定义和联合国社会发展大会的阐释，得到了进一步的丰富和完善。

---

① 王之佳. 我们共同的未来 ［M］. 长春：吉林人民出版社，1997. 12.

03 第三章 区域经济发展动力系统的构建与分析

区域经济是一个非线性、复杂的动态系统。区域经济发展不仅取决于区域内的资本、技术、管理等因素的综合作用，更重要的是区域经济外部因素对区域经济发展的合理推动，如外部的技术与人才引进等均对本区域的经济发展起着极为重要的作用。由于区域经济发展的动力系统是一个由诸多动力要素构成的复杂系统，而动力系统及其环境共同影响着区域经济的发展。鉴于此，研究区域经济发展问题，必须以科学发展观为指导，对区域经济系统、区域经济发展的动力系统及其相关要素等进行科学的分析。

第一节 区域经济发展的动力与动力系统

一、 区域经济发展的动力

（一）动力及其主要类型

关于动力的一般解释是"使机械运转做功的各种作用力，如：水力、风力、电力、热力、畜力等。比喻推动工作、事业等前进和发展的力量"。[①] 我们这里主要探讨作为推动事物运动与发展力量的动力。

根据研究需要和各种动力要素的特点与功能，从理论上我们可以将动力系统中的动力要素进行分类。按照动力的形成原因，可以将动力划分为内部动力和外部动力，根据自组织理论还可称之为自组织动力（内部动力）和他组织动力（外部动力），书中统一称为内部动力和外部动力；按照动力对事物运动与发展的作用方式，可以将动力划分为直接动

---

①《现代汉语词典》，商务印书馆，1996. 302.

力和间接动力；按照动力对事物与发展的作用层次，可以将动力划分为表层动力与深层动力。

1. 内部动力和外部动力

辩证唯物主义认为，事物的发展变化是内因和外因共同作用的结果，内因是决定因素，外因通过内因起作用。区域经济的发展同样是由内因和外因共同推动的结果。所谓内部动力是指事物的发展过程中，在事物内部产生的能够导致事物运动与发展状态变化的力量。而外部动力则指来自于事物外部、能够导致事物运动变化的力量。如区域经济发展中人们追求高质量生活的愿望以及对知识、技术掌握的增多，区域产业结构的自我更新等等，这些使区域主体行为发生变化的力量都可以理解为内部动力；而来自区域外部的区域政策、科技创新等力量可以视为外部动力。但区域经济发展的内部动力是促进经济良性循环，实现经济持续快速健康发展的主要因素。

2. 直接动力和间接动力

根据动力对事物运动与发展的作用方式，可以将动力划分为直接动力和间接动力。所谓直接动力是指直接作用于事物之上，导致事物运动或发展的状态发生改变的力量。所谓间接动力是指直接作用于事物之上，间接地导致事物运动或发展状态发生改变的力量。

3. 表层动力、中层动力和深层动力

根据动力对事物运动与发展作用的层次程度，可以将动力划分为表层动力、中层动力和深层动力。所谓表层动力是指作用于事物表面，在低层次上使事物运动或发展的状态发生改变的力量，它的推动作用是有限的，其高级化过程即表层动力发展为深层动力是通过中层动力，由表及里的传递方式实现的。所谓深层动力是指对事物的发展状态作用持久，影响深厚的力量。随着作用时间的增加和强度的加大，表层动力有可能逐渐发展为深层动力。"文化力"作为一种深层的、本质的制约力量，是造成区域经济发展不平衡的重要因素，而先进的"文化力"就是促进区域经济发展的深层动力。

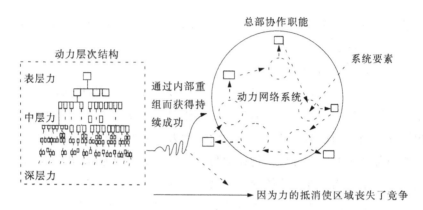

图 3-1　动力网络系统的组织交叉

　　图 3-1 根据欧文·拉兹洛，克里斯托弗·拉兹洛[76]在其名著《管理的新思维—第三代管理思想》中使用的图形改写而成。

（二）动力的特征①

　　动力具有如下特征：

　　1. 方向性。动力是具有方向的空间矢量，作用于事物之上的各种动力有的与事物的发展方向一致，我们称之为正向动力；有的与事物的发展方向不一致，我们称之为负向动力。事物运动与发展的方向和速度是正向力与负向力综合作用的结果。当正向力超过负向力时，事物得到发展，当负向力超过正向力时，事物的发展出现倒退。

　　2. 动态性。各种动力不是一成不变的，均具有动态性的特征。即动力的大小会随着时间和空间的变化而变化。内生动力与外生动力表现出不同的动态性品质。内生动力是关于时间的增函数，而外生动力是关于时间的减函数。也就是说，作用于某一事物上的内生动力会随时间的增加而增加，这种增加包含两种过程，其一是原有内生动力的累积过程；其二是外生动力内化的过程。而外生动力，随其内化的过程，以及由于新的外生动力的替代效应，导致外生动力会随时间的变化而递减，

---

①主要参考王建廷. 区域经济发展动力与动力机制 [M]. 上海人民出版社，2007. 118—119.

这种变化规律见图 3 - 2。

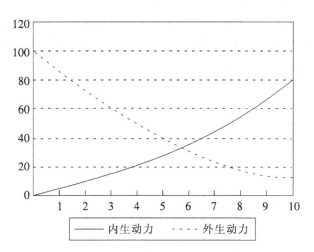

图 3 - 2　内生动力及外生动力随时间的变化规律

3. 加和性。在事物的运动和发展过程中，站在某个时空点上观察，作用于事物之上的有多种动力，包括内生动力、外生动力、直接动力、间接动力、表层动力、深层动力等。事物的运动与发展变化就是这些动力综合作用的结果。因而动力具有加和性。正向动力的累加，使事物的前进动力加大，负向动力的累加使作用于事物之上的总动力减小。

（三）动力效用、动力可能性边界和等效用[①]

在西方经济学中效用是指人们从物品或劳务的消费中所获得的满足程度，消费者消费某种物品或者劳务获得的满足程度高就是效用大；反之，满足程度低就是效用小；如果不仅得不到满足，反而感到痛苦，就是负效用。

动力如果为区域经济发展贡献大，就可以认为动力效用大。如果为区域经济发展贡献小，就认为动力效用小。如果不但从整体上对区域经

---

①主要参考主悔. 区域经济发展动力与机制 ［M］. 武汉：湖北人民出版社，2006. 55—57.

济发展没有贡献反而阻碍了区域经济的全面发展就是负效用。动力效用的概念更加清晰地说明动力作用的行为和结果。

动力可能投入线是指在其他条件不变的情况下，投入总量固定的两种动力的任何可能组合所形成的直线，也可称动力资源投入可能性边界线，动力可能投入线如图 3 - 3 所示：

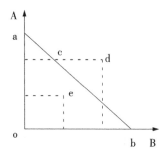

图 3 - 3　动力 AB 可能性投入线

图 3 - 3 中线段 *ab* 上任一点表示代表动力 *AB* 的动力最大可能组合，并产生相应的动力效用。当两种动力组合分布在线内和线外时，都不符合动力资源限制条件，例如 *d* 点处于可能线之外，超过了 *A*、*B* 可投入的动力资源总量，无法实现。而 *e* 点处于可能线之内，所投入的 *A*、*B* 动力要素组合没有实现最大化，即存在剩余的动力资源，产生资源闲置或浪费。由于我们认为区域经济发展的动力只有相互作用才能产生效用，因此，仅有 *A* 或仅有 *B* 是不可能实现最大效用目标的。因此一个最佳的动力资源组合，才能同时使 *A* 和 *B* 动力的利用达到最大化，结果实现区域动力效用最大化。这也是引入等效用曲线概念的目的。

等效用线是表示两种动力要素的不同数量的组合对区域经济发展可以带来同等效用的一条曲线。或者说是表示某一固定值的区域经济发展效用，可以用所需要的两种动力要素的不同数量的组合产生出来相同效用的一条曲线，这条曲线上的任意一点所对应的两种不同动力要素的投入比例所能够产生的效用都是相等的，无差异的。所以等效用线也可以称为效用无差异曲线（图 3 - 4）。

从长期看，区域在不同的时期有不同的发展目标，每一个总的动力资源投入目标都需要有对应动力效用指标，因此，区域经济发展的等效用曲线应该由许多条组成（图3-5）。

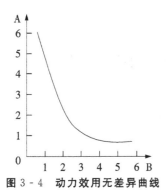

图3-4　动力效用无差异曲线

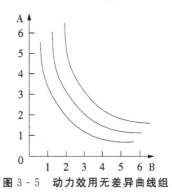

图3-5　动力效用无差异曲线组

　　由此，我们得出在动力资源既定的条件下，为了达到相同的效用，增加一种动力要素必须减少另一种动力要素投入，二者同时增加在动力资源既定时无法实现，而同时减少则无法实现效用水平目标；随着目标的变化，需要的动力资源投入也随之变化，同一条等效用线上的效用相等，不同的等效用线代表的效用不同，离原点越远效用水平越高。

二、　区域经济发展系统的多主体系统模型

　　由于区域经济系统构成要素繁多，每个要素又自成系统，所以，区域经济系统内含有若干个子系统。我们可以将区域经济发展作为它的一个系统，那么通过多主体系统模型理论可以将这一复杂的系统进行分解。多主体系统模型理论认为，复杂的系统可以分解为由相互关联的各个子系统或构成单元（主体），各个主体作为自治的主体，具有一定的独立性和问题处理能力，可以有效地减少系统各部分之间的耦合，同时保证了主体通过对内的调整和对外的协调，适应不断变化的动态环境。

　　在区域经济发展这个复杂的系统中，可以根据不同的标准区分为不同的主体系统，从区域经济发展角度看，区域经济发展系统又可分解为：发展的动力系统、支撑系统、调控系统等其他子系统（图3-6）。而任何一个系统都是以一定的结构形式存在的。系统的结构使得组成系

统的各个基本要素能够充分发挥自己的功能，从而获得最佳的整体效果。所以，对于一个系统来说，不能没有一定的结构形式，否则，就不能形成具体的系统形态，也就不能行使和发挥作为系统基本要素的功能作用。

三、 区域经济发展的动力系统

国内外经济发展实践表明，资本、劳动、资源、技术、制度、消费、市场、政府、需求、文化等等，都是经济发展的要素，它们的集合构成了经济发展的要素系统。而要素中的动力要素集合则构成了动力系统。区域经济发展的动力系统是区域经济发展系统的子系统。因此，一般而言，动力系统的结构是十分复杂的。也就是说，区域经济发展的动力系统是一个非线性的复杂系统。所谓动力系统就是经济发展中的动力要素，在一定的经济活动中通过相互作用而成的具有一定结构和功能的有机体，动力系统是一个虚拟的人工系统。在区域经济发展系统中，动力系统是它的一个子系统（图3-6）。在区域经济发展动力系统内，各个子系统彼此交叉作用，不断进行物质与能量的交换，而在动力系统中，作为其构成的不同动力要素，在对区域经济发生实际作用时，其作用方式、作用方向、作用强度等是有差别的，由此便形成了动力系统自身的结构。

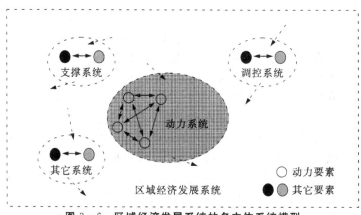

图3-6 区域经济发展系统的多主体系统模型

如图 3 - 7 就是根据欧文·拉兹洛，克里斯托弗·拉兹洛[76]在其名著《管理的新思维—第三代管理思想》中使用的图形而改写的动力要素及其发展变化示意图。

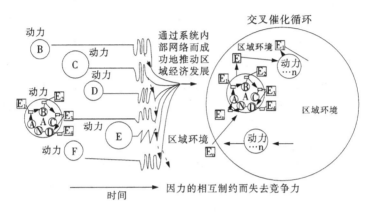

图 3 - 7　动力网络系统的协同交叉

通过分析，我们认为，动力系统的各种动力要素之间的相互作用，将在区域经济发展中产生两种不同的效应，即：一方面，动力要素之间协同发展，在系统总部（干预）的协调下，通过动力网络系统内部重组（图 3 - 7 协同交叉）而获得持续成功，产生更加强劲的力量和效果（1＋1＞2），推动区域经济向前发展；另一方面，个别动力之间互相竞争抵消，而使总动力减弱（1＋1＜2）使区域丧失了竞争力，制约了区域经济的健康发展。

第二节　区域经济系统及其复杂性

一、 区域经济系统的内涵与特点

（一）区域经济系统的空间界定

区域经济系统是区域内各生产要素和经济活动按一定的次序和内部联系组合而成的有机整体。它是一种特定类型的系统。可分为硬件子系统和软件子系统两部分。硬件子系统指区域内的自然条件，以及与整个经济领域—生产、流通、分配、消费有关的各主要部门。软件子系统指区域经济中承担组织、管理、协调等功能的部分。硬件子系统是软件子系统的基础，是软件子系统发挥作用的直接对象。组成区域经济系统的各部门，存在着相互促进和相互制约的关系，任何一个组成部分产生量变和质变，都会对其他有关的部分以及整个系统产生影响。人们可以通过揭示这种影响的机制，改变某个或某几个组成部分的规模，从而控制其他组成部分和整个区域经济系统的发展方向。[59] 区域经济既然为一个系统，那么，系统的边界划分是系统研究中首先应该解决的一个问题。随着区域经济发展复杂程度的加大，单纯从地理学的角度来定义区域的边界对区域经济的研究有很大的制约性。

系统论认为系统的整体性表现在同环境相接触时，出现的特殊的边界反应。[60] 这是由于系统内部要素与要素之间，有特殊的相干性联系，这种联系使得每个要素在同外界环境相互作用时，表现为系统的整体作用来影响环境、结果、要素之间的相干性和要素同外界的非相干作用，便呈现出明显的差别来，当物质、能量和信息，从外界进入系统，或者从系统内部输出外界环境时，在内外之间便出现了功能的突变，这些突变点连成一个特殊的界面，这就是系统的边界，系统的边界在一定的条件下，起到保护系统的稳定的作用。

区域经济系统的边界划分也应该遵从这一原则，即区域经济要素之间的联系和功能发生突变的节点的连线构成区域经济系统的界面。传统的区域划分是以自然地理边界为依据的，这是由于传统的经济活动以农业为主，运输和联系方式落后，受地理条件制约很大，经济活动局限于平原地带，构成区域经济系统的边界往往是河流、山脉等自然边界。工业化后，运输和联系方式有所改进，但是资源流动的成本依然很大，区域经济系统的边界受到自然和人工两种因素影响，其界面除了河流、山脉外，还可能是铁路和权力以及政治上的边界等，这些对经济活动空间成本起约束作用的因素构成了区域经济系统的界面。

信息时代的到来，带来了新的人地关系和新的区域经济景观，如以网络为基础的信息技术空间（Cyberspace）形成了空间事物和人地关系的一种新的组织形式，出现了所谓虚拟化的信息地理空间（赛博空间），这种区域经济系统的界线除了受资源、成本等经济上的因素影响外，更多地表现为语言、价值观等文化方面，以及网络标准和网络规则等技术方面虚拟的界线。可以看到区域经济系统的边界是随经济活动联系方式的进步而不断延伸的，区域经济活动空间在一定的时间里受到一些因素的束缚，这种束缚构成了区域经济系统的边界，但经济的发展最终会克服这些障碍，直至遇到新的约束，形成新的界面。总之，系统边界的概念是一种模糊和动态的概念，在一定的模糊程度下，边界是连续的，从本质上边界是随系统的发展而发展变化的，但是在一定的时期内边界所包含的系统内的要素、结构和功能等特征是相对稳定的，边界的形态也是基本稳定的。

（二）区域经济系统的构成要素

从区域经济系统的内部分析，区域经济系统要素包括经济区域的三大构成要素（经济中心、经济腹地、经济网络）和区域经济的诸发展要素；从区域经济系统的外部考察，区域经济系统要素则包括区域经济系统与其他系统之间的区际关联及其所处的社会经济大环境。[61]

1. 区域经济系统内部要素

区域经济具有两个显著特征，一是就区域经济的存在空间而言，它是特定区域的经济，具有鲜明的地域特点；二是就区域经济的复杂内容而言，它是国民经济的一个缩影，具有明显的综合特点。区域经济的这两个特征，内在地规定着其系统内部存在相互依存而又相互区别的两类要素：经济区域的构成要素和区域经济的发展要素。

（1）经济区域的构成要素：经济中心、经济腹地和经济网络。经济区域是区域经济活动的地域依托，是区域经济系统的空间要素。经济区域有三个不可缺少的要素：经济中心、经济腹地和经济网络。在这三个要素中，经济中心是特定地域范围内聚集着一定经济能量的节点。经济中心能量辐射所及范围即其经济腹地，也就是域面。经济中心对域面辐射能量的各种渠道则可理解为经济网络或线。其中，经济中心起着核心、引导作用。三者相互影响、吸引，共同构成一个完整的经济区域。

（2）区域经济的发展要素（根据研究需要，将在下一节详细介绍）

2. 区域经济系统外部要素

区域经济具有层次性、开放性。区域经济是国民经济巨系统中的一个子系统。从区域经济子系统的外部考察，一方面，该子系统处于国民经济巨系统的环境中，既受宏观经济环境制约，同时又影响宏观经济环境；另一方面，该子系统必然与其他子系统发生各种系统置换，即存在广泛的区域联系。

（1）宏观经济环境。区域经济系统产生并存在于国民经济体系中，国民经济的总体水平、结构、运行状况，国家的宏观经济政策，特别是区域政策、产业政策，构成区域经济系统的宏观经济环境。宏观经济环境既影响着区域经济系统内部诸要素的结合形态，也决定着区域经济系统运行态势。首先，宏观经济环境决定着区域经济系统内部构成要素的发育程度。宏观经济运行良好，则区域的经济中心能切实起到增长点作用且对外辐射强烈，经济腹地宽广或很有丰度，经济网络发达。其次，宏观经济环境决定区域经济系统内部发展要素的活跃程度。宏观经济运行态势通过影响区域有效需求而作用于区域经济发展的原动力因素，也直接地影响区域资金、技术进而作用于区域经济发展的约束型要素，并通过改革开放、制度创新和技术创新促进区域经济发展。第三，宏观经济管理体制决定着区域经济系统运行机制。致使在计划经济和市场经济体制的不同背景下，系统与子系统、子系统与子系统之间有选择地进行物质与能量的交换。

（2）区域联系。区域经济系统与其他子系统之间进行着多向多维的系统置换，也就是说，区域与区域之间发生着广泛的经济联系。区域经济子系统之间，因为要素禀赋的差异，必然存在经济活动方式与经济活动内容的分异，进而形成区域之间的劳动地域分工与商品劳务交换。即使区域之间要素禀赋差异不明显，会存在以不同技术水平或不同技术为基础的分工，或以不同规模经济为基础的分工，这种分工使区域间产生密切的经济联系。在现代市场经济条件下，由于专业化与社会化而使劳动分工越来越细，单个区域只能生产自己最有比较优势的商品，而人们的需求又是多种多样的，从而必然产生各种商品交换，在地域空间上表现为区际贸易。又由于不同区域要素禀赋存在空间差异，而技术经济上的原因又要求区域之间联系起来，这就产生了区际要素流动和区域间的竞争与合作。

区域经济子系统与国民经济巨系统之间、区域经济子系统与子系统之间存在着密切的联系，这种联系形成系统合力，使系统结构与功能优化，推动着区域经济系统的运动和发展。

（三）区域经济系统运行的内涵

共性与个性的辩证关系告诉我们，只有在共性的基础上，才能更深刻地把握个性。经济要素与地理要素运行的集合是区域经济系统运行的内涵。董锁成（1994）在研究区域经济发展的时空规律过程中，简洁地分析了经济地域的内涵。他指出，广义的地理事物的运动，应包括地理事物在空间上相对位置变化和地理事物及其结构形态、组织体系的时空变化过程。[62]由于区域经济系统的运行也属于经济地理事物有规律的运动，因此，也就可以将其理解为区域经济系统的要素、组织体系、功能、规律、等级和属性等方面在不可逆的时间变化中的有机发展过程。

依据这一内涵分析，可以用如下数学语言加以描述：设有区域经济系统 S，它由 m 个经济要素 E（如资源、资金、劳动力、技术和信贷等）和 n 个地理要素 R（如节点、域面和网络等）组成。经济要素结构 $E=\sum_{i=1}^{m}e_i$；地理要素结构 $R=\sum_{j=1}^{n}r_j$。两者的运行可分别表达为：

$$E（T_1-T_0）=\sum_{i=1}^{m}(t_1-t_0)e_i \tag{3.1}$$

$$R（T_1-T_0）=\sum_{j=1}^{n}(t_1-t_0)r_j \tag{3.2}$$

那么，该区域经济系统的运行就可以表达为：

$$S（T_1-T_0）=\sum_{i=1}^{m}(t_1-t_0)e_i+\sum_{j=1}^{n}(t_1-t_0)r_j=E(T_1-T_0)+R(T_1-T_0) \tag{3.3}$$

这一公式表明，区域经济系统的运行本质为诸经济要素在地理要素上的流动和转移以及诸地理要素因经济活动而在空间上的分化、组合、扩张和衰退。因此，区域经济系统的运行是经济要素和地理要素运行的集合，即：$S=f（E，R）$。

二、 区域经济系统的数学描述

任何一个系统都是由若干个元素或子系统构成的，因此，系统元素的总和则组成一个系统。例如，把全国社会总产值看作是一个系统，则各地区或各行业的产值是子系统；把全国的劳动力总数看作是一个系统，则各地区或各行业的劳动力数是子系统，等等。通过研究系统的元素及其相互关系就可以了解系统整体。[63]

可以用 X 表示区域社会总产值，用 X_i 表示第 i 个行业的产值，$i=1, 2, \cdots\cdots, 30$。则 $X=x_1+x_2+\cdots\cdots+x_{30}$，或 $X=\sum_{i=1}^{30} x_i$。这里 x 或 x_i 的取值随时间的不同而不同，而在特定时间将取某一特定值。因此，x 和 x_i 是可变的数、可变的量，因此称 x 或 x_i 为变数或变量。显然变量 x 或 x_i 既可表示某个可能的数，又可表示某个特定的数。如果我们规定好各行业的前后排列顺序（类似于邮政编码），则我们可以用大写 X_0 表示全部系统元素，即用

$$X_0 = (x_1, x_2 \cdots\cdots x_{30}) \tag{3.4}$$

表示各行业产值，其中右下角标与各行业固定对应，次序不变。这样一个更一般的变量或代数，或若干变量的代表，或一串数的代表，或代数的代表叫做向量。向量不仅反映了系统元素，而且反映了系统整体。向量是系统元素与系统之间的媒介或桥梁。

假设区域有 29 个产值向量 X_0，将区域内各地区按顺序编号，固定不便，并设各地区均分为 30 个行业，则区域内各地区分行业产值的所有向量为：

地区 1：$X_1=(x_{1,1}, x_{1,2}, \cdots x_{1,30})$

地区 2：$X_2=(x_{2,1}, x_{2,2}, \cdots x_{2,30})$

$$\vdots \qquad \vdots \qquad \vdots$$

地区 29：$X_{29}=(x_{29,1}, x_{29,2}, \cdots x_{29,30})$

简写为：$x=\begin{bmatrix} x_1 \\ x_2 \\ \vdots \\ x_{29} \end{bmatrix}$ $\tag{3.5}$

或全部写出为：

$$
\begin{array}{l}
\text{第 1 地区} \\
\text{第 2 地区} \\
\vdots \\
\text{第 29 地区}
\end{array}
\begin{bmatrix}
x_{1,1} & x_{1,2} & \cdots & x_{1,30} \\
x_{2,1} & x_{2,2} & \cdots & x_{2,30} \\
\cdots & \cdots & \cdots & \cdots \\
x_{29,1} & x_{29,2} & \cdots & x_{29,30}
\end{bmatrix}
= X
\qquad (3.6)
$$

其中，横行表示同一地区不同行业，纵列表示同一行业不同地区。由此可见，矩阵 X 反映的内容更为丰富，可反映不同地区、不同行业的情况。

以上我们引入的矩阵是针对某一个具体问题。矩阵的更为一般的表达式则更为简单，其形式如下：$X = (X_{ij})_{n \times m}$，式中，$X_{ij}$ 表示矩阵 X 的第 i 行、第 j 列元素，n 表示矩阵 X 共有 n 行，m 表示矩阵 X 共有 m 列。在前述例子中，$n = 29$，$m = 30$。

如果我们分析 1984 至 2005 年某区域各地区分行业产值情况，则可以很方便地用矩阵概念来表示。既可用 x_{ijk} 表示第 k 年第 i 个地区第 j 个行业的产值，或 x_{ijk} 表示第 i 个地区第 j 个行业在第 k 年的产值。因此，矩阵可以很方便地反映矩阵的动态状况。

国民经济核算体系中的投入产出部分可以很方便地用矩阵表示为 $X^* + Y = X$，$AX + Y = X$。其中 A 表示直耗系数矩阵，X 表示总产出列阵，Y 表示最终产出列阵，X^* 表示中间产出列阵，$X^* = AX$。

经济计量方程组可以用矩阵方便地表示出来。如 $Y = AX + BY_L + E$，其中 Y 表示因变量的列向量，A、B 为系数矩阵，X 为自变量的列向量，Y_L 为 Y 的滞后变量，E 为随机误差项向量。考虑一个简单的区域宏观经济模型为：

$$
\begin{cases}
Y = C + I + G \\
C = aY + bC_{-1} \\
I = dY + eY_{-1}
\end{cases}
\qquad (3.7)
$$

式中：Y 为收入，C 为消费，I 为投资，G 为政府支出。

对上式整理得

$$
\begin{cases}
Y - C - I = G \\
-aY + C = bC_{-1} \\
-dY + I = eY_{-1}
\end{cases}
\qquad (3.8)
$$

即

$$\begin{bmatrix} 1 & -1 & -1 \\ -a & 1 & 0 \\ -d & 0 & 1 \end{bmatrix}\begin{bmatrix} Y \\ C \\ I \end{bmatrix} = \begin{bmatrix} 1 \\ 0 \\ 0 \end{bmatrix}(G) + \begin{bmatrix} 0 & 0 \\ b & 0 \\ 0 & e \end{bmatrix}\begin{bmatrix} C_{-1} \\ Y_{-1} \end{bmatrix} \tag{3.9}$$

从而

$$\begin{bmatrix} Y \\ C \\ I \end{bmatrix} = \begin{bmatrix} 0 & -1 & -1 \\ -a & 1 & 0 \\ -d & 0 & 1 \end{bmatrix}^{-1}\left[\begin{bmatrix} 1 \\ 0 \\ 0 \end{bmatrix}G + \begin{bmatrix} 0 & 0 \\ b & 0 \\ 0 & e \end{bmatrix}\begin{bmatrix} C_{-1} \\ Y_{-1} \end{bmatrix}\right] \tag{3.10}$$

求此逆阵或对（3.8）式消元求解均可得到其解的形式。其过程如下：

$$\begin{bmatrix} 0 & -1 & -1 \\ -a & 1 & 0 \\ -d & 0 & 1 \end{bmatrix}^{-1}$$

$$= \frac{-1}{1-d-a}\begin{bmatrix} \begin{vmatrix} 1 & 0 \\ 0 & 1 \end{vmatrix} & -\begin{vmatrix} -1 & -1 \\ 0 & 1 \end{vmatrix} & \begin{vmatrix} -1 & -1 \\ 1 & 0 \end{vmatrix} \\ -\begin{vmatrix} -a & 0 \\ -d & 1 \end{vmatrix} & \begin{vmatrix} 1 & -1 \\ -d & 1 \end{vmatrix} & -\begin{vmatrix} 1 & -1 \\ -a & 0 \end{vmatrix} \\ \begin{vmatrix} -a & 1 \\ -d & 0 \end{vmatrix} & -\begin{vmatrix} 1 & -1 \\ -d & 0 \end{vmatrix} & \begin{vmatrix} 1 & -1 \\ -a & 1 \end{vmatrix} \end{bmatrix}$$

$$= \frac{1}{1-d-a}\begin{bmatrix} 1 & 1 & 1 \\ a & 1-d & a \\ d & d & 1-a \end{bmatrix} \tag{3.11}$$

从而有

$$\begin{bmatrix} Y \\ C \\ I \end{bmatrix} = \frac{1}{1-d-a}\begin{bmatrix} 1 & 1 & 1 \\ a & 1-d & a \\ d & d & 1-a \end{bmatrix}\left[\begin{bmatrix} 1 \\ 0 \\ 0 \end{bmatrix}G + \begin{bmatrix} 0 & 0 \\ b & 0 \\ 0 & e \end{bmatrix}\begin{bmatrix} C_{-1} \\ Y_{-1} \end{bmatrix}\right]$$

$$= \frac{1}{1-d-a}\begin{bmatrix} 1 \\ a \\ d \end{bmatrix}G + \frac{1}{1-d-a}\begin{bmatrix} b & e \\ b(1-d) & ae \\ ad & (1-a)e \end{bmatrix}\begin{bmatrix} C_{-1} \\ Y_{-1} \end{bmatrix} \tag{3.12}$$

若对（3.8）式消元求解，则可先消 I，从而有

$$\begin{cases} Y=C+dY+eY_{-1}+G \\ C=aY+bC_{-1} \end{cases} \rightarrow \begin{cases} Y=\dfrac{1}{1-d}C+\dfrac{e}{1-d}Y_{-1}+\dfrac{1}{1-d}G \\ C=aY+bC_{-1} \end{cases} \quad (3.13)$$

从而

$$Y=\frac{1}{1-d}(aY+bC_{-1})+\frac{1}{1-d}Y_{-1}+\frac{1}{1-d}G \quad (3.14)$$

$$Y=\frac{b}{1-d-a}C_{-1}+\frac{1e}{1-d-a}Y_{-1}+\frac{1}{1-d-a}G \quad (3.15)$$

$$C=a\left[\frac{b}{1-d-a}C_{-1}+\frac{e}{1-d-a}Y_{-1}+\frac{1}{1-d-a}G\right]+bC_{-1}$$

$$=\left(\frac{ab}{1-d-a}+b\right)C_{-1}+\frac{ae}{1-d-e}Y_{-1}+\frac{a}{1-d-e}G \quad (3.16)$$

$$I=d\left[\frac{b}{1-d-a}C_{-1}+\frac{e}{1-d-a}Y_{-1}+\frac{1}{1-d-a}G\right]+eY_{-1}$$

$$=\frac{db}{1-d-a}C_{-1}+\left(\frac{de}{1-d-a}+e\right)Y_{-1}+\frac{d}{1-d-a}G \quad (3.17)$$

两种处理方法可得到相同的结果。

三、 区域经济系统的复杂性分析[64]

区域经济系统是一个十分复杂而巨大的复合系统。[65]这个系统涵盖国民经济各个部门，它在运行过程中与社会的生产、交换、分配、消费发生有机联系，与自然资源、自然条件、环境发生着有机联系，与区域外（边际之间、区域之间）也发生着有机联系。也可以说该系统是一个集经济、社会、生态为一体的十分复杂巨大的开放复合系统。对区域经济系统的复杂性进行分析，有助于客观地把握系统内各个子系统的结构特征，正确地分析系统组分的功能，为进一步具体研究动力系统提供科学依据。

（一）组成要素的复杂性

如前所述，组成区域经济的要素，不仅有自然的、环境的，而且有经济的、社会的、人文的。这些要素又由若干个不同的下一层次的要素

组成，下一层次的要素又由下下一层次的要素组成，形成了不同层次的组成要素，从而构成了巨大而复杂的要素群。经济要素由工业、农业、第三产业组成，工业又由冶金、轻工等工业部门组成，农业又由种植业、林业等组成，第三产业又由科技、教育、文化等组成。如此等等，足以说明区域经济组成要素的复杂性。

（二）生产布局的复杂性

区域生产布局是区域经济的重要方面。自然因素、经济因素、社会因素、技术经济因素和政治因素等，对各类生产部门布局的影响和作用是极其复杂的。各种布局因素对工业、农业、交通等部门的布局所起作用或影响是不同的，有主有次，在布局时要做具体分析给予不同的估计。生产布局因素也不是一成不变的，随着科学技术发展，新材料的利用、工艺过程和运输的改善、生产组织和管理上的变化等，对生产布局所起的作用也会随之发生变化。因此，区域生产布局就其因素而言，是十分复杂的。

（三）区域差异的复杂性

区域经济差异受发展基础、政策、体制环境、要素流动和经济结构等影响较大。影响区域经济发展的发展基础差异主要有自然基础、经济基础、社会基础、区位条件。自然基础差异一方面是区域之间的自然资源禀赋状况不同，制约了各区域的经济活动或产业的类型及效率，进而影响到它们之间的区际分工格局、各自在区际分工中的地区和利益分配的多寡。另一方面是自然环境的优劣对区域经济发展也有一定的影响。经济基础无论从发展速度，还是从总量规模看，任何一个区域的经济发展都受制于原有经济基础。现代区域经济发展越来越离不开社会基础的支撑。区位是影响区域经济发展的一个重要因素，它反映了一个区域在全国经济发展总体格局中的地位，以及与市场、其他区域的空间关系，这种关系直接或间接地影响了区域的发展机会和发展的空间。

国家的经济政策对区域经济发展有着十分重要的影响，如改革开放以来，我国经济政策向沿海地区的倾斜是引起、加剧地域之间经济差异变化的主要原因之一。体制环境与竞争力也是加剧区域之间经济差异变化的重要原因之一。在区域经济发展过程中，要素往往按照收益率的大小，从收益率低的地区流向收益率高的地区。区域经济增长与区域及经济结构关系最为密切，也受到区域经济结构和区域条件的重要影响。

（四）开放和动态复杂性

区域经济系统总是处于不断变化过程中，它是一个开放的系统和动态的系统，在系统开放和动态变化中，也反映了其复杂性。区域经济在物质、能量和信息交换、转换上，其划分是无限的，其相互交换和转换的作用也是无穷无尽的。这些都说明了系统的复杂性。另外，还有系统空间结构的复杂性，国土开发整治的复杂性，区域经济发展方向的复杂性，区域经济管理的复杂性，等等。

第三节　区域经济发展系统与系统的发展

一、区域经济发展与系统的拓扑结构

区域经济的核心乃是经济活动过程与空间形态之间的相互关系。区域经济发展系统从其复杂程度来讲，属于一个开放的复杂的巨系统。所以研究它首先应该从区域经济发展的要素出发，考察要素之间的联系也就是相互作用的特点后，综合考察由这些要素及其联系构成的结构和结构决定的特定功能和系统发展的目的。[66]

（一）区域经济发展系统的拓扑结构

系统的拓扑结构是指系统内部各个部分和各种联系之间的关系结构。其基本点有：第一，系统的拓扑结构是指系统的一种关系结构。它着力于分析系统与外界、各系统之间、系统内部各要素之间、系统结构与系统的要素间等相互作用、相互影响及相互联系所组成的关系体系。第二，系统的拓扑结构概括了系统与外界、系统内部及系统与系统之间所发生的一切联系。只要是与系统有关的各种联系均可视为该系统的拓扑结构所要研究的内容。一般认为，现代意义上的区域经济发展与传统意义上的经济发展大有区别，现代系统分析的观点认为，现代区域经济发展是随着经济产出的增长而出现的经济、社会和政治结构的变化，这些变化包括投入结构、产出结构、产业结构、分配结构、消费结构和社会福利等在内的变化以及经济生活质量的有效提高等。

1. 现代区域经济发展包括一定幅度的经济增长

经济发展与相应的经济增长虽然不能被视为同一概念来进行分析，但现代经济发展肯定无疑地包含了经济增长，因为"经济发展不仅指更多的产出，还指和以前相比产出的种类有所不同，以及产品生产和分配所带来的技术和体制安排上的变革。"[67]它还意味着产出结构的变化以及生产过程中各种投入量分布的变化。经济增长是手段，经济发展才是人们从事经济活动的目的；经济增长是现代经济发展的基础，经济发展才是经济增长的结果；没有一定幅度的经济增长，也就无所谓存在经济发展等。

2. 现代区域经济发展包括经济结构的一定程度的改进和优化

即使经济运行已出现一定程度的增长，但若由于制度的原因，产出增长的结果是长期两极分化，贫富不均的情形越趋严重，资源配置的效率较低、甚至出现负效率的经济现象等，因此这种情形的出现便意味着经济发展与经济增长不一致的原因，在于经济结构方面的区别，如果结构合理且经济结构功能合乎现代经济发展的需要，则此时的经济增长便与经济发展相一致。经济发展所要求的经济结构的改进与优化，主要表现在：经济投入结构的变化、经济产出结构的变化、收入分配结构和人口经济结构的变化。

总之，区域经济发展系统内涵了经济增长系统、经济结构系统及经济质量系统三个子系统。只有在此三个系统同时有所提高并有所改进的基础上，才是现代意义上的经济发展，任何只单独追求经济增长、或经济结构调整、或经济质量提高的发展政策，肯定达不到区域经济发展的目的。

（二）区域经济发展的要素分析

区域经济发展是区域经济运动的本质要求。区域经济发展要素反映了区域经济运动的物质构成和物质变换，它是支撑、构成区域经济系统并推动区域经济发展的各种自然的、经济的、社会的必要因素。与地域构成要素相比，区域经济发展要素具有多元共存和复杂多变的特征。有的按其生成状况分为自生性要素与再生性要素，或原生性要素与衍生性要素；有的按其功能分为基础型要素、约束型要素和推动型要素；有的按其作用方式分为直接影响要素与间接影响要素；有的按其存在状态分为流动性要素、非流动性要素和推动型要素。如流动性要素包括劳动力、资金、技术、信息及企业家素质等；非流动性要素包括区位条件、自然资源、基础设施、政府等。这里，对支持和推动区域经济系统运行具有重要意义的诸要素进行简单分析。

1. 区域经济发展的自然资源要素

在区域经济发展诸要素中，自然资源是一种基础性的物质因素，对区域劳动生产率提高、产业结构形成和资本原始积累都具有重要作用。随着科学技术的发展和人类文明的进步，自然条件在区域经济发展中的作用将发生新的变化。一方面，自然条件对区域经济发展的限制作用将逐渐减弱；另一方面，人类将会更加珍惜和保护赖以生存和发展的自然条件，并运用新的科技、经济力量改善自然环境。自然资源具有稀缺性和区域性的特点。区域经济发展既要研究自然、资源、环境、社会、经济之间的横向联系，又要研究现在和未来纵向的人口增长、结构演进、资源消耗等多方面的联系及发展机制。随着社会的进步，自然资源与经济、社会和环境的相互协调越来越重要。就其经济观而言，区域可持续发展的实质是一种在生产中少投入多产出、在消费中多利用少排放的发展模式，从而实现区域经济持续、稳定、协调地发展。因此，在未来的区域经济发展中，自然资源利用数量的减少和依赖程度的降低是必然的趋势。

2. 区域经济发展的人力资源要素

人类是经济活动的主体。人既是消费者又是生产者。从消费者的角度讲，人类需求是经济发展的动力源。区域的人口规模及其产生的需求，包括基本的生理需求和高级的发展、享受需求，是区域经济发展的强大动力。区域人口及其需求，在商品经济条件下表现为永不枯竭的市场需求，市场的繁荣兴旺推动着区域经济不断增长与发展。区域人口规模、消费水平与区域经济发展之间既相互促进又相互制约。人力资源作为经济资源中的一个特殊种类，具有生物性、能动性、实效性、智力性、再生性和社会性等特点。一个以经济资源为主导的处于工业化发展阶段的地区，根据其发展水平的不同，可以利用不同的经济资源，而到了知识经济时代，人力资源的开发变得比什么资源都重要。所以人力资源在区域经济发展中占有更加突出的地位。人力资源的开发对区域经济发展至关重要。人才与文化成为当代社会经济发展的关键因素，也使人力资源成为区域经济的主要资源。"日本模式"就是人力资源在经济上取得成功的范例。第二次世界大战后，沦为一片废墟的日本，工业、农业资源严重缺乏，但却保留了几千万高素质的人才大军，使得日本经济依靠人才优势，迅速恢复，迅猛崛起。因此，以人为本是区域经济的重要特征之一，"新经济"的出现是人力资本与科技资源优化配置后，区域经济发展的一个崭新阶段，也是未来经济发展的趋势和目标。

3. 区域经济发展的资本要素

作为生产要素的资本是区域经济发展的重要因素。在自然资源作为恒常要素，劳动力在发展中国家和地区几乎以无限供给的条件下，资本就成为影响经济发展的主要约束条件。刘易斯在《劳动力无限供给条件下的经济发展》一文中认为，经济发展的中心问题是要理解一个社会由原先储蓄和投资的还不到国家收入的 $4\%\sim5\%$，转变为自愿储蓄达到国民收入的 $12\%\sim15\%$ 以上这个过程，它之所以成为中心问题，是因为经济发展的中心事实是快速的资本积累（包括运用资本的知识和技术）。如果不能说明储蓄相对于国民收入增长的原因，也就不能说明任何工业革命。罗斯托在其经济成长阶段论中提出：资本积累率达到 10% 以上，建立起能带动整个国民经济发展的主导部门，以及制度和意识形态上的变革，是实现经济"起飞"的必要条件之一。刘易斯和罗斯托都"崇尚"资本，不约而同地测算了经济发展对资本积累率的要求，虽有偏颇，但区域经济发展的现实说明，积累资金、引进资金、争取资金确实是经济起飞的关键一环，区域资本的形成和有效使用，对各种经济资源的合理配置起着黏合作用。

4. 区域经济发展的科技资源要素

新的科学技术革命，使人类对自然界的认识，包括对天体、微观世界、生命之谜、信息的研究，都有重大突破。科学技术日益显示其对当代经济发展的巨大推动作用。科技进步与创新是区域经济发展的先导。

邓小平总结第二次世界大战以来，特别是当代科技经济发展的新趋势，提出了"科学技术是第一生产力"的科学论断。这一重要命题表明：当代科学技术在生产力系统中起着第一位的变革作用，科技进步使区域经济发展要素发生质的变化；现代科学技术日益成为生产的先导，使生产与科技的循环过程出现了新的变动；科学技术是推动经济增长的主要因素，科技应用于区域生产过程所创造的价值愈来愈高，贡献愈来愈大。必须充分估计科技进步与科技创新对推动区域经济发展的先导作用。

5. 区域经济发展的保障：组织与管理

作为区域经济发展要素的组织与管理，包括经济体制、运行机制、经济结构、企业组织、政府职能等，集中体现为区域资源配置能力。如前所述，区域经济发展中，劳动力、资金、技术是三个最基本、最具活力的要素，而自然条件和历史基础，特别是自然资源和已形成的社会生产力是区域经济发展的基础性要素，在区域经济系统中都具有重要意义、不可缺少的。但是，当这些要素处于单独存在和运作状态时，是不能形成区域经济系统，也不能进行区域经济活动的。只有当区域经济运行的主体，即企业、农户、政府机构等在一定的体制框架和运行机制下，对这些要素进行整合，使之相互交织、相互配合，才能产生综合影响，形成现实的生产力，实现区域经济发展。要素整合亦即资源优化配置，是指在区域经济活动中，通过对各种要素投入的合理分配和有机结合，最大限度地提高区域总体产出水平。区域组织、管理效率决定区域的资源配置能力。所以，在区域经济发展中，必须紧紧抓住经济体制和增长方式的根本性转变，抓住体制创新、技术创新和管理创新，着力于建立现代企业制度和转变政府职能。其重要目的之一，就是要加强和改善组织、管理，提高区域的资源配置能力。

二、　区域经济发展的机理模型

影响区域经济发展因素多样化的过程或人类对区域发展的认识过程可以用图3-8形式表示。在早期，区域经济发展处于较为均衡的空间结构，差异不明显，环境资源容量很大，不会对区域发展形成制约。区域经济发展的推动力主要来自经济增长。当经济发展到一定阶段后，区

域经济发展的不平衡出现，区域差距加大，由此产生了诸多对区域经济

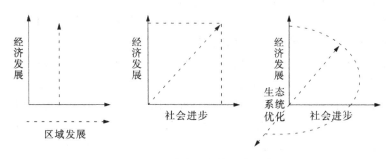

图 3 - 8 三维时空结构的区域经济发展

发展起制动作用的消极社会因子。到了工业化中后期，环境问题、资源问题成为制约区域经济发展和社会进步的重要因素，影响着国家和地区资源开发方向、主导产业选择、产业空间布局等。于是，区域经济发展依托于社会—经济—自然的复合系统与多维的空间结构，各种"动力"的共同作用的合力构成区域经济发展驱动力函数。据此，我们提出时空等价的概念模型，即区域经济未来发展的时间轨迹可以用某一时间点区域经济发展的空间差异来刻画。[68]

（一）时空等价概念模型的提出

基本假设：在 I 区域内有 I_1，I_2，I_3，…，I_{n-1}，I_n 个子区，在某一时间点 t_1，t_2，t_3，…，t_{n-1}，t_n 各个子区经济发展存在着结构和水平的差异。为了预测第 I_n 子区未来某一时间段的经济发展水平，建立一个"时间—空间等价概念"模型：

T（区域内某一子区在未来某一时间段的纵向经济发展水平的时间序列趋势曲线）＝S（区域内各子区在现在同一时间点内横向经济发展水平的空间序列差距曲线）

时空等价概念模型的提出，源于理论生态学的理念。当代人口猛增所引起的环境问题和资源问题等等，使生态学的研究日益从以生物为研究主体发展到以人类为研究主体，从自然生态系统的研究发展到人类生态系统的研究。其基本原理既可以应用于生物，也可以应用于人类自身

及人类从事的各项生产活动。

（二）空间差异模型的构建

空间差异模型的选择，应充分考虑到样板区域具备以下条件：在自然环境上，是一个连续的复杂地理单元，同时具有代表性的地貌类型；在经济空间结构上，有等级不同的中心城市（或城镇）及其经济腹地，且行政单元稳定；在社会发展历史上，没有背离国家整体进程，发展具有"自然"的特征。

（三）时间序列模型的构建

按照时空等价的概念，将上述空间差异模型转化为预测区域未来发展趋势的时间序列模型。以此作为描绘区域经济发展的概念模型，表征区域经济发展是螺旋式上升、波浪式前进的发展态势（图3-9）。

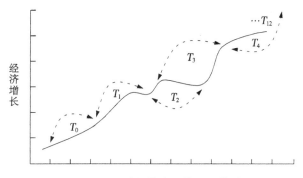

图3-9 区域经济发展的机理模型

从系统论的角度看，区域是开放的、处于不断动态演化过程中的复杂巨系统。演化的早期，区域经济的发展表现为一个随机过程，空间结构呈混沌状态；后期通过内部各子系统（人口、资源、环境、技术等）的非线性相互作用，产生一个时空相对有序的结构—耗散结构。当系统处于这个稳定态一段时间后，系统内部又开始新一轮信息数量的积累，原来的有序结构（平衡）被打破，系统又开始进行一个更高层次的跃迁过程。从辩证唯物主义和历史唯物主义的角度分析，区域经济的发展演化过程是一个既包含量的积累，又包括质的跃迁过程；是从量变到质变的循环往复；是时间维上的波动性和空间维上的差异性互相耦合的运动过程，可以用 Logistic 曲线来表征。

（四）$T=S$ 模型及其参数的推导

$T=S$ 模型揭示了区域经济发展是在内禀增长力的驱动下，不断克服区域经济发展的诸多因子限制，经济增长呈现多段 Logistic 组合的态势。

构建 $T=S$ 模型，经典的 Logistic 方程为：

$$\frac{dN}{dt}=rN\left(\frac{K-N}{K}\right) \tag{3.18}$$

对上式求积分，可得：

$$N_t=\frac{K}{1+\left(\dfrac{K}{N_0}-1\right)e^{-rt}} \tag{3.19}$$

式中：N_t 为 t 段时间区域经济增长总量（在生态系统中为生物种群数量）；r 为区域内禀增长率；K 是区域经济增长所能提供的最大空间；N_0 为 t_0 时刻区域经济增长水平。

在现实的区域经济发展过程中，经济增长并非与典型的 Logistic 方程相吻合，增长过程具有时滞效应。因此，具有普适意义的 $T=S$ 模型，可以用修正的 Logistic 方程来描述：

$$N_{t-\omega}=\frac{K}{1+\left(\dfrac{K}{N_{t-g}}-1\right)e^{-rt}} \tag{3.20}$$

式中：r 指区域在"内因"和"外因"综合作用下，所具有的实际的综合增长能力。所谓的"内因"指区域经济发展已形成自我发展、功能和结构完善的社会—经济空间自组织结构，这是区域经济发展的根本动力；而"外因"指对区域的资金、技术、人力资本以及政策倾斜等投入要素，它是区域发展的条件。K 可以认为是区域土地承载力、环境纳污力或自净力、科技进步水平等，t 为时间，ω 和 g 为参数。从时空看，区域经济演化与发展的动力理论上可分为：自组织动力和他组织动力（如技术创新动力、制度动力、文化动力等等）。它们的共同作用构成了区域经济发展驱动力函数。可以表示为：

$$\sum F_合 = \varphi(F_1, F_2, \cdots, F_n, t)。 \tag{3.21}$$

式中：$\sum F_合$ 为区域经济发展的合动力；F_i 为区域经济发展的各种作用力，$i=1, 2, 3, \cdots, n$。

三、 区域经济的协同发展方程

区域经济的协同发展，需要有动力，而动力的运动方向、运动速度、运动能量、运动方式和状态，都有一定的规律性。现代区域经济发展，既有物质的运动，又有人的运动。人的动力问题，是决定整个系统协同发展的关键所在。关于人的动力问题，除了要研究非平衡系统理论外，还要在哲学的指导下根据动力学，结合经济学、行为科学、社会学、人体科学等，进行综合研究，以便能够在区域经济系统的时间、空间、结构、功能变化的情况下，不断给系统提供动力，推动区域经济不断协同发展。

（一） 区域经济系统的演化和发展状态

系统的演化一般呈现两种状态，一种是渐变，另一种是突变。系统内的涨落是导致系统达到有序的主要原因。系统处于不同的状态时，涨落起着迥然不同的作用。当系统处于稳定状态时，涨落是一种干扰，它引起了系统运动轨道的混乱，此时系统具有抗干扰的能力，它迫使涨落逐步衰减，使系统又回到原来的状态和轨道，当系统处于不稳定的临界状态时，涨落则可能不衰减，反而会放大成"巨涨落"，使系统从不稳定状态跃迁到一个新的有序状态。所以区域经济一般情况下的矛盾运动使系统内经济呈现一般性的增长，当区域经济处于变革的不稳定状态时，一些偶然的事件就会使区域经济跨跃一个新的阶段，发生结构性的突变，这为我们考察一些非连续性发展的区域经济提供了思路。

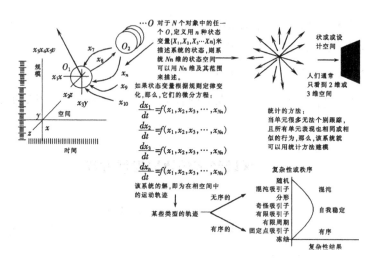

图 3 - 10　区域经济系统运动状态与状态空间

协同和异化作用是系统演化的动力和源泉。协同作用是系统内部自组织的一种力量，这种力量会协调各个要素之间的相互作用，使其"同步"在某种时间或空间的有序结构上，是各个要素之间相互作用产生的高级力量或是群体力量。系统内部除了协同作用外，还存在异化作用，异化是与协同作用相对的一种作用，两者的矛盾运动推动了系统的进化过程。

如果所研究的区域经济是由 N 个主体构成的复杂系统，其中任一个主体为 O，该系统就可以用 n 种变量来刻画，$X = \{X_1, X_2, X_3, \cdots, X_n\}$，那么，区域经济系统的运动状态与状态空间就可以用 N_n 维的空间来描述（图 3 - 10）。[69]借助空间重构技术和数学分析、计算模拟技术等，就可以在 2 维或 3 维的空间上展示系统运动的变化和状态。如果系统构成主体之间的关系（规则）是确定的，并可以通过一组微分方程来描述，那么，通过微分方程的求解，就可以得到系统运动的轨迹。

（二）区域经济是一个多目标和多变量的综合体

区域经济系统具有非常复杂的相互依赖和相互制约的关系，单凭直觉和经验难于互相协同，所以如何使多变量协同最优，乃是区域经济发展过程中要解决的关键问题。建立发展方程的目的，就是要找到决定系统稳定有序的序参量以及外参量，并通过定量计算后，以它为依据来制定政策。序参量不一定是一个，它可以同时有几个，这主要视具体的经济系统情况而定。通过序参量的计算，可以找到稳定的有序结构形成的起点（分支点），它有可能是奇点或极限环。

（三）区域经济协同发展方程的建立

为了建立分析区域经济发展的定量模型，并对它的求解，找出决定区域经济系统在外参量的作用下，从无序到有序的序参量，并以它来制定政策，加以控制，使区域经济向着稳定有序化方向发展，这就有必要建立区域经济的协同发展方程。

根据协同学和区域经济学原理，区域经济系统的变量分为两类：外变量，又名控制变量，是由系统外部决定的，它可以控制内变量的变化。经济计量学中称为外生变量，对方程组来说是输入变量。它包括：①由政府决定的政策变量。如政府支出、税率、货币供给量、物价指数、投资额等；②人口总数，人口增长率；③气候等。内变量，是由系统内部决定的，经济计量学中称为内生变量，它由方程体系内部经济关系决定。根据方程求解得出，所以又叫输出变量。因为它反映区域经济系统的特征和状态，故又名状态变量。对一个特定的区域经济系统来说，它可能有多个状态变量，而序参量是起支配作用的状态变量。表征区域经济发展的特征量有：区域生产总值、区域生产净值、可支配收入、就业率、物价上涨率等。可用一组变量 $q(x, t)$ 来描述区域经济系统的状态。

$$q(x, t) = \begin{cases} q_1(x, t) \\ q_2(x, t) \\ \vdots \\ q_i(x, t) \\ \vdots \\ q_n(x, t) \end{cases} \tag{3.22}$$

式中：

$q_i = N_i(q_i, \nabla q_i, \nabla^2 q_i, \sigma_m) + F_i(t) \qquad i = 1, 2, \cdots\cdots, n \quad m$

QU YU JING JI FA ZHAN DE DONG LI XI TONG YAN JIU

$$=1, 2, \cdots\cdots, p \tag{3.23}$$

q_i 是随时间变化的状态变量；N_i 是 q_i（x）和 ∇q_i 的非线性函数；N_i 可以与坐标显著相关，它描述其空间非均匀性；∇q_i 是一阶空间导数；$\nabla^2 q_i$ 是二阶空间导数；σ_m 是由外界控制的，并驱使区域经济系统远离平衡态；F_i 是涨落力（随机力）。因而方程（3.23）是一组随机非线性偏微分方程。

区域经济是一个非平衡系统，可以预期连续经过几次突变，将会导致越来越复杂的结构。一般是由与时空无关的均匀状态朝着时空非均匀的有序结构过渡。对于外变量 σ_m（控制变量）的一定范围，可以设方程（3.23）中的 N_i 与 x 无关，并得到与 x 无关的一个稳定解 q_i^0（σ_m）。（只要 $F_i = 0$）然后研究当 σ_m 改变时 q_i^0（σ_m）的稳定性。通过围绕 $q_i = q_i^0$ 的线性稳定性分析，就得到一组完全的本征函数，其相应的本征值 λ_{kj}，且有 $U_{kj} = e^{\lambda_{kj} t} V_{kj}$（$x$）。

把 q_i 在 σ_m 超过临界点（即突变点）的区域展开：

$$q_i = q_i^0 + \sum \xi k \cdot j(x, t) V_k \cdot j(x) \tag{3.24}$$

未知数 $\xi k \cdot j$ 可以是时空的缓函数。将（3.24）式代入（3.23）式，得到 $\xi k \cdot j$ 的方程。按 $Re\lambda > 0$ 或 $Re\lambda < 0$，分别称之为非稳定的模式或稳定的模式。稳定模式的幅度可以用迭代法消去，并得到只有非稳定模式的幅度的表达式，这些非稳定的模式 ξ_u 就是序参量。ξ_u 的方程可写为：

$$\xi_u = N_u{}'（\xi_1, \xi_2, \cdots\cdots, \xi_s, \nabla \xi_u, \nabla^2 \nabla_u, \sigma_m）+ F_i（t） \tag{3.25}$$

$$s < u$$

方程（3.25）就叫做发展方程，它就是非平衡经济系统的基本方程。因为这个方程特别复杂，所以一般要用计算机来求解。

通过协同发展方程的建立和分析，可以制定和控制区域经济系统在一定的条件下，出现稳定有序的新结构。人们可以通过制定政策，有意识地对区域经济系统施加影响，促使区域经济稳定有序地发展。

上述方程是一个普遍性的基本方程，方程中变量的具体含义，可以根据具体的研究对象加以具体化，而且必须与统计学结合起来，才能最后完成定量分析。

第四节 区域经济发展动力系统的构建

一、 区域经济发展的要素分类

区域经济发展是多种要素共同作用的结果。如区位条件、资源禀赋、基础设施、政府政策以及社会环境等。这些要素类型的划分有多种形式。有的按其生成状况分为自生性要素与再生性要素，或原生性要素与衍生性要素；有的按其功能分为基础型要素、约束型要素和推动型要素；有的按其作用方式分为直接影响要素与间接影响要素；有的按照流动性可分为流动性要素和非流动性要素。根据研究需要，我们将区域经济发展的要素分为：限制要素、一般要素和动力要素三种类型。当然，这种划分是动态的，相对的，一定条件或背景下三种类型的要素可以发生转换。

（一）区域经济发展的限制要素

所谓经济发展的限制要素，就是那些从根本上阻碍或制约经济发展方向、速度、格局的最本原因素。经济发展的限制因素可归纳为：资源、地理环境、人口、制度、文化传统以及国际经济政治秩序等。[70]前两者是自然方面的限制要素，后面的则是社会方面的限制因素。① 在这两类限制要素中，对经济发展的影响表现形式各不相同。仅以文化传统要素和制度要素为例。文化传统要素，一个区域的文化传统和社会价值观念，如果与现代社会所需要的文明程度相差甚远，就构成了经济发展深层的阻碍要素。比如保守的传统文化及其历史包袱对经济的负面影响是相当严重的。制度要素，制度要素对经济发展既有促进作用，也有阻碍作用。正式约束和非正式约束能否健全地发挥作用，主要取决于制度的实施机制如何。离开了实施机制，任何制度尤其是正式约束就形同虚设。正式约束和非正式约束及实施细则，通过共同作用，构成了一个影响人的行为的制度结构和制度环境。

---

①制度、文化在这里特指"落后制度"和"保守文化"。

(二) 区域经济发展的动力要素

在不同的国家或不同的区域，推进经济发展的条件和要素并不完全一样；其中有一些条件和要素，却是经济发展进程中都不可缺少的。那些对经济发展起着根本性决定作用的要素，可称之为经济发展的动力要素。具体而言，动力要素就是那些能够直接推动经济长期持续增长、促进社会经济结构发生转变的根本性的决定力量。动力要素与动力主体不同，任何经济活动的动力主体是人，或是个人，或是群体，或是政府。而作为经济发展的动力要素，则涉及到发展进程中的客观内在动因。真正的经济发展的动力要素，应该能有效地促进社会经济发展，并形成一种良性的内在的社会经济机制，从而能真正地促进产业结构的转换，带动技术进步，提高劳动生产率，推动经济发展进程。可以说，区域经济发展速度，在很大程度上取决于该区域所拥有的动力要素的形成及其强弱程度。

这里，我们要区分一下那些影响或促进经济发展的一般要素与动力要素。例如，有的经济学家认为，传统社会农业生产率的提高是工业化①的前提条件和动力要素。确实，只有当农产品有剩余并以一个适当的比例持续增加时，才有可能为工业扩张提供资本积累和剩余劳动力，从而促进工业化和现代化。在某种意义上来说，工业化和进程要由提高农业生产率方面的进展来决定。但是农业领域生产率的提高和工业领域一样，都是生产技术进步的结果。[71] 有一些经济学家认为，资本积累是工业化的动力要素，如哈罗德—多马经济增长模型所显示的：资本的不断形成是经济增长的唯一决定要素。这一思想曾经影响了一大批早期发展经济学家。资本积累对发展至关重要。但后来许多理论和实证研究证明：资本与劳动等资源投入的增加只能部分地解释产出的增长，而且这一部分所占的比重，有的极其小于由资本和劳动投入的增加来解释的部分；并把非资源性因素称为技术进步。因此，我们可以说，不能把资本形成看作经济发展的动力要素。

---

①关于"工业化"的内涵，一直有着不同的理解和解释。从近现代世界各国经济发展趋势看，实现工业化是从不发达经济向发达经济演化的基本内容，所以，在这里并列使用了"经济发展"和"工业化"两个概念，不作严格区分。

还有一些经济学家，把外贸当作工业化的动力要素。例如，罗伯逊（Robertson，D. H.）早在 20 世纪 30 年代，纳克斯（Nurkse，R.）在 50 年代，就提出过"外贸是经济增长的引擎"（engine for growth）的命题。尽管对外贸易可能极大地促进增长，但经济增长主要取决于内部要素，而国际贸易只是提供了发挥内部要素作用的机会，并不是经济发展的原动力。卡拉维斯（Irving Kravis）因而把外贸称做"增长的侍女"[72]（Hand-Maidenof Growth），其作用大大低于"引擎"了。发展的一般要素即为限制要素与动力要素以外的其他要素。

关于经济发展的原动力，熊彼特曾经提出过一个独特的创新理论。① 认为，创新之所以推动着资本主义的产生和发展，是因为在它的背后存在着具有创新精神的企业家和起支撑作用的资本主义体制，可以说三者缺一不可。在这里，企业家及企业家精神，对于现代经济发展观念的形成，具有至关重要的作用，是一个不容忽视的十分关键的动力要素。另外，在经济发展中，来自系统内部的潜在的自组织动力也发挥着重要作用，是不容忽视的。因此，根据现有的理论进展和经验分析，本书认为，推动经济发展的动力要素，可归纳为：系统自组织，技术创新，制度创新（含文化），企业家（动力主体）及其创新精神。并以其为子系统构建了区域经济发展的动力系统（第四章～第七章）。

二、 区域经济发展的动力源与源动力②

（一）对"动力源"与"源动力"的理解

动力源，即动力的来源、起源、源头，是指某种动力产生的最重要的基础条件，即动力产生的本源，没有这个本源，动力就根本不会产生。源动力，是在动力源的基础上，通过某种"动力机"（发动机）将其转换成的使"机械"做功的基本作用力。[73]

我们知道，能源是各种运动的重要动力源。煤炭、石油、天然气、力、太阳能等等，这些在工业社会中最重要的动力源，在未来社会中也

---

① 在第五章和第六章将详细阐述"创新"对经济发展的决定性作用。
② 该部分主要参考的是文献 [73] 的部分观点。

将必不可少。上述这些能源也叫做一次能源，它们可以通过一系列手段转换成二次能源，电力、煤气、汽油等。能源在社会发展中具有十分重要的作用。在现代社会中，没有能源或者能源不足，社会发展就是一句空话。但是，仅有能源是不够的。18 世纪下半叶，第一次产业革命的主要标志是蒸汽机的广泛应用，蒸汽机解决了能源转换成动力的问题，使煤炭、石油等真正拥有使用价值，从而促进了煤炭工业、机械工业、冶金工业、纺织工业的发展，工业开始形成体系。19 世纪末 20 世纪初，电力开始广泛应用，工业生产由蒸汽时代进入电气时代，工业部门结构随之发生根本变化，工业发展进入新纪元。随着社会的发展和人民生活水平的提高，全社会对能源的需求量越来越大，能源工业也成为国民经济的重要物质生产部门之一。

区域经济发展动力源和源动力的分析与上述分析相类似。我们认为，区域经济发展动力源是区域经济发展动力的源头，是区域经济动力产生的基础条件，而区域经济发展源动力是在动力源基础上通过某种制度、方法、工具、机构将其转换成的推动或拉动区域经济发展的基本作用力（"基本作用力"可以理解为"一次作用力"，即没有经过二次转换的作用力）。两者既紧密相连，又具有本质区别。

区域经济发展的动力系统中，存在着诸多影响区域经济发展的内部动力、外部动力以及阻力，但这些力大多是"二次作用力"，即经过转换形成的力。除源自区域经济本质和资本投资的动力以外，我们认为，区域经济发展最主要的动力源是人的需要。

（二）区域经济发展的动力源

按自然属性可将系统分为自然系统与人工系统两大类。区域经济系统是一个有人参与的人工系统。经济发展的动力有广义与狭义之分。从广义说，是指一切能够促进经济发展的所有积极因素。具体地说，它包括主体和客体两大要素。主体要素就是"主观生产条件"——"活着的劳动能力、合目的地表现出来的劳动力。"[74] 客观因素即客观生产条件——生产资料。主体动力主要表现为：劳动者追求自身经济利益和劳动价值的充分实现为直接动因的自发性动力；在物质利益激励机制作用下，以追求社会利益和自身利益相统一为动因的物质激励性动力；在精神利益激励机制下，以追求社会理想目标为动因的精神激励性动力等几种形式。综合起来，无论是哪种动力表现形式，都来自于"人"的需要。因此，人的需求是区域经济发展的动力源。[①] 没有人类的需求就谈不上经济活动，经济也就无法运行。正是人类需求原有的拉动作用促进了经济活动的扩展。

按照马斯洛的人类需求层次学说，人类需求从低级的和基本的生理需要（如衣、食、住等）向高级的、享受型和发展型方向演进。即使是基本的需求也有从质量较差到质量不断提高的推进过程。可见，人的需求是永无止境的，正如太阳黑子的"黑洞效应"一样，拉动着经济不停地向前发展。因此，一个区域所拥有的市场购买力是经济发展的拉动之一。

在现实经济生活中，人类的潜在需求是随着经济发展而逐步转化为现实购买力的。有效需求是许多因素决定的。它与经济发展水平、人们需求心理以及人口规模密切相关。需求心理通过有效需求影响着经济运行。凯恩斯认为："决定消费多寡的主观、社会动机主要有八种：谨慎、远虑、计算、改善、独享、占有、自豪与贪婪。相应的消费动机为享受、短见、慷慨、失算、炫耀与奢侈。"并且，这些动机之强度，"随所假定的经济制度与经济组织，随种族、教育、成规、宗教及流行道德观念等因素所形成的习惯，随现在希望与过去经验，随资本设备之多寡与技术，又随目前财富分配办法，以及社会各阶层已经确立的生活程度，而大有不同。"不过，凯恩斯在分析短期就业量时，"把主观储蓄动机以及主观消费动机之主要背景看作是已知数"。[75] 但在分析寻找区域经济发展的动力源时，不能不考虑上述需求心理差别，尤其是不同经济体制、经济组织与习惯等因素对动力源功能的影响。

由于人有多种需要，并且具有复杂的关系，任何人在行动的时候都要受某种力量的驱动，其驱动力大小直接来源于个体在行动之前或行动之时、行动之后的精神状态，即由感觉、知觉、意志、技能、情感等心理活动要素所组成的精神状态。这种精神状态受需要满足程度的决定，

---

①所有的经济活动都是人参与的活动，经济发展的一切动力都源于"人的需要"。因此，本书在后面的动力要素分析中，没有再特殊提到"人"的因素。

具体受两个主要因素影响：一个是物质激励，一个是精神激励。物质需要是人类基本的需要，人类要生存、繁衍、维系家庭需要物质财富，人类要获得安全保障、与人交往需要物质财富，人类不仅要维持原有的生活水平，还要不断提高，更需要越来越多的物质财富。从人出生的那一天起直到其离开人世，对物质的需要是不断的（尽管不同的人对物质需要的程度不同）。正因为人类对物质财富、欲望的无限性，人类社会才会有动力，才能不断向前发展。同样，精神需要也是人类的基本需要，这是人类区别于其他动物的主要标志之一。作为个体的人，有是非、善恶、美丑之心，有对权力、地位、荣誉、感情等方面的追求，正因为如此，社会才有道德、法律、规范，经济生产经营活动才会有秩序，管理才会有效。所以，人类物质需要和精神需要的存在对人类、对社会、对区域经济都是十分重要的，离开了哪一方面都是孤立的、不全面的，过分强调某一方面，都是违背辩证法和客观规律的。

（三）区域经济发展的源动力

市场竞争是区域经济发展的源动力。竞争是市场经济的本质特征和核心内容，它是指经济主体在市场上为实现自身的经济利益和既定目标而不断进行的角逐过程。当然，这种角逐是建立在市场需求存在的基础上。区域经济间在市场中的竞争关系表现为区域与区域在市场中的相互排斥作用。区域间在市场中竞争关系存在的根源在于追逐自身经济利益过程中的排他性。从这种意义上而言，任何一个区域与其他区域经济之间在市场中的关系都具有相互排斥的一面、相互竞争的一面，这是在由市场规模约束和消费者选择可能的多样性，所带来的不确定性限制下区域经济间关系的一般反映，它也表明的是区域与区域之间都存在竞争关系，而不管这种竞争关系是直接还是间接的。

区域经济竞争关系的存在是市场关系的一种反映，是一种客观存在，同时竞争也是市场机制的重要特点。就竞争机制对区域经济的作用而言，也是在市场其他机制如供求机制、价格机制等发挥作用的前提下，并与其他机制相互联系、相互制约的交互作用中实现的。区域经济正是在竞争机制的规律性作用下，在资本增值的内在驱动与外部市场竞争压力的双重作用下，在区域经济竞争关系的变化中走向扩张、逐渐发展的。

当然，在激烈的市场竞争中有大量的企业被淘汰出局，成为市场竞争的牺牲品，这是市场机制作的必然结果，也是市场配置资源、优胜劣汰的内在要求。正因为如此，区域企业一进入市场，就面临着市场机制的双重作用力，一个是市场机会和利益的吸引力，一个是市场竞争对手的压力。这两个作用力作用于区域的各个层级组织、作用于区域经济的各项活动，迫使区域不断创新，不断进行资本扩张、优化结构、改进质量、提高市场占有率、提高区域经济核心能力、提高投入产出率，从而使区域经济得以发展。

三、 区域经济发展动力系统及要素分析

（一）区域经济发展动力要素关系模型

区域经济发展受到多方面综合因素的影响，其推动力由各种动力形式构成。同时，区域经济发展是一个动态性过程，在动态的发展中它要受到不同作用力的影响。

1. 理论模型

如果把一个国家或地区的经济发展看成是一个经济体沿着时间坐标不断向前运动的过程，这与物理学的研究就十分相似。物理学主要研究物体的空间运动规律；经济增长理论实质上就是研究经济体的时间运动规律。通过这种类比，我们就可以借用物理学的研究方法和研究结论。物理学研究物体运动过程中受力、质量、加速度及其与速度之间的关系，用公式表示如下：

$$F = ma \tag{3.26}$$

$$a = \frac{dv}{dt} \tag{3.27}$$

式中，F 表示物体沿运动方向所受的合力；m 表示物体的质量；a 表示物体运动的加速度；v 表示物体运动的速度；t 表示物体运动的时间。把上述模型引申到经济增长理论中，我们可以建立以下理论模型：

$$F = \text{GDP} \cdot \frac{dv}{dt} \tag{3.28}$$

$$\text{或}\frac{dv}{dt}=\frac{F}{\text{GDP}} \tag{3.29}$$

这一模型的含义是：一个国家或地区要加快经济增长的速度，就必须提高经济发展的推动力。而且，一个地区的经济总量（GDP）越大，所需要的推动力也就越大。

2. 直观模型

从系统论角度看，区域经济发展是一个动态的系统过程。区域经济发展动力越大，区域经济的发展速度就越快，反之亦然。由此可以推论，一个区域要实现持续快速的经济增长，就必须着手解决区域经济系统的动力问题，使之不断有新的动力产生，并不断对区域发展形成新的推动。

根据区域经济发展的动力之间的关系，可以用下面的作用力关系模型图来表示（如图 3 - 11 所示）。这是一个描述性的直观模型，旨在对影响区域经济发展的动力要素进行整合分析。图中横轴表示时间，纵轴表示区域经济发展水平，斜线 L 表示区域经济发展是一个艰难的负重爬升过程，滑块表示区域经济体，F_i—表示各种作用力，$i=0$，1，2，……，n。那么，区域经济发展水平与区域经济发展动力要素的函数关系式为：

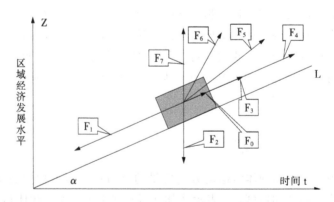

图 3 - 11　区域经济发展的作用力关系模型图

$$Z=f\ (F_1,\ F_2,\ F_3,\ F_4,\ F_5,\ F_6,\ F_7,\ F_{\text{其他}},\ \alpha,\ t) \tag{3.30}$$

其中：Z—区域经济发展水平；

F_0—区域经济发展的自组织结构力；

F_1—区域经济发展阻力；

F_2—区域经济发展重力（主要指区域内企业规模等）；

F_3—来自市场的拉动力；

F_4—技术创新产生的动力；

F_5—制度创新产生的动力；

F_6—政府推动所产生的动力；

F_7—区域经济发展的支撑力（区域管理与组织、区域文化水平等）；

$F_{其他}$—其他力（函数中的一个自变量，因性质和方向具有不确定性而无法在图中体现）；

t—区域经济发展时间；

α—影响区域经济发展的斜面角度（可以理解为角度的大小，反映了区域经济发展的战略目标和外部环境）。

（二）动力要素对区域经济发展水平的影响

1. 对 F_1 影响的分析。主要是指区域经济发展中受到区域经济系统内外部的负面影响。本模型把区域经济规模单独分离出去分析，所以，F_1 是指区域经济规模不当之外的其他阻力。当阻力所包含的各种因素对区域经济发展形成不利状况时，就会产生阻力，影响区域经济发展，从 Z 和 F_1 之间出现上凸下降函数，即 $\dfrac{\partial Z}{\partial F_1}<0$，$\dfrac{\partial^2 Z}{\partial F_1^2}<0$（见图 3 - 12）。

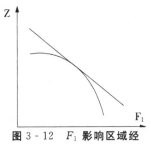

图 3 - 12 F_1 影响区域经济发展水平变动趋势图

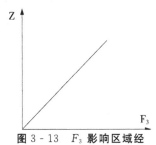

图 3 - 13 F_3 影响区域经济发展水平变动趋势图

2. 对 F_3 影响的分析。来自市场的动力主要有两方面，一是市场需求拉动，二是市场竞争压力。要不断开拓市场，提高区域产品的市场占有率，增强竞争力，这样才能推动区域经济发展。同时，不断进行市场扩张，就是经济在发展中沿着原有的目标前进，并不断扩展发展空间，表现为某一发展阶段出现非线性，而在总的发展过程呈线性，即 $\dfrac{\partial Z}{\partial F_3} > 0$（见图 3 - 13）。

3. 对 F_4 影响的分析。组织创新主要包括区域战略、区域组织结构、区域文化等方面的创新。其中区域战略中确立了区域发展的总体目标，使区域不断沿着所确立的目标前进，实现区域经济资源的有效配置和区域经济发展水平的提高。具有战略方向的指导性，在一定时间内呈现线性变化，即 $\dfrac{\partial Z}{\partial F_4} > 0$，$\dfrac{\partial^2 Z}{\partial F_4^2} = 0$（见图 3 - 14）。

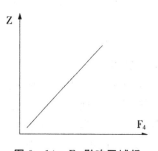

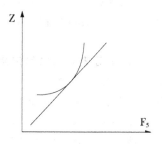

图 3 - 14　F_4 影响区域经济发展水平变动趋势图

图 3 - 15　F_5 影响区域经济发展水平变动趋势图

4. 对 F_5 影响的分析。技术创新是由于发展经济的内在要求而不断进行的活动。技术创新使区域经济的核心竞争能力不断提高，使区域经济发展呈现出迅速上升趋势，呈现下凸上升函数变化，即 $\dfrac{\partial Z}{\partial F_5} > 0$，$\dfrac{\partial^2 Z}{\partial F_5^2} > 0$（见图 3 - 15）。

5. 对 F_6 影响的分析。政府对区域经济发展的推动主要依靠区域政策，其对所有同类区域的影响基本是一致的，程度相同的，并且在一定时期内具有相对稳定性，因此，F_6 与区域经济发展水平的关系基本上是线性关系，即$\frac{\partial Z}{\partial F_6}>0$（见图 3 - 16）。

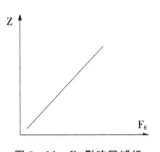

图 3 - 16 F_6 影响区域经济发展水平变动趋势图

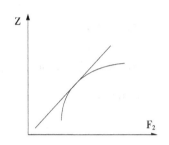

图 3 - 17 F_2 影响区域经济发展水平变动趋势图

6. 对 F_2 影响的分析。F_2 是区域经济发展的重力，是一个综合变量，具体指区域内企业的规模大小，当企业规模很小时，F_2 与斜坡的摩擦力就很小，经济的发展速度很快；当企业规模不断增大时，摩擦力渐渐增大，增大到一定程度，经济发展就会越来越慢，阻力就会增大（见图 3 - 17）。

7. 对 F_7 影响的分析。F_7 作为区域经济发展的支撑力，主要是相对于 F_2 而言。如果 F_2 不断增大，阻力增强，而管理创新活动和区域经济能力不能同步增长，则区域经济发展就会减慢，甚至停滞、倒退。如果 F_2 不断增大，但 F_7 比 F_2 的发展速度更快，即 $F_7>F_2$，那么，在 F_3、F_4、F_5、F_6 等力一定的情况下，区域经济也能向前发展。

8. 对 F_0 影响的分析。主要来自于区域经济系统的内部，是管理体制、经营理念、抗干扰能力的综合反映。它与区域经济发展水平呈正相关，具有"马太效应"。

9. 斜面角度与上升高度分析。在合力模型中，影响区域经济发展中的斜面角度 α 是由区域经济的发展战略目标所决定的。α 的角度的确定是时间 t 和区域经济战略目标确定的区域经济持续发展水平（Z）的比值，$\mathrm{tg}\,\alpha=\frac{Z}{t}$。角度越大区域经济所要达到的目标水平就越高，提升的速度就越快，但是上升的阻力也就越大。如果 α 角度小，区域经济前进的阻力较小，但区域经济却很难在市场竞争中取得较高的市场地位和竞争优势。假如 α 角度为零，则区域经济是在一个水平面前进，这样的经济只能是维持现有的生存，而很难产生持续发展的潜在能力。斜面的角度大，经济上升的阻力加大，但这种上升时所用的力和所做的功在经济进行第二次跳跃时会转化为一种移动的势能，使区域经济的持续发展中有较大的跳跃潜能。α 的角度也不能过大，假如 α 为 $90°$，这只能是 $t=0$ 时才能出现，此时 $\text{tg}\,\alpha = \dfrac{Z}{0}$，$\text{tg}\,\alpha = \infty$ 在此条件下，任何 Z 值都可以满足 $\alpha = 90°$ 的条件，则说明任何区域都无法确定其最终目标。一般情况下，Z、t 都是有限值，$t \neq 0$，$\text{tg}\,\alpha \neq \infty$，$\alpha < 90°$。因此说，区域经济要持续发展，一方面，要使发展的轨道有一定的角度；另一方面，也要选择合理的角度适应区域经济的发展，也就是说明区域战略目标要制定得科学、合理。

（三）区域经济持续发展水平分析

由式 3.30 可得：

$$\Delta Z = f\,(F_1 + \Delta F_1,\ F_2 + \Delta F_2,\ F_3 + \Delta F_3,\ F_4 + \Delta F_4,\ F_5 + \Delta F_5,$$
$$F_6 + \Delta F_6,\ F_7 + \Delta F_7) - F\,(F_1,\ F_2,\ F_3,\ F_4,\ F_5,\ F_6,\ F_7) =$$
$$\frac{\partial Z}{\partial F_1}\Delta F_1 + \frac{\partial Z}{\partial F_2}\Delta F_2 + \frac{\partial Z}{\partial F_3}\Delta F_3 + \frac{\partial Z}{\partial F_4}\Delta F_4 + \frac{\partial Z}{\partial F_5}\Delta F_5 + \frac{\partial Z}{\partial F_6}\Delta F_6 + \frac{\partial Z}{\partial F_7}\Delta F_7$$

则当 $\dfrac{\partial Z}{\partial F_2}\Delta F_2 + \dfrac{\partial Z}{\partial F_3}\Delta F_3 + \dfrac{\partial Z}{\partial F_4}\Delta F_4 + \dfrac{\partial Z}{\partial F_5}\Delta F_5 + \dfrac{\partial Z}{\partial F_6}\Delta F_6 + \dfrac{\partial Z}{\partial F_7}\Delta F_7 -$

$\left(-\dfrac{\partial Z}{\partial F_1}\Delta F_1\right) > 0$，即 $\Delta Z > 0$ 时，区域经济持续发展水平有所提高。

四、区域经济发展动力系统的建立

（一）区域经济发展动力系统构成分析

1. 动力系统构成的理论分析

关于区域经济发展动力系统的研究，国内外理论界尚不多见。我们认为，区域经济发展动力应该包括区域经济发展的外部动力和区域经济发展的内部动力两大部分。区域经济发展的外部动力与区域经济发展的内部动力分别指推动区域经济发展的外部力量和内部力量。区域经济发展要有内外部动力的牵引和推动，同时，还要不断克服发展过程中产生的各种阻力，阻力越大，区域经济发展速度越慢，当阻力等于动力时，区域经济就会停留在某一个阶段，当阻力大于动力时，区域经济就可能出现下滑的趋势。前面的图3-4是区域经济发展动力系统理论上的直观构造图，图中标出了影响区域经济发展动力的主要类别和形式。区域经济发展的外部动力主要来源于市场需求、竞争对手、政府行为和科技进步等；区域经济发展的内部动力来源于区域内企业家及其员工的物质追求和精神需要（需要满足度越高，人的素质越好，动力就越大），还有区域经济的自组织力。区域经济发展过程中的阻力则来自于信息的不对称、管理水平滞后、保守文化等。

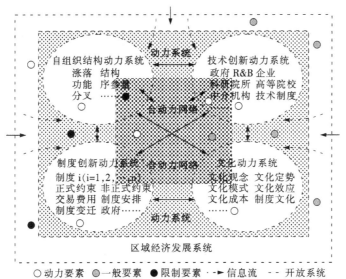

○动力要素　●一般要素　●限制要素　·▶信息流　--开放系统

图3-18　区域经济发展的动力系统及其子系统相互作用网络图

2. 动力系统的子系统及其作用关系分析

根据前面对区域经济发展要素的分类，通过综合分析我们认为，区域经济发展的动力系统由四个子系统构成。即自组织结构动力系统；技术创新动力系统；制度创新动力系统和文化动力系统。图3-18是图

3-6中动力系统的功能放大图，该图较详细地描述了动力系统及其子系统之间的相互作用以及对区域经济发展系统的推动关系。

从图3-19中可以看到：在四个子系统内都标有相应的主要构成要素。它们都是开放的系统。系统与系统之间，系统与要素之间以及要素与要素之间都存在着强烈的作用关系；特别是动力系统的子系统，在一定的经济活动中，通过相互协同作用（不排除动力系统以外其他单一要素流的流入）与耦合，进一步形成功能强大的"合动力网络"。"合动力网络"功能（因为在相互作用过程中，动力系统以外的其他单一动力要素流可能流入系统内）将决定区域经济的发展方向。所谓"合动力网络"就是动力系统的子系统之间，子系统与其他单一要素之间，在经济活动中彼此促进，交叉融合，协同发展而成的动态网络。

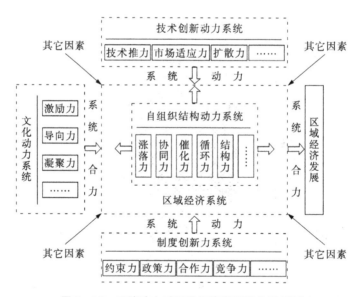

图 3-19　系统动力对区域经济发展的作用机制

3. 系统动力对区域经济发展的作用机制

图3-19描述了来自区域经济发展动力系统的四个子系统中的系统动力对区域经济发展的作用机制。由于各个子系统结构与功能的差异，

因此，它们产生了不同的系统动力。自组织结构动力系统产生自组织系统动力，其他三个动力系统产生他组织系统动力，两大系统动力共同作用于区域经济系统，推动区域经济系统的演化与发展。

（1）自组织结构动力系统。主要构成要素：涨落、交叉、突变、循环、分叉、序参量、主导产业等。动力的表现形式：涨落力、协同力、复制力、循环力、催化力和结构力等。功能的实现过程：系统内部的组织过程在内在机制的驱动下，通过与外界交换物质、能量和信息，不断地降低自身的熵含量，自行从简单向复杂、从粗糙向细致发展，不断提高自身的有序度，组织结构和运行模式不断地自我完善，从而不断提高其对于环境的适应能力，使系统内部结构经历了原有结构稳定性的丧失和新的有序结构建立的过程，在这个过程中涨落的触发作用，役使新的产业诞生、成长，并不断自我复制、交叉，通过竞争与协同形成了以主导产业为主的序参量。主导产业的更替与发展过程是区域经济发展的主要表现形式。

（2）技术创新动力系统。主要构成要素：政府、企业、科研院所、高等院校、中介机构、技术、制度等。动力的表现形式：技术推力、市场拉力、扩散力等。功能的实现过程：由政府、企业、科研院所、高等院校、中介机构构成区域技术创新系统，通过发挥技术创新系统的功能来推动区域经济的发展。即通过技术创新使新的科技成果走向市场，首次转化为现实的生产力，又通过众多的企业对创新进行模仿，随着技术创新扩散，而产生了乘数效应、增值效应和优化效应，使技术创新逐渐植入经济领域并产生扩张效应。从技术创新→进入市场→企业模仿→生产的过程，就是技术推力→市场适应力→扩散力的实现过程。因此，技术创新对区域经济发展具有决定性作用。

（3）制度创新动力系统。主要构成要素：正式约束、非正式约束、制度安排、制度变迁、交易费用等。动力的表现形式：约束力、竞争力、合作力、引导力、政策力等。功能的实现过程：制度动力的一个显著特点是它的强制性。制度确定的竞争与合作关系，使得在经济主体间产生了竞争与合作的关系，形成了市场经济的基础。制度对经济发展的影响是通过一系列的规则来界定和约束人们的选择空间，发挥制度能改变区域经济结构、收入分配结构以及改变资源配置的可能性功能来实现的。当引入一种新的制度后，就为每一个追求利益最大化的经济行为主体规定了约束条件。因此，制度创新通过改变交易规则来为区域经济增长创造条件。这是一个非均衡的过程，由最初的"极化"向"扩散"转化，构成了区域经济发展的过程。

（4）文化动力系统。主要构成要素：文化观念、文化定势、文化模式、文化效应、制度文化等。动力的表现形式：激励力、导向力、凝聚力等。功能的实现过程：文化动力首先作用于人的思想观念，进而进入经济领域的各个层面。人的智力、精神动力能为经济发展提供无限的动力，并形成长久的促动效应。因此，文化真正成为社会的可再生资源。在文化的三种作用力中，激发力赋予区域经济以活力，导向力赋予区域经济以价值意义，凝聚力则赋予区域经济以组织效能。缺乏其中任何一种功能，或者其中哪一方不适应，都会给区域经济发展带来负面影响。

（二）区域经济发展动力系统的主要特征

1. 区域经济发展动力系统的整体性

所谓动力系统的整体性，是指动力系统不是各种动力要素杂乱无章的随机组合，各种动力之间不是毫无规律的偶然堆积，它是由许多动力子系统、子子系统按照某种目的或功能组合起来的有机整体。因此，在对其各个组成部分—具体的动力要素的功能和特征有了一定的理解之后，应在此基础上把动力系统作为一个整体加以研究，从整体与部分相互依赖、相互结合、相互制约的关系中揭示区域经济发展动力系统的特征和运动规律。系统科学中的一个重要思想—系统的整体功能并不是各部分功能的简单加总，作为一个整体的系统可能产生一些组成部分所没有的新功能。同样，对于区域经济发展的动力系统而言，判断和分析整个动力系统的功能和效率决不能简单地从某个动力要素的功能和效率的分析中就得出结论，必须从整体上分析各种动力要素之间的相互关系，这样才可能得出正确的结论。用数学语言表达就是，设 d 为某个动力要素的功能值，D 为总的动力系统的功能值，则有：

$$D = a \cdot \sum_{t=1}^{n} d_t \tag{3.31}$$

其中，a 为功能系数。一般而言 a 不等于 1，根据动力要素各部分

之间的情况 a 可能大于 1，也可能小于 1。如果 a 大于 1，说明整个动力系统的相互之间协调配合得较好，使整体的功能得到放大；相反，如果 a 小于 1，则说明整个动力系统内部存在矛盾和冲突，各种动力要素之间的功能相互抵消，使整体的功能削弱。

2. 区域经济发展动力系统的结构性

所谓动力系统的结构性，是指在动力系统内部各种动力要素之间，都以一定的组织形式或结合方式联系在一起，并彼此相互发生作用和影响。各种动力要素之间的这种组织形式或结合方式就反映了动力系统的结构特性，动力系统的结构对于动力的功能也有着重大的影响，由于区域的差异性，使得在不同的区域内，可能存在着各种不同动力要素，即使在同一区域内，有着相同或类似的动力要素，由于动力结构的不同，则可能使动力系统的功能出现巨大的差异。用数学语言表达就是：

$$D = f(d_1, d_2, \cdots, d_n) \tag{3.32}$$

$$a = \frac{d}{\sum_{t=1}^{n} d_t} \tag{3.33}$$

其中，$f(d_k)$，$k=1, 2, \cdots, n$，表明了动力系统的某种结构的函数，对于不同的结构，函数 $f(d_k)$，$k=1, 2, \cdots, n$ 的形式也将不同，a 为功能系数。一般而言 a 也不会等于 1，根据动力系统结构的不同组成，a 可能大于 1，也可能小于 1。当 a 大于 1 时，说明动力系统结构比较合理，可以使各动力要素的功能得到充分发挥，并使整个动力系统的整体功能放大。如果 a 小于 1，则说明动力系统的结构不尽合理，存在结构扭曲，使各种动力要素的功能难以充分发挥，从而使动力系统的整体功能降低。

3. 区域经济发展动力系统的有序性

动力系统的有序性是相对动力系统的无序性而言的。动力系统的无序性是指在动力系统中，各种动力要素之间在功能和目的上存在矛盾和冲突。动力系统的无序性大大影响动力系统功能的发挥，而动力系统的有序性则表明了系统内部组织的合理程度，它是决定整个动力系统的功能能否充分发挥的重要因素。系统的有序性越强，其不确定性就越小，所传递的信息也就越明确。在区域经济发展过程中，无论是地方政府、企业，还是理性的"经济个体"，都在积极寻求或采取措施，最大限度地增加区域经济发展动力系统的有序性，因而从这个意义上讲，动力系统本身的有序性问题就更为重要。

4. 区域经济发展动力系统的开放性

所谓动力系统的开放性，是指动力系统能与外界的环境交换信息、能量，特别是允许环境中的因素对原有的动力系统进行影响和改造，使动力系统能够根据环境的变化，而不断演化和发展。动力系统的开放性是动力有序性的重要保证，只有当一个系统是开放的，才能不断地从外界环境中吸取负熵流，使系统内的熵值保持不变或不断下降，这样系统内的有序性，才可能保持稳定或进一步增强。同样，在动力系统中，系统的开放性也是决定动力系统有序性的重要因素。

（三）区域经济发展动力系统的结构特性

动力系统结构是区域经济发展动力系统内，各动力要素内在的有机联系形式，它在整体上表现出种种属性。根据系统理论，结构是功能的基础，功能是结构的表现，动力系统是结构与功能的统一体。

1. 动力系统结构的稳定性。稳定性是动力系统存在的一个基本特点。一个区域经济系统的结构一旦形成，那么，作用于其内的动力系统就趋向于某一状态，这就是动力系统结构的稳定性。

2. 动力系统结构的关联性。动力系统依赖于区域经济系统，从某种意义上讲，动力系统是区域经济系统的子系统（见图 3 - 5 与图 3 - 17），动力系统的结构直接受区域经济系统结构的影响，它们之间具有关联性。

3. 动力系统结构的开放性。区域经济系统是一个开放系统，总是处于特定的社会和自然环境之中，并且与外界发生物质、能量和信息的交换，在与环境的交换过程中，由于受多方因素的作用，动力系统的结构会发生或大或小的调整和变化，为了加强区域经济的发展，会根据经济系统的自身特点，调整动力要素，因而动力系统结构又具有可变性。

4. 动力系统结构的层次性。动力系统是一个复杂系统，其结构具有多层次的特点。从区域经济结构来看区域，存在着多种相互作用的动力，这些动力可以划分为三个层次：第一层次是各个子系统内部诸因素之间的相互作用；第二个层次是两个子系统之间的相互作用；第三个层次是整个区域的各个子系统之间的相互作用，正是这种相互作用推动了区域经济的发展。

五、 区域经济发展动力系统结构功能分析

动力系统结构的实质是指系统诸构成要素与子系统在时空范围内的排列、秩序、量的比例关系和耦合方式等。一般而言，系统的层次越多，结构越复杂，有序度越高，系统的稳定性就越好，整体功能就越强。研究动力系统的功能，就是为了认识动力系统之所以能够对外部发生作用的内在根据，动力系统的各种功能及其大小是建立在不同结构基础上的，功能与结构具有不可分割的联系。

（一）动力系统结构分析[77]

系统结构分析就是寻求系统合理结构的分析方法。根据系统工程的特性，可用下面两个公式来表达。

$$E^{**} = \underset{\substack{\rho \to G \\ \rho \to O}}{Max\rho} \ (X, \ R, \ C) \tag{3.34}$$

$$S'_{opt} = Max \ \{S \mid E^{**}\} \tag{3.35}$$

其中：

X：系统组成要素集；

R：系统组成要素集的相关关系集；

C：系统要求及其相关关系在阶层上的可能分布形式；

ρ：X、R、C 的结合效果函数；

$\rho \to G$：ρ 函数在对应于系统目标集的条件；

$\rho \to O$：ρ 函数在相应与环境因素集的条件；

E^{**}：ρ 函数在两个对应条件下所能得到的最优效果。

式（3.35）表示具有最佳结合效果的系统结构中能给出最大输出的系统 S_{opt}。显然，系统结构分析的内容就是寻求 X、R、O 的最优结合形式，即有最优结合效果，E^{**} 的系统结构形式及 E^{**} 条件下给出最大系统输出的系统 S_{opt}。这种分析方法在理论上具有极其重要的意义。

（二）用结构解析法分析动力系统的结构功能

与区域经济系统一样，动力系统也是一个开放的复杂系统，为了掌

握区域经济发展规律，使区域经济系统向着合乎人们的目的的方向发展，必须对影响区域经济发展的动力系统的结构和功能进行分析。但由于动力系统是多层次的具有十分复杂的结构和功能的系统，仅凭逻辑方法和直观经验是难以做到科学的分析和正确的判断的，必须采用系统理论与数学相结合的结构功能分析方法。其实，现代经济学已发展了这种方法，并在实践中得到了广泛应用，这就是结构解析法。

结构解析法是美国 Bottelle 研究所为分析复杂社会系统问题而提出的一种分析方法。这种方法在调查研究的基础上，运用结构矩阵的方式，来描述系统要素及其相互关系，使系统结构得以明确，为寻求结构优化奠定基础。

这种方法的基本原理是通过建立结构矩阵，来描述系统组成要素及其相互关系，然后经过矩阵运算来判断要素间联系的紧密程度。

首先，可根据系统要素间的联系找出系统的结构矩阵。系统结构是构成系统全部要素及其相互关系的内在表现。所以，首要的问题就是要明确组成要素之间的连接关系。如用 S_i 表示组成系统的要素，用 "→"表示要素之间的关系，用 C_{ij} 表示连接状态，C_{ij} 称为连接系数，要素间有联系时 $C_{ij}=1$，无联系时 $C_{ij}=0$。设某个动力系统由 5 个要素组成，其要素连接图，如图3-20所示。

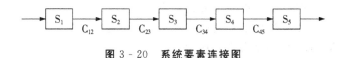

图3-20　系统要素连接图

图中，连接系数 C_{12}，C_{23}，C_{34}，C_{45}，均为1，其余均为0。

若用矩阵方式表示要素之间关系，则有：

$$
\begin{array}{c}
\phantom{\text{从}S_1}\ \text{第}\ S_1\ \text{到}\ S_2\ \text{到}\ S_3\ \text{到}\ S_4\ \text{到}\ S_5 \\
\begin{array}{c}
\text{从}\ S_1 \\
\text{从}\ S_2 \\
\text{从}\ S_3 \\
\text{从}\ S_4 \\
\text{从}\ S_5
\end{array}
\begin{bmatrix}
0 & 1 & 0 & 0 & 0 \\
0 & 0 & 1 & 0 & 0 \\
0 & 0 & 0 & 1 & 0 \\
0 & 0 & 0 & 0 & 1 \\
0 & 0 & 0 & 0 & 0
\end{bmatrix} = S
\end{array}
$$

　　这种用矩阵方式表示动力系统要素连接状态，称之为动力系统结构矩阵。

　　上述动力系统要素间的一种单向关系，而实际的动力系统是交叉的立体的关系，可以进行如下的扩展。设由要素 S_1，S_2 构成系统 P_1，由要素 S_3，S_4，S_5 构成系统 P_2，其有向图如图 3-21 所示。

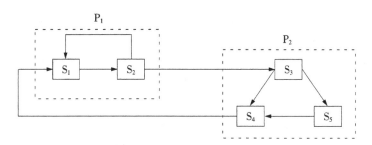

图 3-21　系统要素交叉图

　　如果把 P_1，P_2 看成要素，则其关系表现为 P_1 作用于 P_2，P_2 作用于 P_1。如果不是以 P_i，而是以 S_i 为要素，将 P_1，P_2 的关系表现为要素 S_i 的连接，这种系统称为二阶系统。若用结构矩阵形式表示，则

有：

$$\begin{array}{c}\text{第 } S_1 \text{ 到 } S_2 \text{ 到 } S_3 \text{ 到 } S_4 \text{ 到 } S_5 \\ \begin{array}{l}\text{从 } S_1 \\ \text{从 } S_2 \\ \text{从 } S_3 \\ \text{从 } S_4 \\ \text{从 } S_5\end{array}\begin{bmatrix} 0 & 1 & 0 & 0 & 0 \\ 0 & 0 & 1 & 0 & 0 \\ 0 & 0 & 0 & 1 & 0 \\ 0 & 0 & 0 & 0 & 1 \\ 0 & 0 & 0 & 0 & 0 \end{bmatrix}=S\end{array}$$

　　因为 S_1，S_2 是系统 P_1 的要素，S_3，S_4，S_5 是系统 P_2 的要素，所以可把矩阵 S 分为如下四个部分：

$$S=\begin{bmatrix} 0 & 1 & 0 & 0 & 0 \\ 1 & 0 & 1 & 0 & 0 \\ 0 & 0 & 0 & 1 & 1 \\ 0 & 0 & 0 & 0 & 1 \\ 1 & 0 & 0 & 0 & 0 \end{bmatrix}=\begin{bmatrix} S_{11} & S_{12} \\ S_{21} & S_{22} \end{bmatrix} \tag{3.36}$$

式中，

$$S_{11}=\begin{bmatrix}0 & 1\\ 1 & 0\end{bmatrix}, \quad S_{12}=\begin{bmatrix}0 & 0 & 0\\ 1 & 0 & 0\end{bmatrix} \tag{3.37}$$

$$S_{21}=\begin{bmatrix}0 & 0\\ 0 & 0\\ 1 & 0\end{bmatrix}, \quad S_{22}=\begin{bmatrix}0 & 1 & 1\\ 0 & 0 & 1\\ 0 & 0 & 0\end{bmatrix} \tag{3.38}$$

矩阵 S_{11} 和 S_{22} 分别是系统 P_1 和 P_2 的结构矩阵，而矩阵 S_{12} 表示从 P_1 到 P_2 的连接，矩阵 S_{21} 表示 P_2 到 P_1 的连接。矩阵 S 一方面表示了以 S_1，S_2，……，S_5 作为要素时系统 P_1 和 P_2 的内部结构；另一方面又以 P_1、P_2 作为构成要素来表现 P_1 和 P_2 的内部结构关系，这就是二阶系统结构矩阵。

同理，可以列出多阶系统的结构矩阵。

动力系统的复杂性，决定了在对其结构分析中，将系统分解为多个要素子系统，先对子系统进行分析，列出子系统结构矩阵，然后再分析要素子系统间的关系，这就会涉及到子系统矩阵的运算。我们可以用布尔矩阵运算法则进行运算。

只有 0 和 1 的二值矩阵，称为布尔矩阵。

设 A、B 分别为布尔矩阵，a_{ij}、b_{ij} 为其构成要素，主要运算法则有：

逻辑和

$$A\bigcup B= [a_{ij}\bigcup b_{ij}] =\max (a_{ij}\bigcup b_{ij}) \tag{3.39}$$

逻辑交

$$A\bigcap B= [a_{ij}\bigcap b_{ij}] =\min (a_{ij}\bigcap b_{ij}) \tag{3.40}$$

A 与 B 的乘积

$$A\times B=\left[\sum_{k=1}^{n} a_{ik}\cdot b_{kj}\right]= \{\max [\min (a_{ij}, b_{ij})]\} \tag{3.41}$$

布尔矩阵的积

$$A''=A\times A\times\cdots\cdots\times A \tag{3.42}$$

A'' 表示在有向图中，存在步长为 n 的路径，A^1 表示步长为 1，即要素间的直接连接，A^2 表示步长为 2，即要素间的间接连接，A^3 表示步长为 3，即要素间的再间接连接。如果我们需要知道从某一要素 S_i

出发，可能到达哪一些要素，则可以把 A^1、A^2、A^3……结合在一起研究，即

$$M = A^1 \cup A^2 \cup \cdots\cdots \cup A^n \tag{3.43}$$

式中，M 称为可达矩阵，其每个要素 M_{ij} 表明 S_i 是否能够到达 S_j。若认为 S_i（$i=1, 2, 3, \cdots\cdots, n$）可以从自身到达自身，则有

$$M = I \cup A \cup A^2 \cup \cdots\cdots \cup A^n \tag{3.44}$$

因为 $(I \cup A)^2 = [I(I \cup A)] \cup [A(I \cup A)] = I \cup A \cup A^2$
$$(I \cup A)^3 = I \cup A \cup A^2 \cup A^3$$

$$\cdots\cdots$$

$$(I \cup A)^n = I \cup A \cup A^2 \cup \cdots\cdots \cup A^n$$

则有 $M = (I \cup A)^n \tag{3.45}$

运用结构分析法，结合区域经济分析，我们就能够把所研究动力系统的要素之间的相互关系及其关联程度准确地、定量地表述出来。

本章小结：

1. 区域经济的发展不仅决定于区域内的资本、技术、管理等因素的综合作用，更重要的是区域经济外部因素对区域经济发展的合理推动，如外部的技术和人才引进等均对本区域的经济发展起着极为重要的作用。

2. 区域经济发展既要研究自然、资源、环境、社会、经济之间的横向联系，又要研究现在和未来纵向的人口增长、结构演进、资源消耗等多方面的联系及发展机制。随着社会的进步，自然资源与经济、社会和环境的相互协调越来越重要。

3. 区域经济发展是多种要素共同作用的结果，人的需要是区域经济发展的动力源，市场竞争是区域经济发展的源动力。在一定的环境和背景下，从发展的角度，可以把区域经济的要素分为限制要素、一般要素和动力要素。动力要素的集合及其相互作用关系构成了区域经济发展的动力系统。动力系统是一个虚拟的人工系统，具有一般系统的特征。单一的动力要素对区域经济发展的作用是有限的，只有相互协同形成系统动力，才能推动区域经济快速发展。

4. 运用物理学中的力学原理，描述了区域经济发展中力的作用关系。分析了不同力对区域经济发展水平的影响。提出了"合动力网络"的概念，并对其进行了定义。初步构建了区域经济发展的动力系统，分析了它的运行模式。认为整体性、结构性、有序性和开放性是区域经济发展动力系统的主要特征，稳定性、关联性、开放性和层次性是动力系统的结构特性。

5. 区域经济发展的动力系统由自组织结构动力系统、技术创新动力系统、制度创新动力系统和文化动力系统等四个子系统构成。动力系统是区域经济发展系统一个极其重要的子系统，调控系统对动力系统具有调控功能，也只有在调控系统的作用下，才能促进动力系统的优化与组合，发挥更重要的动力功能。

6. 通过协同发展方程的建立和分析，可以制定和控制区域经济系统在一定条件下，出现的稳定有序的新结构。通过制定政策，有意识地对区域经济系统施加影响，促使区域经济稳定有序地发展。

7. 区域经济发展的外部动力主要来源于市场需求、竞争对手、政府行为和科技进步等，内部动力主要来源于区域内企业家及其员工的物质追求和精神需要（需要满足度越高，人的素质越好，动力就越大）以及区域经济的自组织力。单一动力要素的作用是有限的，一是推（拉）不动，二是容易使经济发展走向偏颇，只有自组织动力与他组织动力相互作用，通过"合动力网络"形成的系统合动力，才能推动区域经济发展。这也是动力系统整体性特征的具体体现。

04 第四章 区域经济发展的自组织结构动力系统

区域经济发展系统是一个动态的演化系统，随着时间的推移，其结构、状态、特性、行为和功能等会发生转换或升级，生长出以前完全没有的新的区域子系统和新的经济关系。即可以把区域经济发展看作是区域经济系统的演化和区域主导产业结构的优化过程。传统的计划经济理论认为经济的发展是一个他组织过程，发展的动力主要来自系统的外部，靠外部力量推动区域经济的发展。人类社会产生以来，区域经济系统的结构经历了从无到有、从少到多、从简单到复杂、从无序到有序的演化过程，演化的方向是内生的，即由系统本身来确定，不以人的主观意志为转移，似乎有一只"看不见的手"在操纵着。[78]作为区域经济发展过程中重要的经济现象，区域主导产业的产生、发展及更替，不仅是其内部因素作用的结果，更是与之关联的产业之间相互作用的结果。区域经济系统的演化及主导产业的产生、发展是一种具有自组织特点的经济现象，只有区域经济系统形成了自组织系统和过程，区域经济才能不断自我完善、自我复制、自我提高和自我发展。本章以区域经济系统演化与发展为主线，系统阐述区域经济发展的自组织结构动力。

第一节 自组织理论及其应用

一、 自组织理论与自组织临界理论

（一）自组织与他组织

自组织是系统科学的一个重要概念，它是复杂系统演化时出现的一种现象。[79]20世纪20年代，贝塔朗菲创立了"一般系统论"以后，系统现象和相关学科理论的研究逐步深入发展。在某个有限的区域里，一个系统是能够自发形成完整而连续的复杂结构的，并且这类自我组织的结构在自然界普遍存在。所谓自组织，顾名思义，就是不要外因作用，通过系统内部的自我组织和协同而趋向某一目的。如果说随机活动是一种盲目的、被动的行为，那么自组织就是有目的的、主动地选择活动。

国外有的学者认为，"自组织的本质是指系统的结构（至少是部分）出现，没有外部压力或来自外部系统的强加干预。换句话说，组织力来自系统内部，是系统内部要素相互作用的结果，组织能以时间或空间的方式演化，能保持一种稳定的形式，或表现为短暂的现象。"[①]

基于对物种起源、生物进化和社会发展等过程的深入观察和研究，一些新兴的横断学科的出现，如系统论、热力学、统计力学、进化论等，为人们多角度理解和把握自组织的本质留下了想象的空间。从系统论的观点来说，"自组织"是指一个系统在内在机制的驱动下，自行从简单向复杂、从粗糙向细致方向发展，不断地提高自身的复杂度和精细度的过程；从热力学的观点来说，"自组织"是指一个系统通过与外界交换物质、能量和信息，而不断地降低自身的熵含量，提高其有序度的过程；从统计力学的观点来说，"自组织"是指一个系统自发地从最可几状态向几率较低的方向迁移的过程；从进化论的观点来说，"自组织"是指一个系统在"遗传"、"变异"和"优胜劣汰"机制的作用下，其组织结构和运行模式不断地自我完善，从而不断提高其对于环境的适应能力的过程。[②]

从逻辑上看，组织是属概念，自组织（self-organization）和他组织（heter-organization）是它下面的两个种概念。[80] 自组织与他组织都是组织的真子类。组织力来自系统内部的是自组织，组织力来自系统外部的是他组织。自组织是客观世界存在的一类组织现象。按照哈肯的表述："如果系统在获得空间的、时间的或功能的结构过程中，没有外界的特定干预，我们便说系统是自组织的。这里'特定'一词是指，那种结构和功能并非外界强加给系统的，而且外界是以非特定的方式作用于系统的。"[81]

---

① Chris Lucas. Self-Organization FAQ［EB/OL］. http://psoup. math. visc. edu/archive/sosfaq. html.

② 师汉民. 从他组织走向自组织—关于制造哲理的沉思［EB/OL］. http://www. e-works. net. cn/ewkArticles/Category90/Article14. htm

从效果上看，自组织与他组织现象一样，都是系统达到了一定的目的，都是实现了某种确定的状态。而它们之间的根本区别在于：同样对于系统新状态的出现、新功能的形成和一定目的的达到，其原因不同。对于他组织，出现这些现象的原因在于系统之外，自组织则不同，之所以出现组织结构，其直接原因在于系统的内部，与外界无关。[82]在实际情况中，对于区域经济发展的自组织与他组织行为的顺序及强度可能处于动态变化之中。[83]总的来说，自组织与他组织关系是复杂多样的，从不同的视角考察有不同的行为模式和内涵（表4-1），[84]不同的区域、不同的产业其情况也各异。

表4-1　自组织与他组织的行为模式比较

概　念	自组织	他组织
涵　义	区域经济朝有序，结构化方向发展，发展的组织力来自系统内部的组织过程	区域经济朝有序，结构化方向发展，发展的组织力来自系统外部的组织过程
基本观点	系统在内在机制的驱动下，通过与外界交换物质、能量和信息，不断地降低自身的熵含量，自行从简单向复杂、从粗糙向细致方向发展，不断地提高自身的有序度、复杂度和精细度，其组织结构和运行模式不断地自我完善，从而不断提高其对于环境的适应能力的过程	有系统以外的组织者，有预定的目标、计划、规划或方案等，组织者组织系统使其按事前确定的计划、方案变化，达到预定的目标。他组织有指令性和诱导性两种。指令性的他组织力是强制性的，系统运行的一切步骤、细节均为外部组织力严格控制和规定。诱导性的组织力不是强制性的，而是指导性的，如指导性计划、政策性引导，启发式的
经济视角	市场经济	计划经济
基本涵义	以市场机制为基础，调节资源配置的经济组织形式。即体现市场运行中的价格、供求和竞争等市场要素之间的相互关系和相互作用的制约关系及其调节功能	通过政府计划直接调节资源配置的资源组织形式。即体现计划指标、经济杠杆和经济政策等计划要素之间相互关系和作用的制约关系及其调节功能

续　表

系统视角	演　化	优　化
基本涵义	区域经济系统的结构、状态、行为、特性、功能等随着时间的推移而发生变化，是一种从不成熟到成熟、从弱到强、从小到大、从简单到复杂、从低级到高级的过程。系统演化的动力来自系统内部合作、竞争、矛盾等	通过政府的强制干预，即通过计划指标、经济杠杆和经济政策等方式对公共资源进行配置。政府一是确立法律体制；二是决定宏观经济稳定政策；三是影响资源配置以提高经济效率；四是建立影响收入分配的合理机制；五是为区域提供减少风险和降低运作成本的公共物品
功能视角	协　同	强　制
基本涵义	系统各要素相互协同形成序参量，支配着各个部分的独立运动并引导运动向预定的目标趋近，使部分得以构成为一个统一的整体而存在，并进行有序的运动	他组织现象中系统以外的组织者与系统以内的被组织者的关系是一个控制与被控制的关系

当然，一个系统必然与外界联系，每个系统的演化也都是在一定外界环境中进行的。仅从系统组织起来的原因是外界提供的还是内部产生的，来确定系统是他组织还是自组织，是不够的。[85] 在讨论问题时，由于系统的划分不同，影响系统演化的原因可能是外部环境，也可能是内部因素。因此，从前面对区域经济发展的要素分类看，可以将区域经济发展的动力分为内部动力（即自组织动力）和外部动力（即他组织动力）两大类（关于外部动力，后面章节专门论述）。

（二）自组织原理

自组织理论最初源于对生物学研究。俄国医生、哲学家 A. A. 伯哥但诺夫创建了一门新兴学科——组织形态学，开始了自组织的研究。而伯哥但诺夫在研究各种结构内部变化时，定义了组织结构演变的一系列规律。他出版的专著《组织形态学·普遍组织学》奠定了自组织理论研究的最初开始。之后，一般系统论的创始人贝塔朗菲（Bertalanffy）在

20 世纪 40 年代重复了伯哥但诺夫的某些结论，并成功地将自组织理论运用到复杂系统的研究中。

自组织理论的基本信念是：尽管现实世界的自组织过程产生的结构、模式、形态千差万别，但必定存在普遍起作用的原理和规律，支配着这种过程。[86]自组织原理主要包括：

1. 突现原理。一种自行组织起来的结构、模式、形态，或者它们所呈现的特性、行为和功能，不是系统的构成成分所固有的，而是组织的产物、组织的效应，是通过众多组分相互作用而在整体上突现（涌现）出来的，是由组分自下而上自发产生的。自下而上式、自发性、突现性是自组织必备的和重要的特征。

2. 开放性原理。一个与环境没有任何交换的封闭系统不可能出现自组织行为，对环境开放即与外界进行物质、能量、信息交换的系统才可能产生自组织运动。普利高津以总熵变公式 $dS = d_iS + d_eS$（其中 d_iS 是系统内部混乱性产生的熵，称为熵产生，热力学原理保证熵产生为非负量，$d_iS \geqslant 0$；d_eS 是系统通过与环境相互作用而交换来的熵，称为熵交换或熵流，可正可负。）为工具，科学地论证了开放性是自组织的必要条件。

共有下面四种情形：

① $d_eS = 0$，系统是封闭的，与外界没有交换，内部的熵产生使系统的混乱程度不断增加，不可能出现自组织；

② $d_eS > 0$，与外界交换得到的是正熵，总熵变 $dS > 0$，系统以比封闭状态下更快的速度增加混乱程度，不会发生自组织；

③ $d_eS < 0$，但 $|d_eS| < d_iS$，通过对外开放从环境中取得负熵，但从环境得到的负熵不足来克服内部的熵增加，总熵变 $dS = d_iS + d_eS \leqslant 0$，系统也不会发生自组织；

④ $d_eS < 0$，但 $|d_eS| > d_iS$，从环境得到的负熵大于内部的熵增加，总熵变 $dS = d_iS + d_eS < 0$，系统出现熵减过程，即自组织过程。

3. 非线性原理。满足叠加原理的线性关系无法产生整体突现性，整体突现性是系统组成部分之间、系统与环境之间非线性相互作用的产物，是典型的非线性效应。组分之间的相互作用大体分为合作和竞争两种形式，都是系统产生自组织行为的动力。没有组分之间的合作，没有

— 127 —

系统与环境之间的合作，不会有新结构的出现。没有组分之间的竞争，特别是没有系统与环境中其他系统的竞争，也不会有新结构的出现，合作与竞争本质上是非线性的。

4. 反馈原理。把系统现在的行为结果作为影响系统未来行为的原因，这种操作称为反馈。以现在的行为结果去加强未来的行为，是正反馈，以现在的行为结果去削弱未来的行为，是负反馈。新的结构、模式、形态在开始时总是弱小的，需要靠系统的自我放大（自我激励）机制才能生长、壮大。这就是正反馈机制。但新结构不能一直生长下去，到一定程度就应稳定下来，不再增加规模，即系统应有自我抑制（自我衰减）机制。这就是负反馈机制。正反馈机制与负反馈机制适当结合起来，才能形成系统的自组织。

5. 不稳定原理。新结构的出现要以原有结构失去稳定性为前提，或者以破坏系统与环境的稳定平衡为前提。一个不具备稳定机制的系统不可能真正产生出来，更不可能保持自己。自组织是稳定性与不稳定性的统一。鉴于不稳定性对自组织过程具有革命性意义，按照哈肯的说法，统称为不稳定原理。

6. 支配原理。系统内部的不同组分、要素、趋势、力量、变量、模式之间起一样的作用，系统就不会形成有序结构；只有形成少数趋势（或力量、模式、中心部分等）去引导、规范、支配大量其他组分、要素、趋势、模式等的行为，使它们协同动作，才能形成有序结构。这种起支配作用的模式或力量，哈肯称为序参量。

7. 涨落原理。状态量对其平均的偏离，称为涨落。涨落的特点是随机生灭，或大或小。按其来源，有内涨落和外涨落之分；按其规模，有小涨落、大涨落、巨涨落之分。一切真实系统都存在涨落。涨落在自组织中起极为重要的作用，系统通过涨落去触发旧结构的失稳，探求新结构，系统在分叉点上靠涨落实现对称破缺选择，建立新结构。

（三）自组织临界理论和沙堆模型

自组织临界理论（self-organized criticality，简称 SOC）是一个有趣且影响较大的理论。该理论认为，由大量相互作用成分组成的系统会自然地向自组织临界态发展；当系统达到自组织临界态时，即使小的干扰事件也可引起系统发生一系列灾变。Bak 等人（1988，Bak，1996）用著名的"沙堆模型"（sandpile model）来形象地说明自组织临界态的形成和特点。

设想在一块平台上缓缓地添加沙粒，一个沙堆逐渐形成。开始时，由于沙堆平矮，新添加的沙粒落下后不会滑得很远。但是，随着沙堆高度的增加，其坡度也不断增加，而沙崩的规模也相应增大，但这些沙崩仍然是局部性的。到一定时候，沙堆的坡度达到一个临界值（即对于一个有限大的平台来说，添加沙粒和沙粒散落平台的平均速率相等）。这时，新添加一粒沙子可能引起不同大小的沙崩，小到一粒或数粒沙子，大到涉及整个沙堆表面的所有沙粒。这时的沙堆系统处于"自组织临界态"。有趣的是，临界态时沙崩的大小与其出现的频率呈幂函数关系，即：$N(s) \propto s^{-t}$。式中，N 是大小为 s 的沙崩的数量，是一个常数。所谓"自组织"是指该状态的形成主要是由系统内部组织间的相互作用产生，而不是由任何外界因素控制或主导所致。所谓"临界态"是指系统处于一种特殊敏感状态，微小的局部变化可以不断放大、扩延至整个系统。也就是说，系统在临界态时，其所有组份的行为都相互关联。临界态概念与"相变"（phase transition）密切联系；相变是由量变到质变的过程，而临界态正是系统转变时刻的特征。因为在临界态时，系统内事件大小与其频率之间是幂函数关系，这时系统不存在特征尺度（characteristic scales）；也就是说，事件发生在所有尺度上，或与尺度无关（给定：$f(x) = x^a$，$f(kx)/f(x) = k^a$ 即 $f(x)$ 的相对变化与 x 无关）。

Bak（1996，又见 Bak 和 Chen，1991）还把自组织临界态与分形结构联系在一起，并毫不含糊地指出分形结构是自组织临界态在空间上的"指纹"。Bak（1996）认为 SOC 是目前描述动态系统整体性规律的"唯一的模型或数学表达"。与混沌行为不同，自组织临界态是一个吸引域（at-tractor），即使改变初始条件，系统最终都会达到这一临界态。Bak 反复指出，"复杂系统必然在所有时空尺度上具有信息，简言之，复杂性就是临界性"；"自组织临界性是自然界趋向最大复杂性的驱动力"（Bak，1996）。

（四）自组织理论群

自组织理论是由几个相互独立的理论组成的一个理论群。它包括：耗散结构理论、协同学、突变论、超循环论、分形理论和混沌理论。[87]因此，就每一个理论而言，都自成体系，然而整体地看，又存在一种相互联系各个理论的统一的自组织理论群中。它们各自产生的背景、基本内容等在前面已经做了简要介绍，这里不再重复，后面涉及到与其相关的部分内容还将做进一步阐述。

二、 自组织的三个要素及其关联

普利高津指出："在耗散结构中通常是下列三者彼此相关的：化学方程所显示的功能，由不稳定性获得的时间—空间结构，以及激发不稳定性的涨落。[88]这三者相互作用，导致一些包括'来自涨落的有序'等极其意外的现象。可以把三者的关系列图，如图 4-1"，以后又一再表示："我想用图来说明耗散结构有三个互相关联的方面。""我们要强调指出总和耗散结构相连的三个方面……"[89]普利高津反复强调的图式在耗散结构理论中占有极其重要的地位，它揭示了耗散结构的基本特征（要素）及相互关系。

（一）自组织的三个要素

系统的自组织指的是不需要外部指令，而在一定条件下自行产生特定有序结构的过程。广义的自组织包括平衡结构（例如晶体）的产生，狭义的自组织主要指耗散结构的形成。所以附图中提及的三个方面，实际上表明了狭义自组织的三个基本要素。[90]

图 4-1　耗散结构机理图

首先，"'结构'是指时间或空间的结构，即失稳引起的振荡或波"。内部存在着宏观流动，状态随时间变化的结构，或者说内部存在宏观差别，以致对称性发生破缺的结构可以统称为非平衡结构。非平衡意味着"对外开放"（交换）和"对内搞活"（流动），它是耗散结构的宏观特征，并且是自组织过程中不可缺少的一个基本要素。

其次，"'功能'指化学或生物活性。"[91]这里"活性"具体表现为自催化、交叉催化，以及由此而产生的反馈环和调节机制。它们有一个共同的特点，即非线性相互作用。

最后，"涨落"指的是"对本征的偏离。"[92]本征指系统既定的宏观状态，涨落则是对这一既定宏观状态的局部偏离。对于系统的宏观状态而言，涨落既是干扰者、破坏者，又是引导者、建设者。在宏观结构新旧交替的关键时刻，涨落的这种"破"与"立"的两重性得到了统一。此时，"涨落决定全局的结果。""通过涨落达到有序。"所以随机涨落也是自组织过程中的一个基本要素，在耗散结构中它是介于微观与宏观之间的一个基本特征。[93]

总之，在耗散结构理论中，我们可以找到三个像主旋律一样反复出现的关键词，那就是非平衡、非线性、涨落。耗散结构机理图正是以这个三足鼎立为基础而构建起来的。它们构成了自组织的基本点。

（二）自组织三个要素的相互关联机制

耗散结构理论不仅揭示了自组织的三个基本要素，而且更重要的是表明了它们的相互关联。即在耗散结构形成的过程中，每一要素作用的发挥都以另外两个要素的存在为前提；反过来，每一要素的存在又促进另外两个要素作用的发挥。从而表现出一种"三体"的相互作用。

首先，非平衡系统失稳，以致产生新结构的内部依据是非线性机制和随机涨落的存在。普利高津指出："在什么条件下系统远离平衡会失稳、会发生'自组织'过程，以致有可能产生新的结构？首先系统要包含一定非线性的因素。"[94]因为远离平衡只是必要条件，并不是充分条件。具体来说，这种非线性因素在非平衡相变过程中起到如下的作用：

①内在地确定了非平衡系统失稳的临界值，即系统失稳所需要达到的远离平衡的程度。②具体提供了非平衡系统失稳的微观机制，比如自催化和正反馈等等。③预先包含了非平衡系统失稳以后进入新的稳定状态的多种可能，即确定了系统演化的可能方向和途径。

具体来说，涨落在非平衡相变中的作用如下：①它是非平衡系统失稳的"导火索。"系统随时以小的涨落来检查自身的稳定性：在平衡态或平衡附近，涨落对系统的影响可以忽略不计；在远离平衡时，涨落可以出现很大的反常，从而导致系统的失稳。②它是非平衡相变的"驱动力。"在平衡态，涨落只是对系统状态平均值小小的修正；远离平衡时，涨落可以驱动平均值，使之从一种状态转变为另一种状态。③它是非平衡新结构的"胚芽"。系统失稳后出现的新结构本质上是一种涨落的放大，这种被放大的涨落通过与外界交换能量而稳定下来。正是在这个意义上，耗散结构才被称之为"来自涨落的有序"。[95]

其次，非线性机制的发挥，以非平衡约束和随机涨落的存在为前提。一方面，"非平衡态展现了隐藏于非线性之中的潜力。"我们知道，非平衡意味着系统内部存在着广义的力（用 x 表示）和流（用 j 表示），比如温度梯度、密度梯度、化学亲和势等可以看成是广义的力；相应的传导速度、扩散速度、反应速度等则可看成是广义的流。一般来说流是力的函数（$j = f(x)$）。显然，在平衡区流和力均为零。如果具体函数存在且可满足条件按泰勒级数展开（以平衡态为参照），那么可以看到：在近平衡区（x 很小），流是力的线性函数 $\left(j = \frac{\partial f}{\partial x} \mid_0 x \right)$；而在远平衡区（$x$ 较大），流是力的非线性函数 $\left(j = \frac{\partial f}{\partial x} \mid_0 x + \frac{\partial^2 f}{\partial x^2} \mid_0 x^2 + \cdots \right)$。

所以说"在衡态附近，可能出现在系统中的非线性变得不起作用。"而在远离平衡时，这种潜在的非线性的力量便能够得以展现和发挥。

三、 自组织理论与区域经济发展

经济学发展史表明，诸如系统理论、控制论、信息论等横断学科理论，为经济学研究提供了科学的方法论。这些自然科学理论方法，不仅在经济学中得到日益广泛的应用，而且充实丰富了经济学理论和方法体系。同样，自组织理论在经济研究中也得到了广泛应用。[96]

（一）区域经济发展的自组织动力条件

区域经济发展的自组织系统行为的实现是需要一定的前提条件的。根据自组织理论的耗散结构原理，区域经济发展的自组织动力形成过程必须满足四个必要条件：

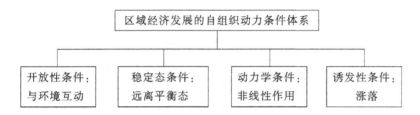

图 4-2 区域经济发展自组织条件体系

1. 开放性条件—与环境互动。任何与环境没有物质、能量交换的系统只能自发地走向无序的状态。因而孤立系统不能发生由无序产生耗散结构的自组织现象。要使自组织机制发生作用，必须避免区域内企业之间，企业与环境之间，以及区域与其外部环境之间的封闭、隔绝状态，通过提高开放性输入能够满足企业发展所需的物质、能量和信息，引入负熵。

2. 非稳定态条件—远离平衡态。首先，区域内企业和相关机构要避免受到某个外界力量的特定干预而被"锁定"在近平衡态，成为"一潭死水"。而计划经济时代，自上而下受严密控制的区域无法产生自组织现象。其次，区域按照市场规律积极参与竞争，培育各种机构之间的差异和专业化，使子系统、各企业处于一种有差异、有竞争的非平衡的状态。

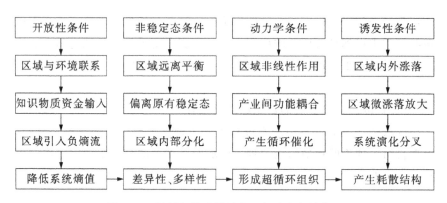

图 4 - 3　区域经济发展的自组织动力条件体系

3. 动力学条件—非线性作用。为推动区域经济系统走出线性区，区域内的企业及其相关机构要达到一定的数量，各种独立要素也要较多。通过提供区域经济发展的公共资源等条件，使各主体、各要素之间的关联性加强，产生复杂的非线性相互关系，而不是简单的因果关系、线性依赖关系，在数学上不满足叠加原理。这种非线性关系存在正反馈机制、负反馈机制，以及两者共同作用的过程，进而推进区域经济系统出现分叉现象。

4. 诱发条件—涨落。一方面，区域经济系统的涨落是客观存在的；另一方面，涨落只有在系统远离平衡态时才具有建设性作用，此时涨落被放大，触发耗散结构产生。对于区域经济系统而言，政策、市场、技术、人才和资金等因素的变化都会产生系统的涨落。在远离平衡态时，其中某种涨落可能被放大，推动区域经济系统的演化与发展。

自组织的四个必要条件（图 4 - 2）[97]在区域经济发展系统的不同侧面、不同时期起着不同的作用，而且条件之间存在密切的关联（图 4 - 3）。从逻辑分析的角度看，区域内企业及其开放性使得与环境进行物质和信息的交换，引入负熵流；负熵流使系统偏离原有的平衡状态，系统内部各要素各子系统产生了差异，形成专业化和多样化的分工与协作状态；系统内部的差异和分化使企业、金融机构等部门有可能在功能互补的基础上产生非线性相互作用，形成多重反馈与循环催化的系统网络组织；非线性作用使得系统内部涨落可能通过非线性叠加而被放大，成为主导系统结构演变趋向的关键。但是，在实际的区域经济发展过程中，情况要复杂得多。

首先，对于不同区域经济系统，各个条件的表现形式和程度是不同的，即系统自组织条件具有个性化的特点；

其次，对于系统的不同生命周期阶段，各个条件所起的作用与功能也是不同的，即系统自组织条件具有动态变化的特点；

再次，一个条件的改变可能引起其他条件的相应变化，例如系统开放度的提高可以给环境输入带来扰动，引起系统的涨落变化，系统非线性作用进一步强化了系统与环境的互动。[98]

表 4 - 2　区域经济可能的发展阶段分析

按发展过程划分的阶段	常规发展阶段	高速发展阶段
发展动力	外力为主	内力为主
区域内的主要活动	基础设施建设，提供发展条件，吸引投资者	生产要素优化、组合，衍生新的产业，区域内存在创新共识，逐步形成产业创新文化
技术特点	学习先进技术，积累管理经验，发展内力	自主创新，在新技术基础上形成区域竞争力
产品特点	标准化产品为主	根据市场变化开发新产品
产业联系	寻找低成本劳动力和其他生产要素，本地化联系较弱	本地相关产业间，以及产学研之间大量相互作用，产生协同效应

资料来源：王缉慈等：《创新的空间》，北京大学出版社，2001 年版，第 188 页，有所改动。

（二）区域经济发展的他组织行为及作用方式

在现实中，区域经济的形成与发展往往是他组织与自组织两种力量共同作用的结果，只是两种机制在不同时段、不同区域中的相对地位和作用强度有所差异。具体体现在先发区域与后发区域上，比如对于后发区域就可能经历两个发展阶段，首先是以外力为主的他组织模式，然后是在合适的条件下转化为以内力为主的自组织模式。而这种模式转变往往意味着区域经济结构的有序化和功能的优化，按照发展过程来划分，区域经济发展从常规发展阶段跃迁到高速发展阶段（表4-2）。

从作用的时序考察，区域经济系统的演化方式可以分为两种基本过程，一种是他组织在先，自组织在后。由于他组织的行为创造了区域经济发展的自组织条件，使得发展的自组织机制逐步发挥作用，成为自组织发展和高度有序的系统。另一种是自组织在先，他组织在后。区域经济在发展的初期先靠系统内部各生产要素的组合，形成发展的雏形阶段，后在政府等干预下，依靠他组织通过科技创新等外部动力，优化产业结构，发展主导产业来加快区域经济发展。

从作用的相对强度和地位考察，区域经济系统的演化方式可以分为两种基本模式，一种是以自组织为主形成区域经济产业群，在整个产业群的发展过程中，区域经济自行从简单向复杂，从无（低）序向有（高）序方向发展，没有外界力量的直接干预和调控。另一种是以他组织为主的区域经济产业群，区域经济的发展按照外界的指令或诱导力量行事，资源的配置以计划方式为主。

四、 市场与政府： 自组织与他组织的载体

与一般资源配置活动相比，政府在区域经济发展中发挥着更加重要的作用。但是，不能把政府作为区域经济发展的唯一推动力量，市场也在区域发展中发挥着极其重要的作用，而市场与政府对区域经济发展的作用，是通过自组织与他组织的过程来实现的。

（一）区域经济发展中的市场与政府

市场与政府在区域经济发展中发挥的作用是不同的。两者互相补充，共同促进区域经济协调发展。总体上讲，对市场与政府在区域经济发展中的作用，理论界存在着不同的认识。[99]一种看法认为，通过市场的作用可以促进生产要素的大范围流动，发达地区的生产要素过分集中，在发展过程中边际效益递减规律的作用必然会向欠发达地区转移，其结果是发达地区与欠发达地区均衡发展；另一种倾向性的观点认为："市场力量的作用一般倾向于增加而非减少地区间的不平等。如果只听凭市场力量发挥作用，而不受任何政策干预的阻碍，那么……几乎所有

的经济活动……和更高的文化"，都会"云集在某些地点和地区，而使得该国的其他地区都或多或少地处于死水一潭的落后状态之中。"[100]综合这两种观点，我们认为，依靠市场自组织的力量一方面可以促进区域经济的巨大发展，同时也可以形成区域经济之间的不平衡发展。在区域分工和空间市场一体化的区域经济运行模式下，由于各地区区位优势不同、发展水平和阶段不同，在地区分工中所处的位置也不同，从而不可避免地会产生区域差距。[101]但是，世界各国的实践表明，由于存在生产要素的"不完全可流动性"、"不完全可分割性"和产品与服务的"不完全可流动性"，因此，区域差距在完全的自由市场经济条件下是无法得到有效控制的，只有采取必要的政府（他组织）干预才能有效地解决。也就是说，区域差距问题是政府必须关注和有责任加以解决的问题。[102]

　　总之，无论市场还是政府，它们对区域经济发展的作用是通过自组织与他组织来实现的。尽管两者在发展中的作用不同，但也说明了区域经济发展首先是一个自组织过程，然后，通过他组织对自组织的补充来共同推动区域经济发展，由自组织到他组织的过程，也符合经济理论中斯密的"看不见的手"与凯恩斯的"政府调节"理论产生与发展的脉络。

（二）　市场在区域经济发展中的资源配置作用

　　区域经济发展中的自组织行为是通过市场自组织过程来实现的。市场自组织是指市场的演进过程是一个自发的过程，通过市场机制的自动调节实现资源的最优配置。所谓市场，是指商品交换的场所、渠道和纽带。有商品生产和商品交换就有市场存在，市场的发展扩大又反过来促进商品生产和商品交换。市场的自动调节行为不同于主体的有目的的行为，它是一种以市场机制为依据的典型的自组织行为。一方面，商品价格制约着供求关系；另一方面，商品价格又受着供求关系的制约，围绕价值上下波动，时而上涨，时而下降。但是，市场供求价格机制能正常起作用的只是完全竞争市场，在现实中的大量不完全竞争市场（如垄断市场、寡头垄断市场、垄断性竞争市场）中，市场机制的调节功能遭受各种干扰。市场作为一个系统其自组织的特性主要表现为：

1. 非平衡性。普利高津认为："非平衡是有序之源"。市场作为一个复杂的自组织系统，同样也具有非平衡性。这既表现在其资源分布的非平衡，又表现在其子系统发育程度的非平衡，还表现为市场中供需关系的非平衡。正是由于这种非平衡性的存在，加强了市场内各个要素的相互联系和相互作用。在非平衡态下，由于各自仅有有限的资源和功能，为求得生存和发展，必须寻求与其他因素和子系统的合作，通过这种相互竞争和合作，来促进市场的自动调节并实现市场的优化。

2. 非线性。在市场自组织体内，各个要素之间存在非线性的关系，存在非单一的多样性的市场体系，存在市场主体在进行市场决策时的非线性行为。因此，通过价格杠杆和竞争机制自组织地配置各个要素之间的这种非线性的关系，充分发挥各具特色的功能，可以实现市场的自我发展和自我完善。

3. 涨落性。在远离平衡态时，涨落的作用往往很大，通过破坏系统的原有的结构和功能，从而推动系统向有序结构进化。同其他自组织体一样，市场也是有着涨落的随机性的。市场体系中的每一个部门和企业生产什么，怎样生产都由它们按自己的判断、想法和计划行事，所以，就整个市场体系而言，各个部门、各个企业的行为是难以预测的，市场体系状态时时刻刻受着这种随机扰动而呈现涨落。以价格体系为例，由于供求关系的不平衡，价格始终围绕着均衡价格进行随机波动，正是这种随机波动，引导着各个企业的经济行为，从而实现资源的最优配置。

4. 协同性。在市场体系中，各个要素或组成部分不是简单的加和关系，而是以各种各样的方式互相依存、互相作用，共同处在市场这一体系中。这便决定了各个经济主体一方面通过竞争独立地发挥自己的功能，另一方面通过协作来完成单个主体所不能及的活动。这种协同和竞争的结合，实现了资源的最优配置。

（三）政府在区域经济发展中的干预作用

尽管市场能够自发地调节区域经济的运行，但由于市场本身存在的缺陷，使其在进行资源的配置时，有时并不能达到最优，即所谓的市场失灵。因此，必须实行政府干预。所谓政府，是指一种组织。它追求一定的集体性目标，并通过政治程序获得授权，在其政区内按一定规则运用权利。政府作为经济利益主体，其经济行为在区域经济发展中的地位、作用越来越重要。经济观察和实证分析都表明，政府行为是社会经济运行的主体推动力。[103]

任何区域经济都具有开放性特点，区域经济发展与区域经济关系在很大程度上会受到区域外部因素的影响。在区域经济发展过程中，各级政府或公共机构通常会为实现一定的社会经济目标而对区域经济运行进行有目的的干预。无论如何政府干预事实上已经成为作用于区域经济系统，也就是影响区域经济发展与区域经济关系格局演变的一个重要因素。[104]根据自组织理论，政府，即他组织，属于区域经济发展中的外部力量。政府在区域经济中的作用，一直是经济学中最富有争议的一个论题。直到凯恩斯主义出现后才被理论所承认。根据区域经济干预理论，许多国家政府干预区域经济的实践证明，在区域经济发展过程中，中央政府与区域政府的作用是不同的。可以认为，区域政府干预区域经济主要是为了促进区域经济发展，而中央政府干预区域经济除了要促进经济发展外主要着眼于处理好区域经济关系。

综合各种因素，政府在区域经济发展中发挥了重要作用，主要体现在，在人力资源开发方面—制定良好的地方教育政策；在企业发展方面—提供多方面支持；在经济环境方面—尽量营造财政稳定的经济环境；在基础设施方面—加大基础设施投资额。波特在其著名的"菱形理论"中，根据政府的位置，认为政府应对影响竞争力的四个基本因素发挥影响，从而影响区域经济发展。因此，建议政府还应该在以下方面继续加强行政职能：把培养人们的市场意识和法律意识作为发展区域经济的首要任务；把为区域经济发展营造公平的市场竞争秩序作为其形势政权的出发点和归宿；提供足够的公共产品为区域经济发展提供基础条件。

总之，在区域经济发展中，如何有机地将自组织调节与他组织调节、间接调节与直接调节、软调节与硬调节、市场调节与计划调节相结合，是决定混合经济运作成功与否的关键。值得指出的是，政府的干预不应改变市场的"非主体型社会系统"的性质，不应使市场成为以政府为主体的社会系统。

第二节　区域经济发展的结构动力分析

在经济发展过程中，调整经济结构是一个常设的命题，它更多地决定着经济增长的质量，同时对经济的持续增长具有根本性意义。经济发展是人的活动，实践是人存在的方式，任何有组织的实践活动和人的存在方式都有自己的结构。[105]Singer（1950）认为，经济发展"根本就不是边际增量问题，而是一个结构变动和全面增长的问题"。[106]因此，在区域经济发展过程中，必须认真研究结构问题，使结构科学化，合理化，促进经济更快地发展。目前需要重点解决与区域经济发展息息相关的结构是广义上的经济结构，具体包括生产结构（产业结构、企业结构与产品结构）、要素结构（人力结构、资本结构、技术结构与信息结构）和资源结构（人口结构、自然资源结构和环境结构）。[107]本节重点研究中观领域的区域经济结构、区域空间结构、区域产业结构和微观领域的区域经济系统的耗散结构的变化，区域经济发展产生的动力。

一、　结构与结构主义

（一）结构的定义

瑞士结构主义者皮亚杰（Piaget）在《结构主义》一书中把结构定义为："一个由种种转换规律组成的体系。""结构包括了三个特性：整体性、转换性和自身调整性。"皮亚杰对结构的三个特性作了如下解释：整体性是不言而喻的，一个结构由若干成分组成，但这些成分是服从一些规律的，这些所谓组成规律不能还原为成分简单相加的联合关系，而是把不同于各种成分所具有的种种性质的整体性质赋予作为全体的全体。如果说整体的特质是由它们的组成规律而来的，那么这些规律从性质上来说就起着结构的作用，然而，一项起结构作用的活动只能包含在一个转换体系里面进行。转换性是指结构的流变，结构中的各个部分可按照一定的规则互相替换，并不改变结构本身。自身调整性是按照不同的程序实现的，节奏、调节作用和运算是自身调整作用的三个主要程序；自身调整性产生结构的守恒性和某种封闭性，它们的意义就是，一个结构所固有的各种转换不会越出结构的边界，只会产生总是属于这个结构并保存该结构的规律的成分。[108]

另一个关于结构的常见定义是："事物系统的诸要素所固有的相对稳定的组织方式或联结方式。两个以上的要素按一定方式结合组织起来，构成一个统一的整体，其中诸要素之间的确定的构成关系，就是结构。""一般说来，结构有以下的特征：①稳定性。系统诸要素之间具有确定的稳固的联系，从而使系统具有相对不变性。由于系统结构的稳定性，该系统才得以完整地保存，一旦结构遭到破坏，就会导致该系统的消亡。②有序性。系统内部诸要素有规则的相互作用或相互替代性。当人们说系统中的每个要素都由作用于它的因果率所作用时，指的就是结构的有序性。③形式特征。结构是一种形式关系，可用数学方程来表达，并因而使用数学观点给系统下定义成为可能。"[109]

这两种定义略有不同，这种不同出自于角度上的差异。前一定义侧重于功能表达，后一定义侧重静态描述。但二者的相同之处就是都把要素放在系统中考察，强调结构成分的相关性和整体性。

（二）结构主义的经济发展观

在经济学领域，"结构主义"一词最早产生于拉丁美洲关于通货膨胀的论著，认为要了解它们的高通货膨胀，就必须了解这些经济的结构。"结构主义"中的结构是指整体的成分之间保持自身在发展和变革之下稳定性关系的总和。[110]结构主义理论属于发展经济学中的一个学派。结构主义学派的方法使用于说明经济发展过程中结构上的特殊性和落后性。结构主义思路对经济发展运行机制的描述，主要集中在结构失衡与结构变动这两个方面。在结构主义者看来，发展中国家的实际发展过程并非如新古典主义者所言，是一个渐进的、和谐的、乐观的过程，而是相反。首先，经济发展被理解为一个非渐进的和非连续的过程；其次，经济发展是一个非和谐的过程。由于结构刚性的存在，由经济发展带来的收入的增加，并没有自动地、逐步而均匀地分配到社会各阶层和各个地域，发展过程往往伴随着收入分配不公和利益冲突的加剧；最后，结构主义者把经济发展看作是一个并非令人乐观的过程。

（三）结构变化与区域经济发展

1. 区域经济结构

在历史基础诸因素中，我们认为对区域经济发展起决定性作用的是区域经济结构。区域经济结构是一个与区域产业结构、区域技术结构密切相关的概念。区域经济结构是指区域内人力、物力、财力的空间分布状况。区域经济结构并不是由人们强加给现实的预想的秩序，而是对现实进行复制、模拟的模式，它表明了区域经济中一定的秩序。区域经济结构也具有皮亚杰（Jean Piaget）所归纳的一般结构的三个基本性质：整体性、转换性和自身调整性。[111]区域经济结构的变动过程实际上包括所有经济函数的变化，如增加生产能力；改变资源使用；以及城市化收入分配和人口转变等社会经济过程。因此，区域经济结构变动是一个被认为是包括若干相互关联的过程，它必须服从于其区域内经济运动的内在规定性。从而在一定时期内保持其基本的稳定状态。我们在区域经济结构理论分析中，以区位商分析为基础的各种方法，具有重要意义。这是因为在某种产品区内消费既定的条件下，该种产品在全国同类产品的生产中或在区内全部生产中的比重愈高，它在地域分工和区际交换中的地位和作用愈强，它能大致反映区域专业化程度和区际联系水平。

2. 区域产业结构

经济发展的历史表明，经济发展水平越高；产业结构高度越高。或者说，经济发展水平之所以高，重要的是由于产业结构高度高，产业结构高度从结构上规定并体现经济发展水平。具体说，经济发展水平越高，第一产业比重越低，第二、三产业比重越高。

产业结构变动对经济的促进作用是显而易见的。一是产业结构变动使资源得到更有效合理地配置，在资源短缺的社会中，通过调整产业结构，发展新的产业部门替代生产资源短缺的部门或提高这些部门的资源利用效率，扩大资源供给较为丰裕的产业部门的生产规模，就可以充分发挥闲置资源的利用效率，从而促进经济的增长。二是由于主导产业部门往往能够率先采用先进的技术，从而拥有一个较高的增长率，并通过多种方式的影响带动整个国民经济的增长。当主导产业变动时，就会以更新的技术和更高的劳动生产率促进国民经济更快地增长。因此，主导产业的更替成为经济增长的主导力量。三是随着经济的增长，产业部门不断增多，社会分工日益细化，产业之间的关联度日益增强。科学技术的发展导致了新产业的出现和迅速增长以及现有产业的更新发展，并通过产业关联性向其他产业扩散，有效地促进了产业结构变动，从而推动了国民经济的迅速增长。因此，产业结构的变动与经济总量的增长是统一的，产业结构的差异也是影响区域经济差异的主要因子。

3. 区域空间结构

区域经济空间结构（简称区域空间结构）是指人类各种经济活动在特定经济区域内的空间分布状态及空间组合形式。作为区域经济系统的一种重要结构，区域空间结构在区域经济活动中具有特殊重要意义：[112]一方面，它通过一定的空间组织形式把分散于地理空间的相关资源和要素组合在一起，从而产生种种现实的经济活动；另一方面，它能够产生特有的经济效益，如节约经济效益、集聚经济效益和规模经济效益。

一般说来，区域空间结构是由经济中心、经济腹地和经济网络三个基本要素构成，通常又用点、线（网络）和面（域面）来概括表达。在不同的区域和区域经济发展的不同阶段，存在着差异并表现为不同的类型。归纳起来主要有：极核式空间结构、点轴式空间结构和网络式空间结构。另外，区域空间结构的发育成长是同区域产业结构的高度化和区域经济发展的进程相对应的（图4-4）。[113]

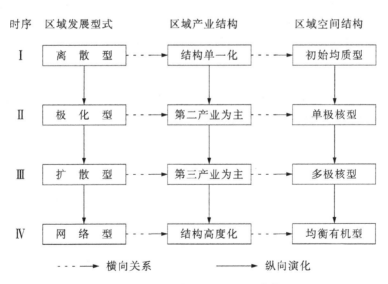

图4-4　区域经济活动的时空演化模式

结构和功能的专一性是系统最重要的本质特征之一，系统特定的结构导致特定的功能，同时结构还决定系统演化的终态。H. 钱纳里和M. 塞尔奎因比较和分析了 1950—1970 年间 101 个国家的经济结构转变的过程，其中包括生产、需求、贸易、资源使用和人口以及城市化和收入分配等诸多方面。他们认为，投资和储蓄只是经济发展的必要条件，而不是充分条件，就发展而言，重要的是需进行全面的结构转变，但是要更深入揭示区域经济系统内在和全面的结构关系，还需要进一步的努力。

二、 区域经济增长的结构变动效应及度量

关于经济增长的研究，一直存在着两种不同的观点。[①] 新古典经济理论认为，在竞争均衡的假设下，经济增长是资本积累、劳动力增加和技术变化长期作用的结果。所谓竞争均衡是指经济制度具有足够的灵活性，以维持均衡价格，从而无论从生产者，还是从消费者的角度看，资源都达到了长期的有效配置，即帕累托最优。这意味着所有部门的劳动力和资本的转移不可能增加总产出，也即不存在任何结构效应。结构主义观点认为，经济增长受结构变动的影响，在预期不足和要素市场分割及调整滞后的条件下，结构转变极有可能在非均衡的条件下发生。由此经济增长不仅是一个总量问题，而且还是一个结构变动问题，结构的有序演进是经济增长的一个重要动力。

目前，结构的变化对经济增长的作用虽已被许多经济学家所认同，但经济发展中结构变动效应如何量化的问题却还不十分成熟，对此的度量方法也多种多样。[114]

（一） 对结构变动程度的度量

1. 用结构变异度计算。对结构变动程度最常见的度量方法是计算结构的变异度：

$$K = \sum_{i=1}^{N} \mid q_i - q_0 \mid \tag{4.1}$$

---

① 前面已经论述了经济增长与经济发展的关系问题，为了保持原始文献的完整性，在这里使用了"经济增长"这种提法，其主要目的是通过"增量"过程来说明"发展"这一事实。

　　其中，K 表示结构变异度，q_i 表示考察期时 i 产业在全部经济中的比重，q_0 表示基期时产业在全部经济中的比重，N 表示全部产业的分类数。计算结构变异度方法的最大优点是简单明了，而其缺点是当产业分类不同时（如 N 为不同的数值时），计算出的结构变异度 K 值无法进行比较。

　　2. 用欧几里德距离计算。赛尔奎因、鲁滨逊和库布（1986）以两部门为例，用图式的形式描述了经济增长与结构变动的关系，并提出了可用欧几里德距离来度量结构变化的程度方法。

　　在图 4-5 中，直线 MM' 表示等产量线。设期初该经济系统的产出在 I 点，x 部门和 y 部门的产出分别为 x_1 和 y_1。到期末，系统的产出在点 II，x 部门和 y 部门的产出分别为增加到 x_2 和 y_2，各有一个增量 Δx 和 Δy。对该经济系统这样一种产出的增长过程，可以作如下的分解。首先，是两个部门的按比例增长，即从点 I 沿射线 OK 到点 II$'$，此时 x 部门和 y 部门的产出分别为 $x_1{}'$ 和 $y_1{}'$；其次，是从点 II$'$ 沿直线 MM' 到点 II 的变动。由于直线 MM' 是等产量线，在点 II$'$ 和点 II 的总产出是相等的，所以这样的变动是生产结构的变动。如果用 δx 和 δy 分别表示 x 部门和 y 部门，由于生产结构的变动所导致各自产出的变动，显然有 $\delta x + \delta y = 0$，即 δx 和 δy 的绝对值大小相等而方向相反。

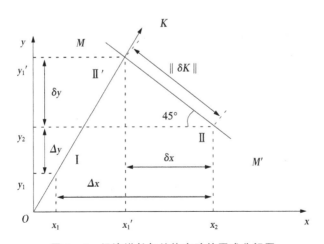

图 4-5　经济增长与结构变动的图式分解图

赛尔奎因等人认为，图中，结构变动的程度即为 $\parallel \delta K \parallel$，它是点 II' 和点 II 间的欧几里德距离，在数值上等于以 δ 为度量单位的两个部门变动量的平方和的平方根，即：

$$\parallel \delta K \parallel = \sqrt{\delta x^2 + \delta y^2} \qquad (4.2)$$

同样的原理，欧几里德距离的计算方法，可以推广到多个部门的情形。

（二）对经济增长中结构变动因素的分解

对经济增长中结构变动因素的分解，是对经济增长结构效应度量的关键。下面从需求和要素供给方面介绍两种对经济增长中结构变动因素的分解方法。

1. 从需求方面对结构变动因素的分解

赛尔奎因等人（钱纳里、鲁滨逊、赛尔奎因，1986）从需求的角度对此进行了大量的研究和卓有成效的探索。他们从投入产出法中的平衡方程式：

$$X = W + D + E - M \qquad (4.3)$$

出发（其中，X 是总产出，W 是中间需求，D 是国内最终需求，E 出口需求，M 是进口部分），将 X 的增量 ΔX（不妨将其视为一经济系统的增长）分解为国内需求的扩张（DD）、出口扩张（EE）、进口替代（IS）和技术系数的变化（IO 即技术进步）四个部分，用公式表示即：

$$\Delta X = DD + EE + IS + IO \qquad (4.4)$$

公式（4.4）的推导如下。首先定义 u^w、u^f、m^w 和 m^f 分别为国内创造的中间产品需求比例矩阵、国内最终产品需求比例矩阵、进口的中间产品需求比例矩阵和进口的最终产品需求比例矩阵。这些矩阵都是对角矩阵，在主对角线有与各产业相对应的数据。并且，$m^w = I - u^w$，$m^f = I - u^f$。同时，记 A 表示投入系数矩阵，则 $X = W + D + E - M$ 可改写为：

$$X = u^w AX + u^f D + E \qquad (4.5)$$

$$M = m^w AX + m^f D \qquad (4.6)$$

其次，对于投入系数矩阵 A，将其分解为国内构成要素 A^d 和进口

构成要素 A^m 两个部分，即：

$$A=A^d+A^m \tag{4.7}$$

则对公式 $X=u^w AX+u^f D+E$，有

$X=u^w AX+u^f D+E=A^d X+u^f D+E$，再记 $R=(I-A^d)^{-1}$：

$$\Rightarrow X=(I-A^d)^{-1}(u^f D+E)=R(u^f D+E) \tag{4.8}$$

对于此公式，经对时间 t 的全微分计算，[①] 即有：

$$\Delta X=R_2 u_2^f \Delta D+R_2 \Delta E+R_2 \Delta u^f D_1+R_2 \Delta u^w W_1+R_2 u_2^w \Delta AX_1 \tag{4.9}$$

这里的下标表示了两个不同的时间段。

上面的公式将经济的增长（产出的增量）分解为不同的因素。在公式 $\Delta X=R_2 u_2^f \Delta D+R_2 \Delta E+R_2 \Delta u^f D_1+R_2 \Delta u^w W_1+R_2 u_2^w \Delta AX_1$ 的等式右端，$R_2 u_2^f \Delta D$ 为国内需求的扩张（DD）的因素、$R_2 \Delta E$ 是出口扩张（EE）的因素、$R_2 \Delta u^f D_1+R_2 \Delta u^w W_1$ 是最终产品进口替代与中间产品进口替代之和（IS）影响因素，$R_2 u_2^w \Delta AX_1$ 是技术系数的变化（IO）的影响因素。

2. 从要素投入方面对结构变动因素的分解。与上面从需求方面对结构变动因素的分解方法不同，也有一些学者从要素投入方面对结构变动因素进行了分解的探索。陈时中（1986）的书中就从供给的角度将经济增长因素分解为资本、劳动力等的不同供给原因的分析。具体的分解公式是：

$$\Delta Y=\left(\left(\sum_{i=1}^N \alpha_i \frac{Y_i}{Y}\right)\Delta K+\sum_{i=1}^N (1-\alpha_i)\frac{Y_i}{Y\Delta L}\right)+\left(\left(\sum_{i=1}^N \alpha_i \frac{Y_i}{Y}\right)\left(\frac{\Delta K_i}{K}\right)+$$

$$\sum_{i=1}^N (1-\alpha_i)\left(\frac{Y_i}{Y}\right)\left(\frac{\Delta L_i}{L}\right)\right)+\sum_{i=1}^N \Delta A_i \frac{Y_i}{Y} \tag{4.10}$$

上式中，Y 表示产出，K 表示资本投入，L 表示劳动力投入，i 代表不同的生产部门，N 表示该经济系统所拥有的生产部门数，α 表示资本的产出弹性，$(1-\alpha)$ 表示劳动力的产出弹性，Δ 表示增量。

（4.10）式指出了经济增长（产出的增量）可分解为包括资本和劳动力投入总量的增长率（等式右端第一项）、资本和劳动力配置变动所

---

①具体的微分过程，可参见钱纳里，鲁滨逊，赛尔奎因. 工业化和经济增长的比较研究[M]. 上海：三联书店上海分店，1989. 209.

引起的增长率（等式右端第二项）和技术进步影响（等式右端第三项）等因素。

（三）经济增长中结构变动的效应

对结构变动效应（或称资源配置效应）方法的研究是对经济增长因素分析方法的深入。20世纪60年代以来，不少西方经济学家（如马塞尔、赛尔奎因、凯利和威廉森等人）都曾在这方面进行过探索。以下两种考察经济增长中结构变动效应的方法就是例证。

1. 以结构变异度来度量经济增长中结构变动的效应

我们可以用结构变异度来度量一个经济系统的变动程度，在此，我们借用结构变异度这个指标，来考察其对经济增长的作用。[115]

作为一般的理论公式，我们可在公式

$$G_Y = a_0 + a_1\left(\frac{I}{Y}\right) + a_2 G_L + a_3 X_3 + a_4 X_A + a_5 X_E + a_6 X_P + a_7 X_D$$ （其

中，G_Y 表示经济增长，Y 表示产出，I 表示投资，G_L 表示劳动力的增长，X_3 表示劳动力的质量，X_A 表示劳动力或资本从农业部们转移，X_E 表示出口的增长，X_P 表示国际收支，X_D 表示经济发展的水平。）的等式右端再加上一项——结构变异度 K 使其变为：

$$G_Y = a_0 + a_1\left(\frac{I}{Y}\right) + a_2 G_L + a_3 X_3 + a_4 X_A + a_5 X_E + a_6 X_P + a_7 X_D + a_8 K$$

$$(4.11)$$

为特别突出结构变异度 K 对经济增长 G_Y 的作用，我们也可将上公式简化为：

$$G_Y = f(K) \tag{4.12}$$

2. 资源配置效应的分析方法

当我们将一个经济系统的全要素生产率的增长率与系统中各产业部门相应增长率的平均之和的差看作是资源总配置的效应，则这样的资源配置效应可用下式进行计算：

$$TRE = G_A - \sum_i \rho_i G_{Ai} \tag{4.13}$$

其中，TRE 就是所谓的资源配置总效应，G_A 是经济系统的综合要素生产率增长率，G_{Ai} 是 i 产业部门的综合要素生产率的增长率，ρ_i 是 i

产业部门的产出在整个经济系统产出中所占的比重。$TRE = G_A - \sum_i \rho_i G_{Ai}$ 是建立在这样的理论假设前提下：首先，系统的全要素生产率的总增长率与各部门相应增长率之和的差为资源配置的效应。其次，各部门相应增长率之和是以各部门的产出在系统产出中所占比重为权数。[116]

根据同样的原理，也可以计算劳动生产率配置效应和资本生产率配置效应。劳动生产率的配置效应为：

$$A（y）= G_Y - \sum_i \rho_i G_{Yi} \tag{4.14}$$

资本生产率的配置效应为：

$$A（u）= G_U - \sum_i \rho_i G_{Ui} \tag{4.15}$$

其中，$A（y）$ 和 $A（u）$ 分别表示劳动生产率的配置效应和资本生产率的配置效应，G_Y 和 G_U 分别表示劳动生产率的增长率和资本生产率的增长率。

三、 区域经济发展与系统的耗散结构[117]

(一) 区域经济系统耗散结构的形成过程

区域经济系统是由人、财、物、信息等要素在一定目标下组成的一体化系统，它具有经济的整体发展、产业、结构、劳动力的质量和分布、资源的丰富贫乏、传统习俗和价值观念、市场容量的大小等诸多特征，所以区域经济本身就是一个耗散结构体。

1. 区域经济系统中存在着熵减机制

从区域经济系统的本质和耗散结构的特征来看，区域经济系统中存在着一条活动边界，正是边界的作用，使得系统整体、部分，与环境结合起来，同时又将三者隔离开，在一定条件下，区域经济系统整体、部分和环境相互转化，以求协调发展。即区域经济系统是一个具有输入输出且内部含有多重反馈环和控制变量的复杂开放系统，这是它形成耗散结构的一个必要条件。

区域经济的系统熵 $dS = d_e S + d_i S$（其中：$d_e S$ 指系统本身的不可

逆过程引起的"熵产生"，d_iS 指系统与外界交换物质、能量和信息所引起的"熵流"），由于外界负熵流的产生，使得 $dS=d_eS+d_iS\leqslant0$，这也就说明区域经济系统存在着熵减机制。

但应注意到，开放的区域经济系统不一定都能形成耗散结构，因为在演化过程中，可能存在着 $d_eS>0$ 的情况，此时系统急剧熵增无序。当强调区域经济系统的开放性时，必须有效利用外界条件，正确选择变量来控制负熵流的流量，只有当控制变量达到某一特定阀值时，通过系统的自组织功能，区域经济系统新的有序结构才能出现。

2. 区域经济系统具有远离平衡态的特征

区域经济系统作为一个开放系统，其状态集合与环境集合都是非空的，状态参量随时间的变化而变化，即使在某一时刻出现定态，系统内仍然存在着物理量的宏观流动，所以我们说它是一个动态系统。[118] 从时间角度看，区域经济系统内各要素发展速度不平衡，从空间角度看，区域产业布局，集聚程度存在着经济势差，极易引起竞争并形成动态的经济流和经济力。因此，我们说区域经济系统又是一个非平衡系统。正是这种非平衡特征，使得系统在外界环境的驱动下，有规则的波动和随机扰动相叠加，使系统出现新的涨落，输入不同量级的负熵流。因此，可以说，涨落导致有序。事实已经证明，处于平衡态和近平衡态系统的总倾向是无序的。

3. 区域经济系统的非线性耦合及其演化方程

由于涨落的随机性和外部噪声的影响以及区域经济系统各要素间的复杂作用，使系统与环境之间产生非线性关系。根据系统目标，各要素间通过催化与自催化产生非线性耦合与放大效应，使得一个非常小的扰动就导致了系统从偶然走向必然，进而表现出整体大于局部之和的态势。[119]

非线性输入输出和非线性变化发展是区域经济系统的重要特征，我们可以用非线性系统的动力学方程组对区域经济系统进行描述。由于非线性函数有无穷多种不能互换的不同形式，代表无穷多种性质不同的系统特性，所以，不可能用单一的或有限的几种方法解决非线性系统的一切问题。非线性现象的这种多样性，正是现实世界无限多样性、丰富性和复杂性的根源。

区域经济系统的非线性耦合效应，使系统中某一反馈回路在一段时间内对系统的机制起主导作用，并产生相应的系统行为，随着作用程度的加深，系统功能不断放大，由此而释放出来的协同力就是系统形成耗散结构的动力。

（二）区域经济系统发展的过程分析

不论何种系统，存续能力都是有限的，不可能永远保持其基本结构、特性、行为不变，演化性是系统的一个基本属性，系统的演化是复杂与简化的统一。

区域经济系统耗散结构形成后，其运动并未终止，仍置于内外涨落影响中，在"收益递减规律"的支配和"生命周期理论"的影响下，随着时间与空间的推移不断演化，其总趋势将按照无序→有序→新的无序→新的有序方向演化。

1. 区域经济系统内的流与力

区域经济系统内存在诸多经济变量，经济变量间复杂的非线性耦合，为系统的演化提供了动力。我们把经济变量的流动称之为"流"，流是因经济变量的不均匀而引起的，把经济变量的梯度称为"力"。在简单条件下（即平衡态附近），流的强度是力的线性函数，而在远离平衡态，即存在负熵流时，它们呈现复杂的非线性关系。为研究方便，我们不妨将系统内诸要素流，如生产资料、土地、自然资源、产品、劳动力、资金、技术、知识、文化、管理等分为三类，即物质流、资本流和信息流，三类流中的微观流是可逆的，而它们所构成的群体效应即宏观流是不可逆的，不可逆流的存在是区域经济系统有序的重要特征之一。

三类流存在的同时，还存在多种力，如区位力、扩散力、协同力、政策力等。在系统远离平衡态时，区域经济系统内的流和力，不满足线性的昂萨格倒易关系，而是一种非线性、非因果关系，这样区域经济系统的发展出现了自组织现象，也就是系统的演化过程。

2. 区域经济系统的发展过程

区域经济系统中不可逆流与不可逆力的存在，使得系统的演化也成为一种不可逆过程。从区域经济系统的结构特征看，系统的演化主要发生在区域产业结构和空间结构两个序列上。

（1）区域产业结构的演化机制。区域产业结构的演化取决于地区主导专业化产业，而主导专业化产业的演化则是由地区经济发展阶段所决定的。不同的发展阶段，具有不同的主导专业化产业，因为区域内各产业发展的生产要素，资源禀赋，资源配置能力、区位条件、环境条件、技术水平等都存在差异，且各产业间又互为条件相互制约，不断推动产业结构由低级向高级演化，并形成区域所特有的产业结构态势。[120]

假设某区域经济系统有 n 个产业，首先讨论单个产业的发展轨迹，产业的成长过程既受产业内部规模经济的驱动，又受到环境经济容量（如市场、资源、生产要素等）的限制，当产业发展达到一定规模时，在区域内就会由规模经济变成规模不经济。

从理论上看，产业的发展满足 Logistic 方程，即 S 型曲线（图4-6）。下面对产业生命周期进行数学分析。[121]

我们把反映产业诞生之后生产规模扩张能力称为"产业发展指数"，影响产业发展的一切内部因素和外部因素称为"产业发展影响因子"。内部因素指产业的技术创新能力，与区内其他产业竞争获得要素的能力，以及产业内企业组织机构等，外部因素指在区域内其他产业为该产业发展的协作配套能力，提供生产要素能力，以及区外同质产业的竞争能力。

产业的发展过程是"产业发展影响因子"综合作用的结果。若用 x 表示产业发展指数，$x(t)$ 表示产业的发展过程，则产业的发展速度为 $\dfrac{dx}{dt}$，相对发展速度为 $dx/dt/x$。由于随着产业的发展，制约性因子的作用逐渐突出，使产业的发展速度放慢，甚至为负增长，令相对发展速度为 x 的线性递减函数，即：

$$\left(\frac{1}{x}\right)\left(\frac{dx}{dt}\right)=r-\left(\frac{r}{k}\right)x \tag{4.16}$$

r 表示产业发展影响因子中的制约性因子所能推动的产业最大的相对发展速度，k 表示产业发展影响因子中的制约性因子能推动产业的最高发展程度（生产规模），$x_{max}=k$。方程（4.16）是变量可分离型一阶常微分方程，进行变量分离 Logistic 曲线的微分方程是：

$$\frac{dx}{dt}=rx\left(x-\frac{x}{k}\right) \tag{4.17}$$

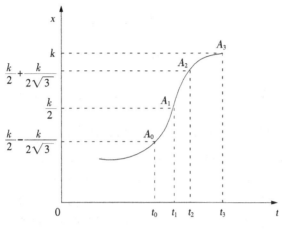

图 4 - 6　产业发展指数（x）曲线

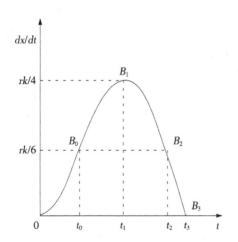

图 4 - 7　产业发展速度（dx/dt）曲线

为了考察产业发展指数和发展速度的变化，给出 x 和 dx/dt 的曲线图（图 4 - 6 和图 4 - 7）。利用 Logistic 方程的二阶导数和三阶导数等于零和 $\dfrac{dx}{dt}=0$ 的四个点，A_0、A_1、A_2、A_3 可将 Logistic 曲线划分为五部分，分别表示产业生命周期的四个阶段，即形成期、扩散期、成熟期和衰退期。

在形成阶段，产业的发展速度较慢，逐渐上升到 $\frac{rk}{6}$，其生产规模逐渐扩大为 $\left(\frac{k}{2} - \frac{r}{2\sqrt{3}}\right)$。在扩散阶段，产业的增长速度先是迅速加快，到最大速度 $\frac{rk}{4}$ 后，又开始放慢速度，因为这时产业的规模已经较大，不可能维持扩张初期的增长速度。当增长速度回到 $\frac{rk}{6}$ 时，产业发展进入成熟阶段，在这一阶段，产业的增长速度更加缓慢，而且其增长已经由扩张时期以外延增长为主，转变为以内涵增长为主。这主要是因为其他区域同质产业的竞争优势已经越来越强，区内其他产业的竞争优势也愈来愈强。产业的发展已经不能像扩张时期那样获得所需要的要素投入。因此，只能依赖技术改造，提高管理水平，以及提高劳动效率来维持产业的发展。当发展指数达到最大值 k，即生产规模达到极限值时，产业的发展进入衰退阶段，此时产业的发展由正增长转变为负增长，产业的生产规模也随之开始萎缩。

（2）区域空间结构的演化机制。区域空间结构是区域经济的一种重要结构。一方面，各种经济活动的产生需要把分散在地理空间上的相关要素组织起来，形成特定的经济活动过程，另一方面，各种经济活动之间需要相互联系、相互配合，但它们的区位指向又不尽相同。因此，在区域经济发展中始终都要考虑如何实现要素的空间优化配置和经济活动在空间上的合理组合，并以此来克服空间距离对经济活动的约束，降低成本，提高经济效益。

（三）基于灰关联熵的区域经济系统演化与发展方向判别模型

1. 区域经济系统的有序性

区域经济系统是由资源、环境和社会等组成的有机体，由于系统组成要素——资源环境、社会以及技术等各个子系统均有各自的演变规律，还有其他因素的制约，这样便形成了一个相互联系、相互制约、相互支持的复杂关系，这个关系便构成了系统的结构，并决定着系统的运行机制和演变规律。[122]

在耗散结构中，把支配着其他变量的变化，进而主宰系统整体演化过程的参量称为序参量，它的大小决定了系统有序程度的高低，所以系统的有序程度和演化方向可以用序参量来表达。[123] "协同论"研究结果表明，协同导致有序，不协同导致无序，而序参量决定着系统的演化方向。因此，系统由无序走向有序的机理，关键在于系统内部参量之间的协同作用。由上述理论可推断，区域经济系统能否有序取决于系统中的序参量能否产生协同作用，而协同作用的程度左右着区域经济系统相变的特征与规律。

对于区域经济系统而言，由于存在着随机性和不确定性，所以按照灰色系统理论中灰关联分析的原理，把区域经济系统看作一类灰色系统，用灰色理论做定量描述。来表示系统发展与合理阀值间的关联程度。很显然，关联系数越大，系统的有序性越强。但由于区域经济系统具有多目标的特点，而各目标的阀值不同，所以，计算出的关联系数较多，不能反映区域经济系统整体的变化规律，可以将这种关联系数的变化规律用熵来表述，通过不同时段系统熵的变化就可对其演化方向进行判别。

2. 区域经济系统的灰色关联熵

根据信息熵的概念作如下定义：

定义：设数列 $X = (x_1, x_2, \cdots, x_n)$，$x_i \geq 0$，且 $\sum x_i = 1$，称函数 $\sum_{i=1}^{n} x_i \log x_i$ 为序列 X 的灰熵，x_i 为属性信息。

定义：设 X 为比较列，Y 为参考列，$R_j = \{\xi(x(k), y(k)) \mid k = 1, 2, \cdots, n\}$，则映射 $Map: R_j \to P_j$，$P_i = \dfrac{\xi(x(i), y(i))}{\sum\limits_{i=1}^{n} \xi(x(i), y(i))}$，

$P_i \in P_j$，$i = 1, 2, \cdots, n$，称为灰关联系数分布映射，映射值称为分布的密度值。

根据灰熵定义以及灰关联分布映射，灰关联熵可表示为：

$$S(t) = -\sum_{i=1}^{n} P_i \log P_i \tag{4.18}$$

其中，$S(t)$ 为第 t 时段区域经济系统的灰关联熵，它是一状态函数，只要系统状态一定，相应熵值也就确定。区域经济系统是一耗散结构，系统与外界物质、能量交换不为零，总熵有增有减，由熵与系统的

有序度联系可知，区域经济系统的演变可良性演化，也可恶性演化，取决于系统运动机制，即取决于系统熵变机制。因此，可以用熵理论和熵变关系作为检验和判断系统演变规律的理论和方法。为此建立区域经济系统演化方向的判别模型：

$$\Delta S = S(t+1) - S(t) \tag{4.19}$$

式中：$S(t+1)$ 为系统 t 时段的末态熵，$S(t)$ 为系统 t 时段的初态熵，ΔS 为 t 时段系统与外界物质交换引起的熵变。ΔS 可大于零、等于零或小于零。根据熵变值 ΔS 的大小，可判断系统演变方向和内部稳定程度：

当 $\Delta S > 0$ 时，表示系统熵增加，无序度加大，处于恶性循环过程中，这时要通过某种措施加以调控。

当 $\Delta S < 0$ 时，表明系统熵减小，有序度增强，系统处于良性循环状态和过程之中，系统功能最佳。

当 $\Delta S = 0$ 时，表明一定时间间隔内熵无变化，系统状态与开始一样。

（四）区域经济系统演化与发展的一体化趋势

一般地，区域空间结构由点、线、网络和域面等四个基本要素构成，它的形成与演化也是在多种力量的交互作用下进行的。

假设我们把所研究的区域分成 n 块，假定每块都有一个增长极，并且用该增长极的经济总量来近似地反映该块的经济规模。[124]

首先讨论任意两个增长极 j、k 之间的相互吸引力。由于 j、k 间的相互吸引力是一个矢量（记为 a_{jk}），其方向为沿 j、k 两地连线而分别指向自身，所以根据 W. 艾萨德空间引力公式，其引力为：

$$|a_{jk}| = \frac{GP_j P_k}{d_{jk}^b} \tag{4.20}$$

其中，G 为引力系数，P_j、P_k 分别为 j、k 两地的经济规模，d_{jk} 为 j、k 两地的距离，b 为距离摩擦系数。

其次讨论区域内每个增长极对周围地区的经济吸引力。区域内任何增长极 i 的经济吸引力 A_i 是 i 对其他 $n-1$ 个增长极吸引力的矢量之和。

即 $A_i = a_{i_2} + a_{i_2} + \cdots + a_{i_{n-1}}$ \qquad (4.21)

　　最后讨论区域内 n 个增长极的变动情况。由于区域内任意增长极 i 都有一个矢量 A_i 与之相对应，那么矢量函数 A_i 在研究区域内就构成一个矢量场。根据三类流的不同指向，不妨引进三维直角坐标系 $OXYZ$，X 轴代表物质流，Y 轴代表资本流，Z 轴代表信息流，则矢量场 A_i 就成为三元矢量函数 $A(x, y, z)$，$A(x, y, z) = P(x, y, z)i + Q(x, y, z)j + R(x, y, z)k$，$P(x, y, z)$、$Q(x, y, z)$、$R(x, y, z)$ 是 $A(x, y, z)$ 在三个坐标轴上的投影，那么矢量场 $A(x, y, z)$ 的散度：

$$\mathrm{div}A = \frac{\partial P}{\partial x} + \frac{\partial Q}{\partial y} + \frac{\partial R}{Rz} = \nabla \cdot A = \mathrm{div}(P, Q, R)，其中：\nabla =$$

$\frac{\partial}{\partial x}i + \frac{\partial}{\partial y}j + \frac{\partial}{\partial z}k$ 为哈密顿（Hamilton）算子。显然，散度 $\mathrm{div}A$ 是一个数量场，它由物质流、资本流和信息流在场内的流动强度组成，它们的偏导数之和就构成了区域内物质流、资本流和信息流在任意点处的极化或扩散强度。

　　假定在增长极 M 处，若 $\mathrm{div}A|_M \leqslant 0$，说明增长极 M 处于极化状态。其附近的物质资本和信息向这里汇集，极化强度为 $\mathrm{div}A|_M$，若 $\mathrm{div}A > 0$，则表示增长极 M 正处于扩散阶段，相应的物质、资本和信息从此处向附近扩散，扩散强度为 $\mathrm{div}A|_M$。从空间组织角度看，区域经济一体化过程就是各增长极不断地向外扩散，达到一定程度后整个区域经济成长过程。而随着扩散程度的加强和蔓延，区域空间内必存在一曲面 $N > 0$，当 $\mathrm{div}A|_M > N$ 时，说明此时区域经济系统的空间演化就开始趋向一体化。

第三节　区域经济发展系统协同演化过程

　　自组织理论的原理认为，开放性、非平衡性、非线性和随机"涨落"的存在是系统产生自组织的条件和动因。区域经济系统演化和发展过程的外在表现即为区域经济现象，它具有复杂性。区域经济系统的开放性、非平衡性、非线性和随机"涨落"是区域经济现象复杂性与多样性的源泉。

一、 区域经济系统结构失稳与演进[125]

区域经济系统结构的每一次演进必须经历原有结构稳定性的丧失和新的有序结构建立的过程。在结构演进的临界点上，涨落起着触发作用，并产生新的产业。

（一）区域经济系统的稳定性与涨落

1. 系统的自组织与涨落

涨落概念的正式形成基于对自然现象的定量统计研究。因而，涨落概念又是一个统计概念。所以，无论是物理科学还是生命科学，都是把系统的宏观状态参量在平均值附近所做的上下变动，称之为涨落（图4-8）。区域经济系统由众多企业、个人及其他子系统构成，而系统的非线性致使其运动状态不断改变，导致其行为难以预测，所以区域经济系统必然存在各种涨落现象。

综合来看，涨落与自组织的关系有两方面的内容。一方面，涨落的发生由多种原因引起，是自组织系统在变化的环境中存在的基础；另一方面，涨落又多方面地作用于自组织系统，引起自组织系统的进化。涨落对自组织在总体上的作用，主要有三种说法：其一是动力说，认为"涨落是系统自组织的重要动力"。[126]其二是诱因说，认为涨落是自组织的"内部诱因"或"直接诱因"。[127]其三是条件说，认为涨落是自组织形成的"必要条件"[128]或"内部条件"。[129]

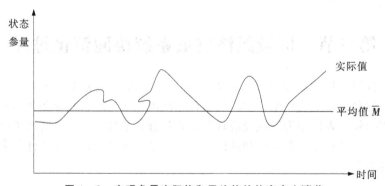

图4-8　宏观参量实际值和平均值的偏离产生涨落

　　在远离平衡的非线性区，由于非线性和正反馈机制，涨落的角色和作用发生重大改变。[130]涨落在此时并不是平均值的校正值，而是改变了这些均值，甚至可能达到和平均值同样的数量级，于是出现了长程关联，局部事件在整个系统中得到响应（普利高津，1987）。此时，区域经济系统随离平衡态距离增加而出现分岔，涨落通过"选择"一个系统在远离平衡态非线性区时可得到的分岔，而推动区域经济结构和功能的升级。

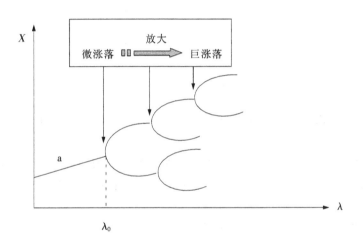

图 4 - 9　涨落在分岔点的选择作用

　　如图 4 - 9 所示（其中 λ 表示区域经济系统离开平衡态的距离，$\lambda=0$ 对应于平衡态；X 是参量 λ 的函数），在各分岔点，微涨落放大为巨涨落，导致"区域经济系统各部分与系统及环境之间的内禀差别"（普利高津，1998），成为主导系统进化的决定性因素，并以随机的方式在分岔之间选择而将系统引入一种可能路径，产生新的结构与功能。[131]

　　微涨落放大为巨涨落的内在动力，主要是系统非线性作用机制。当巨涨落超过一定的临界阈值时，导致区域经济系统结构发生变化，并产生新的功能。这种现象进一步发展，循环往复，以此类推，在条件适合时，涨落将会推动区域经济系统的跃迁式结构升级和功能迭代趋优，即形成了如图 4 - 10 所示的关系。

按照普利高津等学者的说法，涨落有两种类型，一类是系统组合物的涨落。例如温度、压强、环境以及假定为常数的参量的涨落（简称为组分涨落）；另一类是与系统的结构稳定性有关的涨落（简称为结构涨落）。此外，他们还提出了其他一些涨落形式。

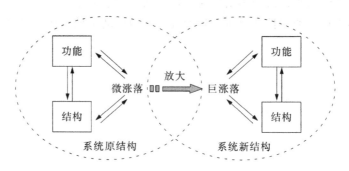

图 4 - 10　涨落推动区域经济系统结构和功能跃迁式演化

涨落对自组织发挥的作用，普利高津等认为：其一，决定作用。"在耗散结构里，在不稳定之后出现的宏观有序是由最快增长着的涨落决定的"。在非平衡过程，"涨落决定全局的结果"；[132]涨落在湍流的形成中"也起决定作用"等。涨落的决定作用集中体现为"涨落有序"（或通过涨落的有序）原理。其二，支配作用。"自组织过程的出现是由涨落的行为支配的"。其三，关键作用。涨落和结构稳定性起着关键作用。其四，影响作用。在远离平衡态，"一定的涨落不是在衰减下去，而是可能被放大，而且影响到整个系统，强迫系统向着某个新的秩序进化。"[133]其五，因果作用。"朝着增加复杂性和组织性的进化是结构涨落——突变或变革的结果，结构涨落能在原先是稳定的系统突然出现并且接着驱使系统达到一种新的状态。"[134]

哈肯在评价涨落对自组织中的作用时说："实际上所有系统都在涨落，它推动系统离开不稳定点而到新的 $\xi \neq 0$ 的稳定点，正是这种因素导致自组织现象发生。""只要自组织现象存在并设系统处于某个态 $q^{(1)}$，则涨落就会有可能使系统到达其他新的态。…涨落可以通过扩散过程使系统从 $q^{(1)}$ 态到 $q^{(2)}$ 态。"

系统的组分涨落现象是系统诸组分之间的非线性相互作用的一种综合表现和结果。涨落对自组织的决定、支配和关键作用，与非线性相互作用的动力作用是相容的、一致的。但也不能否认二者之于自组织作用的区别。其一，二者对于自组织作用的性质并不是同等意义的。按照哈肯所说，涨落"提供某种初始推动或重点的随机推动"，是推动系统进入自组织状态的随机力；与此相对应，非线性相互作用提供的是非线性决定论性力。自组织"由非线性决定论性力和涨落力所决定"。"随机'力'和决定论性'力'（或然性和必然性）之间的相互作用把系统从它们的旧状态驱动到新组态，并且确定应实现哪个新组态。"[135] 其二，涨落作用的发挥受制于非线性相互作用，以非线性相互作用的存在为前提。

2. 系统的稳定性有多种理解

通常稳定是指系统的结构或状态对于各种干扰具有的保持或恢复的能力。在区域经济系统的演化过程中，在某一时期和一定条件下（如在市场需求一定的前提下），产业的投入与产出之间存在着某种特定的联系，产业的劳动力、资本等投入要素之间也呈现出相对稳定的比例结构。区域经济系统的基本结构和状态变量的平均值在一定条件下能够保持不变，是区域经济系统稳定性的重要表现。

区域经济系统是由大量的相互作用的经济元组成的。由于区域经济系统具有开放性、非平衡性和非线性，必须从统计意义上去理解区域经济系统的状态变量。它们或者代表一个长时间范围内瞬时状态的平均值，或者是瞬时状态变量所能达到的最可几值。如此，很自然地，瞬时状态变量将呈现对宏观状态变量值连续不断的偏离，这是客观存在的由区域经济系统自发产生的。我们把这些本征的偏离称为区域经济系统的涨落。可以用下式来描述，即：

$$X(t) = X_s + x(t) \tag{4.22}$$

其中，X_s 是瞬时状态变量的平均值，$x(t)$ 为涨落。

现实中，我们可以发现，尽管在一段时间里，某一产业从整体上看是稳定的，其内部的各种比例关系保持相对不变或变化甚小，然而，从局部看，产业内部实际经常出现波动，劳动力、资金等要素不断地在产业内的不同部门间流动，产业的产值也会不断地波动；产业内的企业有兴有落，有开有关，一方面有企业产生或扩大，另一方面又有企业关闭或缩小。当涨落不影响产业整体的稳定，仅表现为产业内部的一种起伏时，称之为产业演变过程中的微涨落。这种微涨落现象在整个产业演变过程中比比皆是，频繁发生，从未停止过。

（二）区域经济系统结构失稳与临界涨落

区域经济系统的稳定性是系统发挥功能的条件，也是人们观察、研究和控制区域经济系统的出发点。因此，在某种意义上，失去稳定性是人们力图避免的消极因素。自组织理论，特别是协同学，以探寻结构有序演化规律为出发点考察问题，关注的则是新的结构形成和原有结构状态的丧失。承认不稳定性具有积极的建设性作用，是协同学的基本观点。

虽然微涨落总是存在，但是由于区域经济系统的稳定性，仅有微涨落不能打破原有系统存在的秩序。只有在一定条件下，当系统处于高度不稳定状态，微涨落在系统失稳的临界点上被放大，转化为巨涨落时，才能使原有结构模式无法维持，从而诞生新的有序结构。在临界点上涨落的存在，以及使系统失去稳定的可能性，打开了区域经济系统结构转换和复杂行为产生的道路。即区域经济系统通过涨落实现自组织。

由于社会生产力的发展，区域经济系统中某些产业在自身发展过程中，不断采用新的技术，开拓新的产品和新的生产领域，扩大生产规模，这必然会推动区域经济系统内部分工的发展以及专业化生产的广泛进行，并为新产业产生提供条件。当其中某类产品的生产，发展到一定规模和程度时，新的产业就会应运而生。新产业的产生，以及由此而引起的区域经济系统内产业分化与产业重组是区域经济系统结构演进的关键环节和主要内容。区域经济系统自组织演化本质上就是系统内产业结构的调整、重组和升级。

任何产业一般都要经历从原有产业中孕育、分化、独立成长和扩张这样一个过程。新产业能否分化产生，关键在于它自身对原有区域经济系统稳定性束缚力的突破。新产业的突破能力主要取决于两个因素：（1）自身的生产率，这包括技术水平、工艺状况等；（2）它所提供的产品在市场上与消费者收入的关系。这两个条件，前者称为生产率上升率条件，后者称为收入弹性条件。

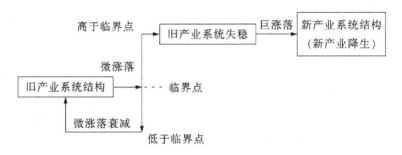

图 4 - 11 区域产业系统结构的演进

也就是说，通过涨落，新产业若能达到临界水平，即达到一定的收入弹性和生产率上升条件的界限，就能得到放大而形成独立的新产业，从而使原有区域经济系统的结构发生变化；若低于临界水平，它就将被衰减，而它引起的对原有区域经济系统的扰动和微涨落就将消失，原有区域经济系统的结构失稳将得到恢复。即产业演进的微涨落有两种前途。一种前途是微涨落达不到临界水平而衰减，原有区域经济系统结构得以保持。另一种前途是微涨落达到或超过临界水平，放大成巨涨落，改变区域经济系统的原有结构，出现新的结构并达到稳定。区域经济系统由旧结构失稳，通过涨落触发，产生新的产业和新的结构的过程（如图 4 - 11 所示）。

二、 区域经济发展的序参量

主导产业最早是由罗斯托（W. W. Rostow）提出的，他在《经济成长的过程》和《经济成长的阶段》中首先使用"主导产业"来替代"经济基础部门"这个概念，接着又在《由起飞进入持续成长的经济学》一书中，详细叙述了主导产业理论体系。罗斯托认为，在区域经济发展中，在不同层次的产业结构中，各个产业的地位和作用是不同的，现代区域经济增长中，实质上是部门成长的过程，成长首先是从主导产业部门开始的，然后通过前瞻影响、回顾影响和旁侧影响形成扩散效应，辐射传递到产业关联链上的各产业中去，最终带动并促进整个区域经济的全面发展。因此，区域经济发展是由主导产业带动的，经济发展的过程就是主导产业不断转换，并将经济不断推向更高发展阶段的过程。如图4-12所示，说明了区域经济发展系统—产业系统—各经济元之间的互动关系。

主导产业部门是经济发展的驱动轮，在它的带动下，整个经济和各产业部门才能发展。也就是说，一个区域的产业结构是由其主导产业所决定的，区域产业结构的演进也是由其主导产业的有序转换而引起的，由区域主导产业的有序转换而引起的区域产业结构演进，对促进一个区域经济增长有着十分重要的影响。因而，主导产业是区域经济增长与发展的主要动力来源，是推动区域产业结构演进的主角。

"一般地讲，地区产业结构的变动，主要是由于主导产业的变动引起的。"[136] 区域经济发展过程的实质就是主导产业的发展与更换过程。区域经济系统是一个动态的不断演变的系统，主导产业是区域经济系统内各个产业之间竞争与协同作用的结果，主导产业与非主导产业交互作用和发展，形成了有序的区域产业结构。本节运用自组织的相关理论阐述区域经济发展的自组织动力机制与过程。

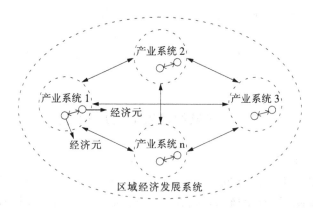

图4-12 区域经济发展系统、产业系统、经济元动态关系图

（一）区域主导产业是产业结构的核心

区域经济发展的历史表明，经济的整体发展与主导产业的存在与发展有着很大的相关性。在其他条件相同的背景下，一个没有主导产业、各个产业平行推进的区域里，区域经济不可能取得快速健康发展。现代区域经济的发展过程，就是区域产业结构不断调整的过程，也是主导产业选择的过程。经济发展在一定意义上是一个总量概念，它表明人均投入产出有规则地上升和质的提高。但是，现代经济发展不仅仅是一个总量问题。如果离开了结构分析，我们将无法解释发展为什么会发生和怎么发生的，因而现代经济发展本质上是一个结构问题。

要保持区域经济快速发展，区域主导产业的领航作用十分重要。主导产业是现代经济发展的驱动轮，也是形成合理的区域产业结构的核心。在区域经济发展过程中，各个产业在区域产业系统中的地位、作用和功能是不同的，其中有一个或几个产业处于主导的支配地位，这就是对其他产业和整个区域经济发展有较强带动作用的产业—主导产业，也称带头产业、领衔产业或领航产业。

在一个产业结构系统中，如果缺乏产业间的协调，就会极大地削弱系统的生产能力和总的产出水平。根据"水桶原理"①，一个产业结构系统功能的整体发挥，不是取决于该系统中产出能力最强的产业，而是取决于该系统中产出能力最弱的产业。

一个区域在经济发展的不同阶段和不同的产业结构中，各产业的发展速度是不同的。一些产业发展得快些，另一些产业就可能发展得慢些，还有一些产业甚至可能是处于衰退和萎缩状态。因而，各产业对区域经济的作用和贡献显然是不同的。整个经济的增长率在一定意义上是主导产业的迅速增长所产生的直接或间接的效果。这些关键产业就是所谓的主导产业起作用的结果。

（二）区域主导产业是经济发展的序参量

推动系统结构演进的巨涨落往往要持续一段时间。在涨落力的作用下，新的产业产生并迅速发展壮大，而原有的一些产业可能衰落。如果

---

① "水桶原理"不过是一种比喻。过去造水桶，都是用很多块木板拼合而成的。如果要这个水桶把水装得满满的，就一定要每块木板都不能有丝毫的疏漏，而装水的多少最终取决于最短的那根木板。

新的产业属于一般的或派生性的产业，这样的结构演化只是系统结构局部的或小的调整或重组，它只能在一定程度上增加区域经济系统的有序度，而当结构演化形成的新产业是区域主导产业时，结果则发生根本性的变化。

由于区域主导产业关联度强、需求收入弹性大、生产率上升率高，区域主导产业的产生导致系统内产业结构的重组、升级将是重大的、全面的，结构的演进也将是根本性的。即区域经济系统有序结构的形成有赖于区域主导产业的形成和发展。区域主导产业具有向前、向后和旁侧等连锁反应效应，能使大量个别产业发生相互关联和协同作用，带动的是产业群体的变化，从而使整个区域经济系统的结构产生巨大改观。从上个世纪开始，作为区域主导产业的信息产业的产生、发展，不仅带动了一大批相关的新兴产业的诞生，也使传统产业的生产手段、功能等在多方面大大扩展，使全球经济及其产业结构发生了革命性的变革，使整个区域经济系统的结构不断合理化、高级化。

1. 序参量原理

序参量（order parameter）源于相变理论，它是由著名物理学家朗道（L. Landau）在研究平衡相变（如物态相变、铁磁相变等）时首先提出来的。后来，协同学的创始人哈肯（Hermann Haken）在研究系统自组织理论时，作为处理自组织问题的一般判据而把这一概念引入自组织过程，认为子系统的合作形成序参量，序参量又支配子系统，从而主宰系统演化的进程和结局。如果某个参量在系统演化中从无到有地变化，并能指示出新结构的形成，它就是序参量，如社会系统中的语言、文化传统等。序参量一般是可以测量的物理量，但也可能是某种抽象的量。随着控制参量趋于临界值，序参量会突然出现并迅速放大，标志系统已达到某种有序的时空结构和功能行为，系统已运行于某种特定模式之中，或以这种模式自行组织起来并投入运行。序参量原理认为：

（1）序参量是宏观参量。协同学研究由大量组分构成的系统的宏观行为。这表明，描述大量子系统的集体运动的宏观整体效应，要用与微观描述完全不同的新概念，引入不同于微观参量的宏观参量。序参量就是为描述系统整体行为而引入的宏观参量。序参量概念是对一般系统理论提出的非加和性原理的有力论证。

（2）序参量是微观子系统集体运动的产物，合作效应的表征和度量。序参量的形成不是外部作用强加于系统的，它的来源在系统内部。当多组分系统处于无序的旧结构状态时，众多子系统独立运动，各行其是，不存在合作关系，无法形成序参量。当系统趋近临界点时，子系统发生长程关联，形成合作关系，协同行动，导致序参量的出现。有时在全体子系统之间复杂的相互作用（合作与竞争）中，某些子系统及描述其行为的参量在某种机遇下被激励或放大，从其他子系统和参量中间脱颖而出，成为序参量。

（3）序参量支配子系统的行为，主宰系统整体演化过程。序参量一旦形成，就成为支配一切子系统的因素，子系统按序参量的"命令"行动。通过控制一切子系统的行为，序参量就成为主宰系统演化过程的力量。这恰是自组织过程的基本特征。由于序参量主宰着系统整体演化过程，如何找出序参量，就成为协同学的关键课题之一。

（二）区域主导产业具有序参量的特征

为了说明区域主导产业是区域经济系统自组织演化的序参量这一结论，必须说明区域主导产业具有区域经济系统序参量的特征。

1. 区域主导产业是表征区域经济系统演化状态的宏观参量。根据主导产业理论，主导产业的产生与更替是区域经济系统结构转换的重要标志。

2. 区域主导产业的产生是区域产业系统众多产业之间相互竞争和协同作用的结果。因为区域主导产业是在产业系统演化过程中，从无到有、从小到大产生、发展起来的，是区域内各产业之间竞争、协同作用的结果。区域主导产业的产生源于区域经济系统内自组织的条件和机制，绝非是人为的或外界因素强加于系统的结果。区域内一个产业能否成长为主导产业，受产业系统内各个产业关联关系的制约，受来自于系统内技术的、要素资源的等多种因素变量的作用。

为了更清楚地说明这一问题，我们以区域经济系统内的产业系统的演化模型来进行进一步讨论。

参数 $P=N-\dfrac{\mu}{\alpha}$ 对产业系统

$$\frac{dX}{dt}=\alpha X（N-X）-\mu X \qquad\qquad (4.23)$$

的演化行为有着重要影响。P 值的大小综合反映了产业生产率、产业创新能力、产业竞争力和产业发展潜力的大小。参数 P 应该是时变的，即：

$$P=P（t） \qquad\qquad (4.24)$$

设区域 R 是由 n 个产业组成，各个产业构成产业系统 F，系统内产业之间存在着竞争、互补等多种关联形式。设 $P_i（t）$ 是对应于第 i 个产业系统演化模型形式如 $\dfrac{dX}{dt}=\alpha X（N-X）-\mu X$ 的参数，定义为：

$$P（t）=n\ln\overline{P}（t）-\ln P_1（t）P_2（t）\cdots P_n（t） \qquad (4.25)$$

$$\overline{P}（t）=\frac{1}{n}\sum_{i=1}^{n}P_i（t） \qquad\qquad (4.26)$$

显然，$P（t）$ 是反映产业系统 F 演化特性分布及其演化的有序程度的量。当 $P_i（t）=P_j（t）$ 时，$P（t）=0$，表明产业系统 F 各子产业系统演化的行为没有差别，F 处于均匀无序状态。而当产业系统内各产业通过竞争、合作使系统 F 发生自组织演化时，$P_1（t）$，$P_2（t）$，…，$P（t）$ 就会有较大差异，随着 $P（t）$ 增大，系统有序程度增加。

当某一产业参数 $P_s（t）$ 满足以下条件：

（1）$P_s（t）>\overline{P}$。该产业将因为有较大的生存能力和发展潜力，能够在产业竞争中生存下来，并取代那些弱小的产业。

（2）$\dfrac{dP_i（t）}{dt}>0$。该产业在系统演化过程中，竞争能力和发展潜力不断增强。

（3）$P_s（t）$ 在 F 中能够有较多的产业与之形成互补关系。

这样的产业在产业系统结构演化过程中将具有特别的作用，很可能形成主导产业。

3. 主导产业形成后，便对产业系统的演化起支配作用。这种支配作用一是表现在主导产业通过竞争取代旧的主导产业，通过互补与其他许多产业发生广泛联系，而在新的主导产业产生之前，系统内产业结构处于无序的或有序程度较低的状态中，大量产业之间缺乏长程关联和相互合作，无法在宏观上产生集合效应。二是主导产业能给区域经济系统指出新的演化方向和途径，为系统规定新的结构特征和行为特征。

前面的讨论表明，区域主导产业就是在区域经济系统演化过程中，由于系统内各组分之间合作、竞争的运动，从无到有、从小到大产生、发展起来的。区域主导产业的形成是区域经济系统结构有序演化的重要标志。从近代第一次产业革命开始，在技术进步和需求结构变动的推动下，人类社会的产业系统经历了一系列结构失稳和结构升级，以纺织工业为主导部门产业结构的确立，使社会生产力的发展由手工工具阶段进入到机器体系阶段；电力工业作为区域主导产业的崛起导致的产业结构变迁，使人类进入了电气时代；随着第三次科技革命的完成和一系列高新科技的产业化，以信息产业为主导的产业群体的发展使人类社会的产业结构再一次发生了深刻变化。事实上，区域经济系统的自组织演化是一个循环往复和结构不断进化的过程。区域主导产业形成、发展及更替，构成了分析区域经济系统自组织演化的一条主线，在区域经济系统的结构演进过程中起着支配作用。

以上讨论表明，应用协同学的不稳定性原理和序参量原理，可以更好地阐明主导产业更替的历史过程与产业系统结构演进的历史关系。这表明，一部复杂的区域经济系统结构的演化史，其实就是区域主导产业的产生、发展与更替的历史，其演变可以用区域主导产业或区域主导产业群的产生、发展和转换来说明，每一次系统结构的有序演变都能找到相应区域主导产业的更替作为系统状态转换的标志。正是主导产业从无到有、从小到大产生、发展和更替使区域产业系统的结构从简单到复杂，从无序到有序，从有序到更加有序不断地演进。这也进一步证明了，罗斯托曾经提出的"经济增长的过程，其实就是主导部门综合体系不断更替的过程"的结论。

三、　产业结构优化升级与区域经济发展

产业结构是经济结构的主要内容，区域产业结构优化升级是区域经

济发展的重要动力。

（一）产业结构优化升级能提高资源配置效益

产业结构优化升级能优化生产要素在各产业部门之间的比例关系，提高资源配置效益，并成为经济发展的重要推动力。产业结构是生产要素在各产业部门之间的比例构成和它们之间相互依存、相互制约的关系，也就是一个国家或地区的资金、人力资源和各种自然资源与物质资料在国民经济各部门之间的配置状况及其相互制约的方式，主要是工业、农业、建筑业、交通运输业、商业、服务业之间及其内部各部门之间的比例关系，一般以产业增加值在 GDP 中的比例和产业就业人数在总就业人数中的比例来表示。因此，产业结构的优化升级，既表明生产要素在各产业部门之间配置比例和配置效率的提高，又表明产业增加值在 GDP 中的比例和产业就业人数占总就业人数中比例的提高。当这些变化呈现出规律性即符合产业结构变动的一般趋势时，产业结构的优化升级就成为经济结构优化升级、经济发展的重要推动力。

（二）产业结构优化升级能改变供求关系

产业结构优化升级能改变生产要素的供求关系，产生新的制度需求，并成为经济发展的重要拉动力。因为产业结构的优化升级，既改变了生产要素在各产业部门之间的配置格局，从而相应地改变了投入结构、产出结构以至消费结构，使生产要素的供求关系或市场组织形式发生变化，同时又改变了产业制度供求关系，要求政府调整产业政策、修改部分过时的产业法规。而当新的产业制度供求关系形成时，产业组织结构就趋于合理。也就是说，产业结构变化能诱发制度结构变迁，并创造新的制度条件。因此，产业结构优化升级就成为拉动经济增长的重要力量，并由此转变为经济发展的重要拉动力。

本章小结：

1. 区域经济发展的自组织结构动力系统，其主要构成要素：涨落、交叉、突变、循环、分叉、序参量、主导产业等。动力的表现形式：涨落力、协同力、复制力、循环力、催化力和结构力等。功能的实现过程：系统内部的组织过程在内在机制的驱动下，通过与外界交换物质、能量和信息，不断地降低自身的熵含量，自行由简单向复杂、由粗糙向精细发展，不断提高自身的有序度，组织结构和运行模式不断地自我完善，从而不断提高其对环境的适应能力，使系统内部结构经历了原有结构稳定性的丧失和新的有序结构建立的过程，在这个过程中涨落的触发作用，役使新的产业诞生、成长，并不断自我复制、交叉，通过竞争与协同形成了以主导产业为主的序参量。主导产业的更替与发展过程是区域经济发展的主要表现形式。

2. 区域经济发展系统必须形成一个自组织系统，即能不断自我完善、自我更新，不断自我提高对环境的适应力。也就是形成一个系统的自身的内在结构组织动力。区域经济发展的自组织系统必须满足系统的开放性、非稳定性、非线性和涨落等四个必要条件。区域经济的形成与发展是自组织动力与他组织动力共同作用的结果，两种作用机制在不同时段、不同区域中的相对地位和作用强度有所差异。具体表现在先发区域与后发区域上，如后发区域的发展就可能经历两个发展阶段，首先是以外力为主的他组织模式，然后是在合适的条件下转化为以内力为主的自组织模式。

3. 市场与政府在区域经济发展中发挥不同的作用，两者互相补充，共同促进。与一般资源配置活动相比，虽然政府在区域经济发展中发挥着重要的作用。但不能把政府作为区域经济发展的唯一推动力量，忽视了潜在的市场自组织动力。市场与政府对区域经济发展的作用是通过自组织与他组织过程来实现的。

4. 作为区域经济发展过程中重要的经济现象，区域主导产业的产生、发展及更替，不仅是其内部因素作用的结果，更是与之关联的产业之间相互作用的结果。区域经济系统的演化、新产业的涌现及主导产业的产生、发展是一种具有自组织特点的经济现象。开放的区域经济系统不一定都能形成耗散结构。当强调区域经济系统的开放性时，必须有效利用外界条件，正确选择变量来控制负熵流的流量，只有当控制变量达到某一特定阀值时，通过系统的自组织功能，区域经济系统新的有序结构才能出现。

5. 区域产业结构是由其主导产业所决定的，区域产业结构的演进也是由其主导产业的有序转换而引起的，由区域主导产业的有序转换而引起的区域产业结构演进，对促进区域经济增长有着十分重要的影响。区域主导产业是表征区域经济系统演化状态的宏观参量，主导产业的产生与更替是区域经济发展系统结构转换的重要标志。系统自组织的涨落推动区域经济发展系统结构和功能的跃迁式演化。

6. 区域经济发展是由主导产业带动，其他产业共同作用的结果。经济发展的过程就是主导产业不断转换，并将经济不断推向更高发展阶段的过程。区域经济发展系统是一个动态的不断演变的系统，主导产业是区域经济发展系统内各个产业之间竞争与协同作用的结果，主导产业与非主导产业交互作用和发展，形成了有序的区域产业结构。因此，产业结构优化升级是区域经济发展的重要表现。

05 第五章　区域经济发展的技术创新动力系统

科学技术与经济的关系越来越密切，一方面，科学技术对经济发展的推动作用日益凸现；另一方面，经济发展为科学和技术发展提供基础和动力。科学和技术，作为一种特殊的人类活动和社会现象，它逐渐从个人对自然现象的探求，转化为企业、区域和政府有意识的经济活动。"科学技术是第一生产力，科学技术是经济发展的决定性因素。"因此，必须充分估计科学技术对综合国力和社会经济的巨大影响。21世纪是以科技创新为主导的世纪，以信息技术、生物技术、纳米技术为代表的新科技革命，正在深刻地改变传统的经济结构、生产组织和经营模式，推动生产力发展出现质的飞跃，经济整体上也逐渐由以自然资源为基础的传统经济，转向以知识和技术为基础的知识经济，区域创新已经成为区域经济发展的动力和区域分化的重要因素。

第一节　创新思想的萌芽与发展

"经济由于创新而增长"，这是熊彼特在其创新理论中提出的著名论断，也是技术创新理论的基础。创新思想的萌芽，早在古典经济学家亚当·斯密那里就开始了。亚当·斯密在1776年出版的《国富论》一书中就明确指出："国家的富裕在于分工，而分工之所以有助于经济增长，一个重要的原因是它有助于某些机械的发明，分工的结果，各个人的全部注意力自然会倾注在一种简单事物上，所以只要工作性质还有改良的余地，各个劳动部门所雇的劳动者中，不久自会有人发现一些比较容易而便利的方法，来完成各自的工作。惟其如此，用在今日分工最细密的各种制造业上的机械，有很大部分，原是普通个人的发明。"[137] 从这段话可以看出斯密已经开始了创新思想的萌芽。这里，斯密实际上对技术创新的来源进行了初步的探讨。马克思也是一位十分重视对创新问题进行研究，并做出了许多精辟论述的经济学家。罗森伯格

（N. Rosenberg）认为，马克思关于技术创新问题的论述，仍是当今对技术及其分支进行研究的出发点。[138]这一理论从崭新的角度揭示了资本主义经济的"本质"特征及其产生和发展的基本规律，开创了一种以历史、理论和统计相结合的分析方法为特征的经济发展非均衡演进的研究框架，对于我们研究区域经济发展的动力本质产生了积极作用。

一、 创新的概念及其内涵

（一）创新理论先驱：约翰·雷

熊彼特被公认为"创新的鼻祖"，1912年熊彼特出版了《经济发展理论》一书。在这本书中，熊彼特曾多次提到一位学术界较为陌生的人物——约翰·雷（John Rae，1796—1872），并称之为一位有独立见解的学者。[139]事实上，正如 K. 亨宁斯（K. H. Hennings）指出的，[140]雷对熊彼特的经济发展概念及创新的分析产生了重要影响。1834年，雷在美国波士顿出版了他一生中唯一的一本书《论政治经济学若干新原理》，副标题是"《国富论》主张的自由贸易理论及其他学说的谬误之处"。雷的这本书在保护主义浪潮高涨时发行，被人们误解为一种常见的反对自由贸易的论著，而未受到应有的重视。据多夫曼（Robert Dorfman）等人考证，雷的见解尽管曾受到古典经济学家西尼尔（Nassan Senior）的关注，并通过他又获得穆勒（J. S. Mill）的赞赏，但此书的发行量极少，直到过了70年之后才重新受到熊彼特的老师、奥国学派先驱者 E. 冯·庞巴维克（Engen von Böhm-Bawerk）的高度重视，雷的思想并成为他的理论先导。[141]雷指出，亚当·斯密将其体系完全建立在对自身利益的追求之上，而忽视了发明的作用。雷虽然十分赞同斯密等人关于资本积累对经济发展是必需的看法，但更重要的是，雷认识到，技术进步及知识增长对资本的需求与供给会产生根本性的影响。在雷论及的经济发展过程中，也可以理解为，连续的资本积累要求有连续的创新行为。由此我们发现，熊彼特的创新理论早已在约翰·雷那里有了思想萌芽。

（二）创新概念的提出：约·阿·熊彼特

创新概念，最早是由熊彼特提出的。他在 1912 年的《经济发展理论》一书中，第一次从经济学角度提出了创新理论。熊彼特认为，经济发展的动力是创新或"质量竞争"，而不是价格竞争，一个经济，若没有创新，就是一个静态的、没有发展与增长的经济。经济之所以发展，是因为在经济体系中不断地引入创新。同时他还提出资本主义的核心是创造性破坏（creative destruction）的观点，而同期的新古典学者们关注的焦点还是价格竞争。[142]熊彼特的"创新"概念具有全新的内涵，指建立一种新的生产函数，即把一种从来没有过的关于生产要素和生产条件的"新组合"引入生产体系。熊彼特所说的创新，是一种广义的创新。然而创新的概念提出后，在很长一段时间内并没有受到经济学界的重视，熊彼特本人也只列举了创新的一些具体表现形式，没有直接对创新下过严格的定义。

（三）技术创新概念的发展

20 世纪 50 年代，由于科学技术的迅速发展，技术变革对人类社会和经济产生了极大的影响，熊彼特的创新理论重新回到了人们的视野，经济学家开始重视创新对经济增长和社会发展的巨大作用，并且不约而同地把研究重点放在了对技术创新理论的研究上。

1. 国外主要代表人物的观点

50 年代初，索洛（S. C. Solow）对技术创新理论重新进行了比较全面的研究，他在《在资本化过程中的创新：对熊彼特理论的评论》一文中，首次提出技术创新成立的两个条件，即新思想来源和以后阶段的实现发展。这两个条件被认为是技术创新概念界定研究上的一个里程碑。

1962 年伊诺思（J. I. Enos）在其《石油加工中的发明与创新》一文中首次直接明确地对技术创新下定义。他认为，"技术创新是几种行为综合的结果，这些行为包括发明的选择、资本投入保证、组织建立、制定计划、招用工人和开辟市场等"。显然，他是从行为集合的角度来定义技术创新的。

林恩（G. Lynn）则从创新时序过程角度来定义技术创新。他认为，技术创新是始于对技术的商业潜力的认识而终于将其完全转化为商业化产品的整个行为的过程。

曼斯费尔德（M. Mansfield）对技术创新的定义常为后来学者认可并采用。但曼斯费尔德的研究对象主要侧重于产品创新。他认为，产品创新是从企业对新产品的构思开始，以新产品的销售和交货为终结的探索性活动。

厄特巴克（J. M. Utterback）在 70 年代的创新研究中独树一帜。他在 1974 年发表的《产业创新与技术扩散》中认为，"与发明或技术样品相区别，创新就是技术的实际采用或首次应用"。

弗里曼（C. Freeman）是技术创新研究的著名学者。作为一个经济学家，他更多地从经济学角度来考察创新。他认为，技术创新在经济学上的意义只是包括新产品、新过程、新系统和新装备等形式在内的技术向商业化实现的首次转化。因此，他在 1973 年发表的《工业创新中的成功与失败研究》中认为，"技术创新是一技术的、工艺的和商业化的全过程，其导致新产品的市场实现和新技术工艺与装备的商业化应用"。1982 年弗里曼又在《工业创新经济学》中明确指出，技术创新就是指新产品、新过程、新系统和新服务的首次商业性转化。

经济合作与发展组织（OECD）认为："技术创新包括新产品和新工艺，以及产品和工艺的显著变化。如果在市场上实现了创新（产品创新），或者在生产工艺中应用了创新（工艺创新），那么，就说创新完成了。因此，创新包括了科学、技术组织、金融和商业的一系列活动。"

2. 国内学者研究的观点

傅家骥等认为，"技术创新是企业家抓住市场的潜在盈利机会，以获取商业利益为目标，重新组织生产条件和要素，建立起效能更强、效率更高和费用更低的生产经营系统，从而推出新的产品、新的生产（工艺）方法，开辟新的市场、获得新的原材料或半成品供给来源或建立企业的新的组织，它是包括科技、组织、商业和金融等一系列活动的综合过程"。

张培刚认为，技术创新是研究生产力的发展和变化的。如果简要地用一句话来概括，可以说"使新技术应用于生产"就是技术创新。技术创新就以新技术代替旧技术，并应用于生产，推向市场。这是一个无限循环往复而又逐步提高的过程。

许庆瑞教授认为，"技术创新泛指一种新的思想的形成，得到利用并生产出满足市场用户需要的产品的整个过程。广义而论，它不仅包括一项技术创新成果本身，而且包括成果的推广、扩散和应用过程"。

张风、何传启认为，"技术创新是学习、引进、开发和应用新技术后产生经济效益的过程；技术创新过程中可以涉及研究与发展活动，但这种研究与发展是围绕某个产品或工艺创新开展的。一个新产品或新工艺，可以是由一项技术创新决定的，也可以包含许多个单项技术创新。"

彭玉冰、白国红认为，"企业技术创新是企业家对生产要素、生产条件、生产组织进行重新组合，以建立效能更好、效率更高的新生产体系，获得更大利润的过程。"

杜辉认为，"技术创新是指企业生产和工艺技术的更新，包括新技术的发明、引进，也包括传统技术的改造升级，进一步讲，它必然会涉及产品、品牌、工艺、组织、销售等方面的创新。因此，企业技术创新就是企业因技术革命和技术进步引起的企业技术水平、产品档次和经营管理水平升级换代的过程。它包括企业的设备创新、工艺创新、品牌创新，以及与技术创新紧密相关的销售创新、组织创新、管理创新等。"

中共中央、国务院在《关于加强技术创新，发展高科技，实现产业化的决定》中指出，"技术创新，是指企业应用创新的知识和新技术、新工艺，采用新的生产方式和经营管理模式，提高产品质量，开辟生产新的产品，提高新的服务，占据市场并实现市场价值。"

二、　熊彼特的创新理论

在《经济发展理论》一书中，熊彼特建立了以创新为特色的动态经济发展理论。他的理论不仅对当代西方经济增长和经济发展理论，以及罗斯托的经济成长阶段理论有重要影响，而且他的追随者还把他的理论发展成为当代西方创新经济学的两个分支：技术创新经济理论和制度创新经济理论。

熊彼特的创新理论中，"创新"概念具有全新的内涵，在《经济发展理论》一书中指出，创新就是建立一种新的生产函数，即把一种从来没有过的关于生产要素和生产条件的"新组合"首次引入生产体系。创新包括5种情况：[143]"①采用一种新产品—也就是消费者还不熟悉的产品—或一种产品的一种新的特性；②采用一种新的生产方法，也就是在有关的制造部门中尚未通过经验检验的方法，这种新的方法决不需要建立在科学上新的发现的基础之上；并且，也可以存在于商业上处理一种产品的新的方式之中；③开辟一个新的市场，也就是有关国家的某一制造部门以前不曾进入的市场，不管这个市场以前是否存在过；④掠取或控制原材料或半制成品的一种新的供应来源，也不问这种来源是已经存在的，还是第一次创造出来的；⑤实现任何一种工业的新的组织，比如造成一种垄断地位（例如通过'托拉斯化'），或打破一种垄断地位。"

（一）"创新"概念的特征

熊彼特所界定的"创新"概念具有四大特征：第一，创新是一个较为宽泛的概念，包括各种可提高资源配置效率的新活动，不一定与技术直接相关。从企业的角度涵盖整个企业技术、生产、管理全过程，不局限某一特定领域，既包括产品创新、生产技术创新，又包括市场创新（即销售市场创新和供应市场创新）和组织制度创新。第二，创新并非是从旧组合中通过渐进、不断调整而产生的，而是间断地（具有新颖性）出现，"创新性破坏"组合，实现经济发展（非增长）。第三，创新可以被其他企业模仿，纷纷效仿而一时风起云涌，形成高潮，由此推动整个经济周期性发展，但随着仿效者增多，创新者的垄断利润逐渐消失。第四，创新在资本主义经济发展过程中，具有至高无上的作用，没有创新，资本主义既不能产生，更不能发展。

（二）经济发展与创新过程的经典描述

在熊彼特看来，经济循环流转是静态的经济过程，而经济发展是指从经济本身发生的非连续的变化与移动，是动态的经济过程。[144]熊彼特认为，经济本身一定存在着某种破坏均衡而又恢复均衡的力量，这就是"创新"活动，创新是对经济循环流转的突破，正是创新促进经济发展。因此，熊彼特所说的"创新"是一个经济概念，而不是一个技术概念。"创新"是一个"内在的因素"，经济发展就是这种"来自内部自身创造性的关于经济生活的一种变动。"

熊彼特这样描绘创新的过程:当一个企业创新以后,他就会因成本、质量、效益等方面的优势在竞争中占据主动。如劳动生产率提高带来的劳动价格低于社会必要劳动,从而成本低于一般企业;产品质量或性能提高造成顾客购买本企业产品的偏好等。这样该企业就能获得额外利润。这时,其他的企业为了分享利益就会纷纷模仿,直到最后即使最守旧的企业为了维持生存也不得不适应潮流。这个"创新—模仿—适应"的浪潮就推动了整个经济的增长和发展。与此同时,也会因竞争而伴之以价格下跌,额外利润趋向零,出现新的静止均衡状态。当创新停止后,竞争和资本积累会使收益下降,利润率趋向零,从而在新的更高的技术基础上开始新一轮的创新活动的要求被提出来。这时会涌现出新的创新"再度拨动琴弦",开始一个经济增长的新的动态过程。这样创新就不断地把经济发展推向新的高度,成为经济发展的重要动力源泉。

1. 技术推动型创新过程

| 基础科学 | ⇒ | 应用科学 | ⇒ | 设计试制 | ⇒ | 制 造 | ⇒ | 销 售 |

2. 市场拉动型创新过程

| 市场需求 | ⇒ | 销 售 | ⇒ | 发 明 | ⇒ | 制 造 | ⇒ | 生 产 |

熊彼特所说的"创新"并不是单指一项新技术或新工艺的发明,而是把该项发明应用到经济活动中去,并为获益者带来了"超额利润"的全过程。仅仅做出了发明,而没有应用到经济活动中去,这并不构成创新机制,因而也不能起到推动经济发展的作用。在创新的全部过程中,必须拥有一批"创新者"—包括发明者、试制者、创业者等,也就是在技术上能看到开创革新并把该革新成功地实施到经济活动中去的人。熊彼特强调创新者的作用,把他们看作是经济发展的推动力量,其中他特别强调了企业家在创新过程中所起的决定性作用。

他指出:"企业家"是这样一种人,他们具有超人的眼光、创造力和胆识,能寻找机会引入新技术、新产品、新材料和新装备,实行得到改善的组织管理形式,促进新开发资源的发展,他们积累财富去创建新企业,集中生产要素,选择管理人员,安排组织经营等等。总之,只有那些对企业的发展具有远见卓识的人,对发明或新资源开发高瞻远瞩,对审度其经济潜力具有特殊天资，并使其在投入使用后不断臻于完善的人，才堪称为企业家。而作为一个社会阶层的企业家群体的存在，是促进创新机制运行，推动经济发展和社会进步的先决条件。

（三）经济发展的主体、动力和机制

关于经济发展的主体。熊彼特认为，经济发展的主体是实现了新组合的"企业"，而实现新组合或创新职能的人，就是企业家。熊彼特指出，企业家是把实现新的生产方法组合作为自己职能的人，是创新的主体。为了说明企业家的本质，他特别区分了资本家、股东、企业家和技术发明家的不同。他认为，资本家和股东"是货币所有人，货币请求权的所有人，还是物质财富的所有人"。而企业家则是资本的"使用人"、实现生产要素新组合的"首创人"；企业家通过实施创新所获取的利润只是一时的，绝不可能永远持续下去。这是因为，当一批企业家取得成功以后，马上就会有第二批、第三批模仿者。在竞争的大潮中，有的企业因过于陈旧、适应不了新的变化而遭淘汰，有的则走上了模仿创新者的道路，以此来维持经营。随着模仿者的出现，最初推行创新的企业的利润便逐渐下降。终于，其收益与支出趋于相等，整个经济体系也在费用法则的作用下接近均衡。

关于经济发展的动力和机制。熊彼特认为，经济发展的动力主要是个别企业的垄断利润和企业家精神；而经济发展的重要机制，就是创新。熊彼特认为，经济发展的对象是企业，经济发展的主体是企业家。熊彼特指出：[145]"我们把新组合的实现称为'企业'，把职能是实现新组合的人们称为'企业家'"。企业家活动的动力来源于对垄断利润或超额利润的追逐，以及超乎利润观的、出于事业心的"企业家精神"；企业家活动的目标或结果是实现"新组合"或创新。由此可知，经济发展的动力是利润（主要是垄断利润）和企业家精神，而经济发展的机制就是创新。

（四）创新理论的丰富与完善

1935年，熊彼特又定义"创新是一种生产函数的变动"。1939年在《经济周期》一书中，进一步完善了他的创新理论。"创新实际上是经济

系统中引入新的生产函数，原来的成本曲线因此而不断更新。经济的变革，诸如成本的降低，经济均衡的打破，残酷的竞争，以及经济周期本身，都应主要地归因于创新。"显然，熊氏的"创新"是指技术与经济之间的纽带、环节。

熊彼特去世（1950 年）以后，学术界以熊彼特的"创新"定义为出发点进行了深化研究，使"创新"理论朝着两个不同的方向发展：一是侧重产品、工艺创新研究，形成技术创新理论；二是主要以组织变革和制度创新为研究对象，形成制度创新理论。前者主要是美国经济学家爱德华·曼斯菲尔德和比尔科克等人，从技术推广、扩散和转移以及技术创新与市场结构之间的关系等方面对技术创新进行了深入研究，并形成了技术创新经济学这一新的分支学科。后者主要是兰斯·戴维斯和道格拉斯等人，把熊彼特的"创新"理论与制度派的"制度"结合起来，研究制度的变革与企业的经济效益之间的关系，由此创立了制度创新经济学这样一门新学科，从而进一步丰富和发展了"创新"理论。

三、 技术创新理论的发展

（一） 创新理论体系的"飞鸟模型"[146]

熊彼特提出以创新为核心的经济发展理论，创立了创新经济学以后，技术进步开始从外生变量过渡到内生变量进入经济学主流领域。国内一些学者认为"创新与技术创新是同义语"。我国辞书上在解释"创新"时，几乎全是引用熊彼特 1912 年说的那段话。随着时代的发展，有必要对"创新"和"技术创新"的涵义加以区分。

我们认为，创新是人们的破旧立新并求得综合效益的活动。创新是一种创造性的活动，没有创造便没有创新；创新同时也是一个"破旧"过程，是一种创造性的"破坏"。一项技术创新、制度创新，本身就是观念创新；开展技术创新、制度创新，首先在于意识创新，或者在意识创新的指导下才得以进行。因此，创新理论既包括技术创新、制度创新，还应包括意识创新。这三类创新活动分别属于生产力范畴、生产关系范畴和上层建筑领域。可见，企业的创新过程，既是技术、经济的过程，又是价值的形成过程；既创造使用价值，又创造价值。[147]因此，创新理论应涉及到生产力、生产关系和上层建筑三个方面，其任务就是要研究和揭示这三个方面的内在统一的规律及其相互作用的机制，以推动社会进步和经济发展，提高国家和企业的竞争能力，获得以全面提高人的素质和生活质量为中心的综合效益（即经济效益、社会效益、生态环境效益和人的发展效益等方面的综合）。

由上述三部分构成的创新理论体系，其构成要素不仅各自的内容、涵义相异，而且其地位、功能、作用也是不同的。于是，我们提出创新理论体系的"飞鸟模型"。飞鸟的躯体即创新主体，技术创新和制度创新分别为两翼，飞鸟的头部为意识创新。主体的创新活动是在意识创新的指导、调控作用下的技术创新与制度创新相互协同的整合行为，目前已经有了技术创新经济学和制度创新经济学。

（二）技术创新理论

技术创新的主体理论。企业是技术创新的主体，这是技术创新理论的重要内容。尽管国内外都已公认企业是技术创新的主体，但是在其概念上予以明确界定，我们国家对技术创新的界定尚属首次。作为构成技术创新活动的中心是企业，在概念上予以明确界定的理论意义是，能有效地确立以企业为中心的技术创新体系。这在宏观上是解决科技与经济结合的根本途径，在微观上是增强企业创新能力和竞争力的重要保障。

技术创新的市场理论。技术创新的目标是要实现最大的市场价值。这种市场价值的实现，看似靠技术创新活动的最终的营销来完成，看似要为生产者追求最大利益。其实不然，技术创新的市场价值目标是"双赢"目标，即既要为产品生产者获得最好的效益，也要为商品消费者带来最好的消费利益。因此，技术创新活动在以市场需求为导向中，必须纳入社会需求和安全需求，以这三个"需求"确立技术创新的新的营销观，并使这种营销观念贯穿于创新活动的每一个环节。只有这样，才能真正提高企业的自主创新能力和竞争能力。

技术创新的系统工程理论。技术创新是思路创新、技术研究、技术开发、产品研制、生产制造、市场营销和市场服务的工程化和商品化的全过程。它一方面是这一系列生产体系的"新的组合"，另一方面又要借助多种工程性战略技术配合才能得以组织实施。所以，进行技术创新活动必须按系统工程的整体性、系统性、联系性和有序性进行运作，使每一个创新活动的环节都能在工程化的整体性中相互联系、沟通和有序地进行。任何一个环节上的脱节、隔离和钳制，都会影响技术创新活动的预期完成，甚至导致失败。

第二节　技术对经济增长的作用

一、　经济增长的本源

历史上，亚当·斯密 1776 年曾在《国富论》中提出，为什么世界上一些国家经济迅速增长，且已相当富裕，而另外一些地方却很穷；为什么有些地方有望赶上先进国家，实际却没能摆脱贫穷，一些地方的生活水平甚至下降。对这些问题有多种回答。固然资源禀赋、政治制度、地理因素、资本积累都会影响一国的经济增长，但无论如何，技术创新及其扩散、技术扩散及技术转移等是影响经济增长的重要因素。历史经验表明，在过去若干年中，发达国家经济增长的主要来源既有资本的积累、人力资源的追加，又有技术的进步，即以技术创新为核心，以创新扩散、技术扩散、技术转移、技术升级为过程的技术进步。

索洛在 1956 年构造的经济增长模型中已经证明，只有储蓄，而没有技术进步的经济不可能实现持久的增长，实现经济持续增长的唯一途径就是技术创新与升级；且增长存在上限，在某个较高的水平上，经济增长将出现停滞局面。这一理论提出一年后，他又在统计分析的基础上，证明了美国经济增长大约 80％源于技术创新，20％左右源于资本积累。在他看来，不管美国经济增长是快是慢，技术创新都是美国经济长期增长的基本动力，也正是由于技术上的创新与发展，美国才能以 2％的农业人口养活国内 98％的消费者。

历史地看，技术在很多国家的经济增长中起着越来越重要的作用。但技术在经济增长中的作用有不是技术自身自然而然的作用，而是以技术创新为核心的技术进步的作用。国家之间技术创新多寡的差异、创新扩散活跃程度的差异，必然导致技术度与经济增长的贡献大小的差异，进而也会导致经济增长速度及质量的差异。这可以从国际上几个经济长波及典型国家的情况得到见证。

二、 技术与历史上的几个经济长波

学者们研究认为，西方发达国的经济国家的经济增长通常显示50—60年的长波周期。而在这类长波周期中，可以看出重大技术创新及其衍生集群与经济长波的密切联系。

1. 长波之一：大约发生在1770—1825年间。首先发生在英格兰，启动长波的重大技术创新主要是：水力发电机的发明及其在纺织业中的广泛应用，该长波以1825年世界上第一次在英国爆发的经济危机而结束。

2. 长波之二：大约发生在1826—1875年间。首先发生在欧洲，启动这一长波的重大技术创新主要是：蒸汽机的发明及其在水陆交通运输业和制造业中的应用。1873—1875年发生在英、法、德的经济危机导致这一长波的结束。

3. 长波之三：发生在1876—1935年间。首先发生在美国和德国，其后扩展到其他西方国家。启动这一长波的重大技术创新主要是：内燃机、电气化等，此间还发生了"泰勒制"的管理创新。发生在1929—1933年的经济危机结束了这一长波。

4. 长波之四：发生在1935—1984年间。首先发生在美国等发达国家。启动这一长波的重大技术创新主要是：电子技术、飞机引擎技术等的发展与应用等，此间还出现了"福特制"的管理创新。这些创新的出现，推动和诱发了电子工业、汽车制造业、石化工业等产业的快速发展，同时也带动和推动了航空运输、高速公路等行业的发展。但1979—1982年西方最为严重的经济衰退结束了这一长波。

5. 长波之五：1985年开始，发达国家进入第五个经济长波。首先发生在美国。启动这一长波的重大技术创新主要是：微电子、计算机、电信、激光等信息技术的发明与应用，其后又有了因特网。由于这些技术创新，信息产业及相关服务业、信息高速公路、关联产业等都得到了快速发展，新的技术经济体系在多数发达国家逐渐形成。这就是学者们称之的"新经济"。

三、　历史的考察：　日本及美国

一国经济总是随着其科学技术的发展、技术创新的活跃而进步和发展的。没有一个国家的科学技术很先进，技术创新很活跃，而经济却很落后。反之亦然。第二次世界大战后，日本能从战争的废墟中迅速崛起，并成为经济强国，一个基本的原因是战争虽然耗尽了日本的财富，但没有耗尽其精良的科技队伍，加之战后大规模引进和经济体制改革，特别是大规模地推动技术创新，而使日本经济迅速复兴了。

日本 1945 年战败，60 年代日本经济占美国经济的 18％，而美国经济占世界的 40％，70 代年成为资本主义第二大国，1989 年全面超过了美国。日本经济奇迹发生的一个重要原因就是提出了"技术立国"的发展战略。20 世纪 50 年代的日本主要依靠"商业立国"，而 70 年代的"技术立国"利用了全世界的技术发展了自己，大量引进先进技术，还提出"综合就是创造的口号"，使日本花了 60 亿美元，办了现在 2000 亿美元才能办到的事。

20 世纪 90 年代的美国，其经济持续稳定的增长出乎人们的预料，出现了非同寻常的"经济不知疲倦地增长与价格稳定的结合"。在克林顿总统第一任期的 4 年中，经济平均增长率为 2.55％，比老布什政府时期视为年增长率 1.6％高出近一个百分点。传统经济学家认为，美国经济年增长率 2.5％是速度极限，起码失业率为 6％左右，否则就会出现通货膨胀。然而，自 1992 年以来，美国的年通货膨胀率始终在 3％以内，同时，失业率不断下降，连美国人自己也感到困惑和紧张。一些舆论认为，20 世纪 90 年代美国经济实现了无通货膨胀的增幅。格林斯潘甚至认为，这是从未遇到过的美国经济 50 年来的最好时期。他把这一切归之于以技术创新为核心动因的劳动生产率的提高。

据一些美国学者测算，20 世纪 90 年代，美国生产率的年增长率为 4％，是被人们称为"辉煌的 60 年代"的 2 倍，是 70 年代和 80 年代的 4 倍。事实上，80—90 年代，美国坚持基础研究、发展高新技术产业，激励个人和公司的创造性，把科学技术作为资本看待，放在独立于产业经济的地位上。整个 20 世纪 90 年代，美国经济在技术创新与制度创新的交互作用下发生了深刻的变化，使其占据了世界经济的霸主地位。

四、 现实的考察： 中国的经验

20 世纪中期以来，随着世界经济的不断发展，以技术创新为核心特征的技术进步在各生产要素中的相对重要性日益突出，西方经济理论界越来越重视研究技术进步对经济增长的拉动作用。我国 20 世纪 80 年代开始了这方面的研究，有人测算了 1979—1996 年间不同时期内技术、资本和劳动三要素对中国经济增长的贡献度。

通过测算发现，1979—1996 年间，我国经济年均增长 9.87％，资本和劳动投入年均分别增长 8.6％和 2.31％，资本和劳动的贡献度分别为 41.91％和 12.15％；技术年均进步率为 4.53％，技术进步贡献度为 45.94％。与改革开放前的 26 年相比，这一时期我国经济增长中技术进步的作用日益明显，并超出了资本的贡献度而跃升为首要的推动力。

第三节 技术创新与区域经济发展

一、 技术创新的若干基本范畴

（一）技术进步、技术创新与技术发明

技术进步、技术创新与技术发明是不同的范畴。弗里曼认为"技术进步是形成经济转换格局的动力"，也就是说技术进步可以在资本、劳动不变的情况下，使经济的格局发生巨大的改变。[148]技术创新是指技术研究成果进入经济领域并与经济诸要素发生作用从而产生一定的经济效益的现象和过程。实践告诉我们，技术与经济的结合不是自然发生的，它是社会诸要素发展的综合协调效应。[149]

技术进步与技术创新的关系目前尚未形成一致的看法，国内大致可分为如下几种观点：

柳卸林认为技术创新包括：①产品创新；②过程创新；③扩散。他认为技术进步是生产函数的移动；技术进步的含义比技术创新要广；技术引进是技术进步的手段，但技术引进并不属于技术创新。柳卸林认为

技术进步的根源是技术创新，是以往各种创新积淀性的经济表现和反映，而技术进步缺乏对产品创新、过程创新这种行为的强调。[150]

贾蔚文等人认为，狭义技术进步是构成技术创新的重要基础和条件，但不一定都能形成技术创新。技术创新基本包括在广义技术进步范围内，在一定范围内，技术进步与技术创新有的部分相互重叠，有的部分不重叠，技术进步理论和技术创新理论基本是相互平行的，不能相互代替。

桑庚陶和郑绍濂认为，技术进步涵盖了技术创新，技术创新是技术进步的一部分活动。[151]王海山则认为，技术进步是包括技术发明、技术创新和技术扩散三个相互关联、交叉互动环节的一个演进过程。主张从熊彼特等人对"发明"（invention）与"创新"（innovation）所做的明确区分及狭义的技术进步过程方面来理解技术创新。[152]

OECD在1998年的《科技政策纲要》中，对技术进步和技术创新的阐释反映了学术界迄今为止比较一致的认识："技术进步通常被看作是一个包括三个互相重叠又相互作用的要素的综合过程。第一个要素是发明，发明的重要来源是科学研究。第二个要素是创新，创新指发明被首次商业应用。第三个要素是扩散，它是指创新随后被许多使用者应用。"

综上所述，技术进步是技术发明、技术创新和技术扩散这三个相互关联、交叉互动环节的一个演进过程；技术发明是具有一定新颖性、独创性和实用性但尚未实际应用的技术成果；技术创新实际上是以新产品、新方法和新工艺的形式实现具有社会经济意义和市场意义的技术发明的首次应用，技术扩散作为整个技术进步的最后一个环节，是制度技术创新的推广和模仿。一项技术创新只有通过技术扩散（技术创新的广泛应用），才能最终实现它所蕴藏的最大社会经济效益和价值。所以，可以认为：技术进步包括技术发明、技术创新和技术扩散这三个主要环节；从整个技术进步的过程看，技术发明是关键的一步；技术创新是技术发明进入经济并发生作用的界面，是技术进步的最主要和最重要的中心环节，是技术创新的推广和模仿；技术扩散是技术进步的最后一个环节。技术创新包含在技术进步之中，是技术进步的核心部分。

（二）科学创新、技术创新与科技创新

科学技术创新，简称科技创新[①]，它是一个大概念，是指科学技术活动中的创新。[153]科技创新的涵义比技术创新的涵盖面要宽，两者也不能等同。科学创新本质上就是并且始终是，要求发现新的思想、新的观念，乃至新的思想体系。即科学创新是创造新知识的行为，它要认识事物的本质，解决客观事物是什么、为什么的问题，是通过科学研究获得新的基础科学和技术知识的过程。而技术创新包括了产品工艺、生产、市场、制度等活动，涵盖硬、软两个方面，重点是解决做什么，怎么做，如何成为满足社会需求商品的问题，它是通过学习、革新，创造新技术、新商品的过程。研究表明，科学创新与技术创新最重要的差异之处，就在于它们与经济的联系之不同上。科技创新包括科学创新与技术创新。[②]前者包括基础研究和应用基础研究的创新，是指通过科学研究，获得新的基础科学和技术科学知识的过程；后者包括应用技术研究、试验开发和技术成果商业化的创新，是指学习、革新和创造新技术的过程。科学创新是技术创新的基础，技术创新是科学创新在生产中的实际应用。一般说来，技术创新是以企业为中心展开的。企业技术创新过程涉及创新构思产生、研究开发、技术管理与组织、工程设计与制造、用户参与及市场营销等一系列活动。在创新过程中，这些活动相互联系，有时要循环交叉或并行操作。技术创新过程不仅伴随着技术变化，而且伴随着组织与制度创新、管理创新和营销方式创新。

科学学奠基人贝尔纳用数学的语言来描述科学、技术与经济的关

---

①众所周知，在不同的空间与时间尺度上，物质世界表现出不同的物理性质和变化规律。与此相似，在不同的空间与时间尺度上，包括经济与管理科学在内的社会科学的论断也具有不同的内涵。在微观或中观尺度上，"科技是第一生产力"中的"科技"一词，只能按照中国日常习惯的概念来理解，其准确的内涵是学术概念中的技术（technology），而不是科学与技术（science and technology）。

②科学创新、技术创新与科技创新三者之间是既有区别又相互联系的，但它们前面加上"区域"来限定，即区域科学创新、区域技术创新与区域科技创新后，由于"区域"是一个弹性概念，科学创新与技术创新相比，前者的时间尺度远远大于后者，因此，在一定尺度的"区域"内，可以将区域科技创新理解为广义的区域技术创新或将区域技术创新理解为狭义的区域科技创新。在本书中，这两个概念有时同时出现，同时使用，并都简单地称为"技术创新或科技创新"。

系。他指出，如果将生产看作原函数，那么技术则是一阶微分，而科学则是二阶微分。[154]如果将上述关系作一下等值变换，即令技术为原函数，那么生产为技术的一次积分，而科学为技术的一次微分，科学代表技术的变化率，而生产则反映技术变化的整体性质。不论技术规律可从工业和经济研究中推出，还是生产是技术的积分，总而言之，皆是说明，技术创新本应是与经济和工业有着一种天然的密切联系。科技创新概念的提出与运用有它的历史必然性，它是技术创新的深化与发展。如果离开科学知识基础，技术创新就没有源头，没有后劲。随着科学技术的进步，科学与技术的相互渗透已十分明显。由于科学技术化，技术科学化的趋势日益加强，不仅技术创新需要科学创新的推动，科学创新也要得到技术创新的支撑和市场的拉动。因此，科技创新更有利于科学与技术的互动，也更有利于科技与经济的结合。

（三）科技创新的逻辑过程

从纯逻辑的形态考察，科技创新过程可以分为：基础研究—应用研究—试验开发—科技成果商业化；技术创新不包括基础研究。从实际发生的过程来看，科技创新过程可以看作是其间各种活动之间相互作用的一个科技和经济的"联动网络"（Linkagenetwork）。

由于科技统计对科技活动的分类有很强的规定性和规范作用，所以，可以从世界上权威的科技统计及其指标体系来了解科技活动、科技创新的概念。

联合国教科文组织（UNESCO）把科学技术活动分为 3 大类：研究开发（R&D，包括基础研究、应用研究和试验开发），科技教育与培训（包括专科高等教育以上直至研究生教育以及科学家和工程师组织的终身培训），科技服务（包括科技信息服务、科技咨询服务、科技传播服务等）。这三类科技服务中，研究开发（R&D）全部都是创新性和创造性活动。而对研究开发的定义，经济合作与发展组织（OECD）启动最早（1963）。

研究开发是为增加知识的总量，以及运用这些知识去创造新的应用而进行的系统的、创造性的工作。"其中的基础研究"主要是为获得关于现象和可观察的事实的基本原理的新知识而进行的实验性或理论性工作，它不以任何专门或特定的应用或使用为目的。"应用研究"也是为获得新的知识而进行的创造性的研究，它主要针对某一特定的实际目的或目标。如果要细分的话，应用研究还可以分为应用基础研究（属科学研究范畴）和应用技术研究（属技术研究范畴）。试验开发是指"利用从研究或实际经验获得的现有知识，为生产新的材料、产品和装置，建立新的工艺、系统和服务，以及对已生产和建立的上述各项进行实质性的改进，而进行的系统性工作。"

如果仅从线性过程来分析，技术创新是从研究开发中的部分应用研究（即应用技术研究）开始，经试验开发，到新产品的试销、营销并成为商品的这样一个过程，是一个科技与经济活动密切作用的过程，它以科技成果的商业化为归结。

（四）技术创新扩散

技术创新扩散指技术在最初的商业化之后的继续推广和利用，包括新技术在其潜在采用者之间传播、推广和采用的企业间扩散，也包括在已采用的企业内部继续扩大新技术的应用范围、提高其影响权重的所谓内部扩散。技术创新是新技术由"非利用态"到"利用态"的质的飞跃，而技术创新扩散则是新技术利用的量的积累。技术创新扩散的本质是技术创新的再实现，技术创新扩散的定义应强调这一本质。因此，技术创新扩散可定义为：技术创新扩散是首次技术创新者的成果，通过一定的传输渠道在更大的范围内再实现的过程，是同类、同样或更高级的技术创新再实现的过程。

技术创新扩散与技术扩散既有联系又有区别。傅家骥等（1992）将技术创新扩散分成创新观点扩散、技术创新实施和技术的扩散3部分，而技术扩散是指 R&D 技术和技术创新实施技术的扩散，因而技术创新扩散包括技术扩散。科莫达（Komada，1986）认为，技术扩散应该是"对理解和开发所引进技术能力的一种转移"。巴拉森也持同样的观点，"比传授知识和生产能力更为重要的是将能力意愿嫁接到当地的工程和设计能力上去，使之具有技术变革的能力"。一般情况下，技术创新扩散的困难主要在于技术扩散过程，而不是创新观点扩散过程。因此，技术扩散是技术创新扩散的一个重要方面，技术创新过程是否畅通，在很大程度上取决于技术扩散是否顺利。

二、 区域技术创新激励因素分析

在利润最大化假设下，区域之所以要开展技术创新活动的最根本原因只能是这些活动能够给它带来收益增长，舍此而无其他。关于技术创新的功能，比较传统的解释是通过"创新效应"导致单位生产成本的降低。但更多的文献关注的是技术创新的另一种重要功能，即通过新产品开发、产品质量改进以及功能完善等来提高产品的附加价值（魏江2002，Linsu Kim1997）。[155]无疑，这两种创新效果都将经过市场机制而转化为区域的现实收益。但是，这项收益本身并不能保证技术创新的经济合理性，由于创新是有成本的，因此是否开展创新的决策最终要取决于创新收益和创新成本的权衡，只有当前者超越后者时，区域才有动力进行技术创新。综上所述，区域技术创新的一般动力机制便可表示为图 5 - 1。

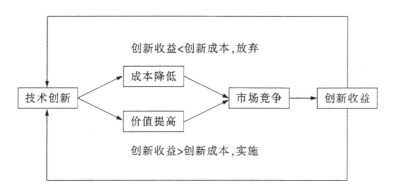

图 5 - 1 区域技术创新的动力机制

由这个动力机制，大致可以得出区域技术创新的激励因素在于两个方面：①技术创新本身的效率，它决定了在一定的创新投资下所能获得的创新效果，即单位生产成本降低的幅度或者产品附加值提高的幅度；②市场结构的有利性，它影响创新效果在市场上的货币化实现程度，即一定的创新效果所能获得的回报多寡。显然，在区域决策是否进行技创新的那一刻，这两类激励因素的具体水平是未知的。因此，只能由决策者根据经验来主观预测之，但这样一来也就意味着决策者的某些个性特征也极有可能成为技术创新的激励或阻碍因素，比如具有企业家精神的决策者更容易采取乐观的判断而投资于技术创新。

为更进一步探讨区域技术创新的动力机制，下面进行数理分析。首先给出以技术创新投资额（即创新成本）为单变量的区域利润函数：

$$B = B\ (C_l)\ = Q\ (C_l)\ P\ (C_l)\ - Q\ (C_l)\ C_p\ (C_l)\ - C_l \tag{5.1}$$

其中 $B = B\ (C_l)$ 表示利润额，C_l 是创新成本，$Q = Q\ (C_l)$ 是产品销售量，$P = P\ (C_l)$ 是产品销售价格，$C_p = C_p\ (C_l)$ 表示产品的单位生产成本。

显然，在利润最大化假设下，区域愿意进行技术创新的必要条件是（在决策者看来）创新投资的边际利润会大于 0，即：

$$\frac{dB}{dC_l} = Q\frac{dP}{dC_l} + P\frac{dQ}{dC_l} - Q\frac{dC_p}{dC_l} - C_p\frac{dQ}{dC_l} - 1 > 0 \tag{5.2}$$

整理（5.2）式，可得等价条件：

$$(P - C_p)\ \frac{dQ}{dC_l} + Q\frac{dP}{dC_l} - Q\frac{dC_p}{dC_l} > 1 \tag{5.3}$$

（5.3）式表达的含义是技术创新的边际收益大于边际成本（＝1），其中边际收益由三部分构成：因市场份额扩大引起的收益增长 $(P - C_p)\ \frac{dQ}{dC_l}$，因价格提高（或降低）导致的收益增长（或减少）$Q\frac{dP}{dC_l}$，因生产成本降低带来的收益增长 $\left(-Q\frac{dP}{dC_l}\right)$。一般来说，投资于不同性质的技术创新项目所能达成的经济效果往往是不太一样的，也就是说上述三种边际收益成分在不同的创新类型下会有不同的具体表现，为便于分析，下面分两种基本情况讨论：

第一种情况，假设区域技术创新主要是以降低单位生产成本为目的的。如果成本能够降低，那么区域就可以相应降低产品销售价格（供给曲线下移），从而提高市场占有率，扩大销售量。这时作为技术创新激励条件（5.3）式就可以写成：

$$(P - C_p)\ \frac{dQ}{dC_l} - Q\left|\frac{dP}{dC_l}\right| + Q\left|\frac{dC_p}{dC_l}\right| > 1 \tag{5.4}$$

或：$(P-C_p)\left|\dfrac{dQ}{dP}\right|\cdot\dfrac{dP}{dC_p}\cdot\left|\dfrac{dC_p}{dC_l}\right|-Q\dfrac{dP}{dC_p}\cdot\left|\dfrac{dC_p}{dC_l}\right|+Q\left|\dfrac{dC_p}{dC_l}\right|>1$

$$(5.5)$$

假定，区域内企业的定价策略为 $P=P(C_p)=aC_p$（$a>1$，为常数），则有：$\dfrac{dP}{dC_p}=a$，

将此代入得：

$$\left[a(P-C_p)\left|\dfrac{dQ}{dP}\right|-Q(a-1)\right]\cdot\left|\dfrac{dC_p}{dC_l}\right|>1 \qquad (5.6)$$

由（5.6）式可知，区域内企业是否有动力投资于成本节约型技术创新取决于它对 $\left|\dfrac{dQ}{dP}\right|$ 和 $\left|\dfrac{dC_p}{dC_l}\right|$ 两个参数的预期，只有当这两个参数的期望值高达一定的水平，企业才有动力开展这类创新活动。从经济含义来说，$\left|\dfrac{dQ}{dP}\right|$ 是创新企业面对的需求价格弹性，它表征了企业从价格降低中夺取市场份额的潜力，一般来说它受制于同行其他厂商的行动，如果其他厂商同样降低价格（这种降价有可能是因为它们也学习了相同的技术而降低了单位生产成本，也有可能是牺牲必要利润的市场防御举措），那么弹性就非常有限。一种极端状况就是，自己的降价因受到同行一致降价的挤压而未能在市场份额上获得任何实质性进展，即 $\left|\dfrac{dQ}{dP}\right|=0$，那么区域创新的边际收益就为负（给定企业的策略是在创新成功后降价）。而 $\left|\dfrac{dC_p}{dC_l}\right|$ 则是创新区域面对的创新效率，表征了由一定技术创新投资导致的单位生产成本降低程度。显然，要提高这两个参数的期望值，决策者本人对风险的态度固然是一个重要方面，但关键还是要求它们的客观基础是积极有利的。

第二种情况，区域技术创新的功能主要体现在产品附加值的改善上（假设单位成本没有变动），即它对于购买者的效用（U）增加了，因而愿意支付更高的价格（需求曲线上移），这时企业及其客户可以在一个比原先更高的价格和更大的销售量上达到供需平衡。这时的创新激励条件可表示为：

$$(P-C_p)\dfrac{dQ}{dC_l}+Q\dfrac{dP}{dC_l}>1 \qquad (5.7)$$

$$\text{或}\left[(P-C_p)\frac{dQ}{dU}+Q\frac{dP}{dU}\right]\cdot\frac{dU}{dC_l}>1 \qquad (5.8)$$

区域是否有动力投资于价值提高型技术创新取决于它所面对的需求曲线在创新之后向上位移的程度，由（5.8）式可知，这一位移一方面和技术创新本身的效率$\frac{dU}{dC_l}$（单位创新投资导致的产品效用边际增长）有关，另一方面又取决于市场对本区域产品附加值提高予以奖励的幅度（以$\frac{dQ}{dU}$和$\frac{dP}{dU}$衡量）。显然，后者的大小也受制于市场其他厂商的行为，如果同类型区域通过创新同样提高了产品附加值，或者尽管附加值未提高但通过降低价格（如上所述，两种情况）保持性价比在同一个层次，再或者由信息不对称市场缺乏分辨产品优劣的能力，那么显然区域的价值提高型技术创新效率很高，也不太可能在市场上获得显著的回报，最糟糕的情况就是市场无反应，即$\frac{dQ}{dU}=\frac{dP}{dU}=0$（需求曲线无任何变动），那么创新的边际收益就是0，从而无法补偿其创新成本。若然预期有类似消极状况出现，则区域投资于这类技术创新的积极性就很低。

上述讨论表明，无论是对于成本节约型技术创新还是对于价值提高型技术创新，区域的创新动力都来自于两个方面：一是，预期自己能获得理想的创新效率；二是，预期所取得的创新成果能在市场上得到较好实现，任何一个环节上的不尽人意都会打击区域的创新热情。当然，由于是预期，区域决策者的风险偏好就很有关系，处在相同的境况下，具有企业家精神的决策者更有可能选择开展技术创新。当然，预期不可能脱离现实情况，因此最根本的还是要这两个方面的客观基础确实是令人鼓舞的。

三、 技术创新对区域经济发展的作用机理

科学技术是第一生产力，科技进步与创新是推动经济和社会发展的决定性因素。企业是区域技术创新的主体，以企业为核心的技术创新在本质上可以看作是一种微观的经济行为，这种行为对区域经济系统来说

具有正外部性，因为众多的技术创新活动刺激了宏观经济的发展。[156]

（一）科技创新植入区域经济的过程

熊彼特看来，创新促进经济发展的机理在于：创新，尤其是根本性的创新，一旦冲破一定的壁垒后，就会引发创新群的出现，投资高潮随之出现，较多的资本被投放于新企业，这种冲击一浪传一浪，波及原材料、设备、劳务等市场，犹如凯恩斯的投资乘数效应，经济表现出一派繁荣的景象。

美籍德国经济学家格·门施（G. Mensch）继承与发展了熊彼特的思想，认为经济低落时期的"技术僵局"迫使社会进行基础性技术创新，基础性技术创新为下一次经济增长奠定基础；率先完成基础性技术创新的部门代表了新的经济结构，以这些部门为中心，创新产品与过程进一步扩散，使整个经济的基础技术迅速改变，经济总态进入上升的阶段；但是当创新扩散到一定阶段后，生产过程创新将取代产品创新，经济总态会停滞甚至下降，经济表现为 S 型的波动。

在总结国内外有关理论的基础上，傅家骥等把创新植入经济的机理归纳为四个方面效应，即：率先创新的引擎效应、模仿创新的扩散效应、创新继起的持续效应和结构优化的集成效应。[157]通过率先创新使新的科技成果首次转化为现实的生产力，又通过众多的企业对率先创新的模仿，因而产生了乘数效应、增值效应和优化效应，对于创新植入增长具有扩张效应。根本性创新集群起着较为持久的引擎作用。而改进性创新集群对于经济发展仅仅起着维持和强化的作用。在根本性创新带来的推动效应、产业内外创新扩散与模仿扩张产生的乘数效应、技术基础上的产业竞争导致的选择效应作用下，还能发生产业结构的高级化和产业结构优化后出现的集成效应。

傅家骥等学者对创新植入经济的概括是比较客观和科学的，但从其考虑的对象来看，一个隐含的假设是他们考虑的主要是"国家"水平的创新与经济活动的关系，提出的四个方面效应是着重于从时间纬度去分析创新植入经济增长的机理，而在研究区域创新如何植入区域经济中还必须从空间纬度加以考虑。为此，将其改进形成如图 5-2 的机理模型。

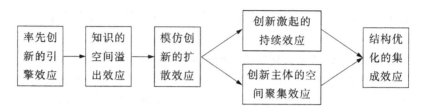

图 5-2 科技创新植入区域经济的机理模型

这一模型可以较好地体现区域技术创新的时空特点。这里就知识的空间溢出效应和创新主体的空间集聚效应解释如下：

1. 知识的空间溢出效应

这里的知识主要包括技术知识、需求信息、供给信息和经营经验等。这些知识具有公共物品的性质，一旦被创造出来，传播的速度越快，拥有的人越多，为群体带来的福利就越大，但是这些知识中很多是属于隐性知识，没有人际间的频繁接触很难得以传播。在区域创新系统中，由于彼此间地理位置接近，研发机构、生产厂商、供应商及相关产业人员有更多的机会去分享这些隐性知识。这些知识在空间溢出的效应客观上促进了模仿创新的出现。

2. 创新主体的空间集聚效应

创新主体空间集聚的原因在于，出现这种集聚的区域，企业更容易获得所需要的创新资源，包括人才、资金、信息和技术等。由于相关产业的存在，可以为居于其中的企业提供便利的专业化供应源，这种供应源的存在可以使企业迅速地对其资源配置进行整合。在创新主体空间集聚效应的作用下，经济主体之间可以形成一种相互依存的产业关联和共同的产业文化，并且创造一套共同遵守的行业规范，从而加快了信息与知识的扩散速度，节省了区域内产业组织的交易成本，整体上提高了区域的竞争力和可持续发展能力。

通过以上效应，技术创新的经济作用得到放大，不仅引起资源的优化配置，使区域内的产业水平得到升级，产业结构得到优化，而且带来新兴产业生长并促进经济增长极的生成。这一系列的变化加速了生产力的发展，促进生产关系和经济结构进行合理调整，从而推动区域经济不断向前发展。

（二）技术创新对区域经济发展要素形态和功能的改变

根据各要素的特征，可将区域经济发展要素细分为自主性要素（自然资源、历史文化基础）、再生性要素（劳动力资源、资本、技术）、牵动性要素（市场）、制动性要素（组织、管理）等 4 大类型。技术创新不仅可以改善上述各发展要素的存在形态，而且还能有效地提高上述各发展要素在区域经济发展中的功能作用。[158]

在自主性要素方面，可以通过新技术的应用以及技术手段的改进，提高自然资源的利用价值。特别是技术创新可以有效地舒缓自然资源禀赋在不同区域此丰彼欠的不均衡矛盾，弥补部分地区在某些资源禀赋方面的不足，有效地缓解区域资源贮存不足的供求矛盾。通过不断进步的技术创新活动改善和调整资源的区域利用与配置，降低社会生产对区域土地、矿产、能源等资源的依赖程度，从而为区域经济发展创造有利条件。就历史文化基础而言，技术创新可以为区域历史文化遗产的开发提供新的手段。

在再生性资源方面，通过技术创新活动，可以引发和促进劳动力资源的形态向知识化、技能化方向转变，可以提高资本的使用效率与产出效益。将知识化、技能化的劳动力资源与具有较高使用效率、产出效益的资本有机地结合，可为区域经济发展提供优良的人力资本与货币资本，从而有力地推动区域经济的快速发展。

在牵动性要素方面，技术创新不仅有利于推动企业提高产品质量以及降低生产成本，从而增强产品的市场竞争能力和市场开拓能力，而且还有利于促进市场网络体系的完善以及市场信息的交流，从而提高市场的资源配置功效。

在制动性要素方面，技术创新直接引发生产方式、管理理念与方法的变革，促进企业组织形式、管理模式的变革，从而不断促进组织与管理的科学化、高效化。

（三）技术创新对区域经济发展的推动作用

技术创新对区域经济发展的根本影响，在于知识经济化和经济全球化的基本趋势，使区位优势逐步淡化，代之而起的是知识资源的巨大作用以及知识基础上的全面竞争。技术创新是区域经济发展的极为重要的动力。主要体现在：

1. 技术创新为区域经济发展开拓了新的发展空间

区域经济发展以自然资源条件为基础，对自然资源和地理位置的依赖性极大，经济发展的限制因素较多。现代科技进步创造了新的生产要素、新的能源和新的产品，同时交通、通信技术的发展，使生产活动对自然条件的依赖减少，也使地理间隔、产品运输等不再成为影响生产力布局的决定性因素，使区域经济在产业选择、生产经营管理模式等方面有了更大的发展空间。如我国很多地区并不具有自然资源、地理区位的优势，但依靠发展科技知识和人才，或采取专业化规模经营，同样也取得了令人瞩目的成效。

这方面最典型的是高科技产业的发展。如美国"硅谷"是世界上科技创新和经济发展最活跃的区域，也是世界上许多知名大公司的发源地，如微软、雅虎、通用无限公司、网景、英特尔、斯科等。"硅谷"的发展为各国发展高新技术提供了一个典范。经过40多年的发展，"硅谷"从一个半导体公司增长到7000个电子和软件公司，以及数千个初创企业，平均每周产生11个公司，世界100个最大的电子和软件公司，20％在硅谷，硅谷每天产生62个百万富翁，年销售总额400亿元，每年增加4万多个就业机会。硅谷的成功因素很多，其中最重要的还是人才，是必须具备科技创新精神、艰苦创业精神和团结合作精神的人才。

在科技创新的推动下，美国加利福尼亚的多媒体产业，加拿大安大略省的通讯产业，英国的工业革命摇篮威尔士，台湾新竹科学工业园，被喻为印度"硅谷"的班加罗尔高科技工业区以及美、中跨国形成的硅谷—新竹—东莞PC产业全球生产网的新干线模式都呈现出各自的发展特色。

分析国内外区域经济发展的经验，可以看到，技术创新贯穿于区域经济和社会发展的始终，在一个国家或地区的经济发展中起到了决定性作用。

2. 技术创新为区域经济发展提供了新的发展途径

很多落后地区经济开放程度低，存在各种各样的原因：交通不便，气候恶劣，经济开发难以进行，或是原有资源过度开发，使资源耗尽、环境遭到破坏，或是社会需求的发展没有对该地区的某种资源提出要求，等等。现代科技进步为解决这些问题，促进区域经济开发提供了多种途径和手段。世界上很多环境恶劣地区，前苏联西伯利亚北部和远东地区、加拿大和斯堪的纳维亚半岛的北部地区、西亚和南非的干旱地区等，由于有了现代科学技术手段，其开发有了可能。我国西南地区具有丰富的水能资源，也只有国家经济建设有了迫切需要，并结合采取现代水电、施工等技术，才能实现目前的大规模开发和利用。但现代科学技术的进步，在促进社会生产力提高的同时，也促进了社会需求的发展和扩大。市场需求的多样化是科技进步条件下的一个必然趋势。

3. 技术创新成为世界各国经济增长的决定因素

发展经济，最重要的是追求经济的高质量增长。这是每一个国家改善人民生活水平和不断走向文明的基本物质条件。但是经济增长一靠劳动，二靠资本，三靠科技，在不同经济形态和不同经济发展阶段，这三方面所起的作用是不同的。，当今时代追求经济增长主要靠科技。所以江泽民同志在党的十五大报告中指出："科技进步是经济发展的决定因素。"实质上，这种"决定因素"主要表现在技术创新的能力上。任何一项成功的技术创新活动，经过大面积扩散与广泛使用，必然是推动产业结构、市场结构和外贸结构的变化过程，同样也是不断地推动经济增长的过程。所以世界各国经济增长的快慢，最根本的是取决于技术创新能力的强弱。

（四）区域技术创新的个案分析

1. 世界区域经济格局的形成与发展

经过十几年的发展，目前世界上已基本形成了亚太经合组织、欧洲联盟和北美自由贸易区三大经济区并立的格局。他们的经济规模占全世界的3/4。除了这三大经济区外，世界各地次区域经济一体化组织也相应建立起来，如亚洲的"东南亚国家联盟"、"南亚区域合作联盟"、中东的"阿拉伯合作委员会"、拉丁美洲的"南方共同市场"、"加勒比共同体"、非洲的"西非经济共同体"、"南部非洲发展直辖市会议"等，据有关资料显示，目前世界上已建立大大小小区域经济组织有几十个，并呈现继续发展和不断扩大的态势。国际区域经济的形成，对促进各组织成员国之间的优势互补、推动经济的持续发展起到了积极的作用。

从我国来看，以区域经济为特征的布局结构逐步展现，总体思路和格局不断清晰，全国形成了七个跨省区的经济区域，即长江三角洲及沿江地区、环渤海地区、东南沿海地区、西南和华南部分省区、东北地区、中部五省和西北地区。由于区域的差异性等多种因素，区域经济发展很不平衡，但有的区域发展很快，并涌现出一大批各具特色的区域发展模式。如经济特区模式、沿海开放城市模式、广东模式、上海模式、苏南模式、温州模式和胶东模式等。

2. 美国犹他州的"奇迹"

犹他州是美国西部腹地的一个内陆州，有着丰富的矿产资源，但由于地处荒凉的西部，州内有 35％的土地为沙漠和干旱地带。在 80 年代以前，经济实力和社会发展水平在全美都处于落后地位。自 80 年代以来，原来贫困的犹他州发生了翻天覆地的变化。从 1990 年开始，犹他经济以每年超过 7％的速度增长，远远高于全美 1.5％的平均增长率。犹他州社会安定，教育发达，被评为美国两大最健康的州之一。更令人瞩目的是犹他州从 90 年代以来，神奇般地崛起了一座高科技工业重镇——世界软件工业谷。犹他州软件谷与"硅谷"齐名，是专门赋予电脑以灵魂的新信息产业中心，被誉为新的世界高科技重镇。

犹他州用不到 10 年的时间，形成了以信息产业为龙头的新支柱产业，走出了一条具有特色的区域经济发展之路，成为全美乃至世界的著名高科技中心，创造了犹他州的"奇迹"，这主要应归功于犹他州完善的区域技术创新系统。

高质量、富有创造性的教育体系是犹他州"奇迹"的基石。犹他州具有全面的州内教育系统，有 718 所公立中小学校和 14 所高等学校。犹他州的高等学校领导注重引进人才，重视教学与研究，使得学校学术水平和科研能力大大提高。由于教育质量的提高，犹他州员工的识字和阅读能力为全美第一，高中毕业率为全美第二，数学成绩也比其他州高。许多企业家反映，犹他州的人才具有四大特点：素质高、富有创造性、外语人才最多全美最好、合作精神好。

犹他州政府为了大力加强以科技为基础的商业发展，专门成立了商业创造发展局。在选择促进经济发展的重点技术产业上高瞻远瞩，始终把高科技放在重要位置，并把信息技术作为重中之重。目前，犹他州有工业（园）区 80 个，大学高科技工业园 2 个。犹他州软件工业谷内有

1400个高科技公司，约8万名员工，全国500家大企业的总部设在这里。政府的作用也是犹他州崛起的重要一环。州长李维持曾说：使犹他州保持良好发展势头的重要条件就是高科技，犹他州的未来在于我们如何迅速而出色地适应新的信息生态系统。

分析国内外区域经济发展的经验，可以得到这样的启示：创新贯穿于区域经济发展始终，在区域经济发展中起到决定性的作用，具有十分现实和深远的意义：①创新有助于巩固、延伸区域已有优势的效应，发掘、促成新的优势，使不同优势相得益彰，促进区域优势向经济优势的加速转化。②创新有助于准确地把握区域经济发展的客观规律，增强战略决策的科学性和预见性，促进区域经济健康稳定的发展。③用创新的思想、理论指导区域经济发展的实践，能有效解决区域经济增长方式转变中的突出矛盾，推动区域经济增长方式的转变。

第四节　区域技术创新运行机制与评价设计[159]

一、　区域技术创新系统结构及其运行轨迹

所谓区域技术创新是指在一定区域内，一定区域背景下由科学、技术、教育、经济等诸要素形成的一体化的发展机制，是一个以企业为主体，地方政府、科研教育单位、中介机构构成的区域创新系统。它依托区域科学技术创新实力，有效地利用区域技术创新资源，协调区际间的科技合作与竞争，实现区域内技术创新资源（人才、知识、投入）的高效配置与结构优化，促进区域技术创新活动的广泛开展和创新成果的应用、推广和普及，从而创造和发展区域的竞争优势，保证区域经济发展。区域技术创新系统是区域科学与技术组织、高校、企业相互作用，共同发展的网络。这种创新系统具有系统的主要特征，而且是开放的。区域技术创新系统承担着把高新科学与技术内化为区域经济发展的自变量、促进区域产业结构的调整与现代化、从而保证区域经济与社会的可持续发展的任务。

区域技术创新是国家技术创新与企业技术创新的桥梁和纽带，在其运行中包括组织创新、制度创新、政策创新、社会创新、文化创新和政治创新等。区域技术创新结构与国家技术创新结构类似，主要由区域技

术创新结构、区域技术创新基础设施、区域技术创新资源、区域技术创新环境和区域与区外技术创新互动等五大部分构成（图 5 - 3）。

区域技术创新是一个动态过程，它不仅仅是技术发明、技术进步，而是将发明首次引进工业生产体系，在科学的指导下，使技术商品化。区域技术创新是在技术推动或需求拉动的作用下，产生新技术或新产品的构思过程，是经过研究开发，进行中间试验，再使产品商品化生产，最终商品化的过程，区域技术创新经历了基础研究—应用研究—技术开发—商品化—产业化等几个阶段。

二、 区域技术创新运行的内在因素和外部环境

区域技术创新的运行模式：其一，创新系统中的各组成要素即企业、科研机构、政府、中介机构等，经过组织创新，在顺畅的条件环境下，进行分工合作、角色定位与优化组合，以适应技术创新活动的需要；其二，在制度创新环境下，各要素互相作用，形成具有特定功能的复合创新主体（主要是企业）；其三，复合创新主体在技术环境、政策环境的支持、引导和约束下，依靠良好的市场与法制环境，沿着正确的方向和稳定的过程，实施技术创新活动。

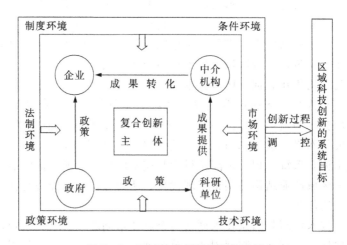

图 5 - 3　区域技术创新运行轨迹图

　　综上所述，区域技术创新就是一个从 R&D 开始到实现市场价值的动态过程，从其运行的轨迹看，基础研究是技术创新前提，应用研究是根本，技术开发是手段，商品化、产业化是过程，经济发展是目标。它们之间是紧密衔接而不可逾越的，一旦某个过程受阻或环节出现问题，区域技术创新将无法正常运行。也就是说，内在的过程因素对区域技术创新能否正常运行起着至关重要的作用。

　　然而，区域技术创新运行除受上述内在因素和成分的影响外，它的行为还直接或间接地受到所处环境的控制和制约。如技术发展状况，一国的法律、文化、社会规范等。区域技术创新不仅是创新网络内部不同组织（企业、政府、科研单位、中介机构）相互协调的过程，而且也是他们与外部环境之间相互适应、相互作用的互动过程。因此，区域技术创新行为实际上是在各种制度及环境变量的约束下，各种组织为了各自的利益相互作用，创造新知识和新产品的过程。建立切实有效的区域技术创新运行机制，经过过程创新最大限度地消除阻碍其高效运行的不利因素，将有利于一个国家或地区的经济飞速发展。

　　对区域技术创新运行产生直接的决定性影响的外部环境可大致归纳为：

　　1. 技术环境

　　区域技术创新理论中，科技和市场是技术创新的两个直接动力。技术环境是指一个国家的科技发展轨迹、现实科学知识存量和技术水平，它是本国企业创新和科技发展的基础。一个良好的科技发展水平可以推动技术创新和合作行为的发生，相反如果发展水平低下，它也可能对技术创新活动产生制约作用。在当前的技术环境下，由于技术不确定性的增加，其对区域技术创新的顺畅运行显得尤为重要。

　　2. 市场与法制环境

　　市场与法制有着不可分割的紧密关系，市场经济是建立在信誉与法律约束基础之上的契约经济，竞争和生产要素的自由流动是它的根本特征，市场竞争环境是否公平，以及是否具有相对完善的法律来维护市场的正常秩序，生产要素能否根据需要而自由流动，知识产权能否得到合法地保护，对推动区域技术创新是至关重要的。

　　3. 制度环境

　　制度环境包括技术创新产权制度和政府的有关科技立法。尽管知识产权制度从经济特征上看是一种垄断权，使资源的分配不能实现最优化，但在 R&D 领域却促进了竞争。一个强的专利保护有助于鼓励技术创新活动，增加 R&D 经费，创造更多的新产品。所以，制度环境决定了区域技术创新要素运动的原则和利益分配关系，决定了创新主体的经营行为和方式，个体的行为动机和地位，也就是有效地调动了区域技术创新主体的创新积极性。

4．政策环境

政策环境决定区域技术创新的具体行为步骤和程序。同一制度模式下，不同时期、不同国家、不同的决策者所执行的政策体系可能会有巨大的差别，因而对区域技术创新运行产生的影响也大不一样。政策环境对区域技术创新的影响最大的是利益分配政策、产业技术政策、财政政策、金融政策和就业政策等宏观经济政策。

三、 区域技术创新评价指标体系的设计原则

区域技术创新运行是指从确定创新的产业技术领域到确定事实战略，再到选择技术创新项目，最后实现创新扩散、带动产业结构优化升级和经济发展的整个过程。反映一个区域技术创新强弱的标准，关键要看其创新能力，而区域技术创新能力的提高又是一项涉及诸多因素的复杂的系统工程，对区域技术创新能力的评价不是某个指标或部分指标就能完成的，必须根据某一特定历史时期区域技术创新的特点，结合其动力因素，构成一个既能反映行政区域内政府在培育和促进创新活动的开展方面所起的作用及重视程度，又能评价市场机制在创新投入和产出方面的运作效果，同时还要兼顾地区科技发展潜力的指标体系。

（一）**科学性原则**。指标体系要科学准确地反映区域技术创新的内涵、规律以及现有实力和未来潜力，要兼顾总量指标和相对指标。指标体系的设置是否科学合理直接关系到评价的质量，因此，设置的指标要有代表性、完整性和系统性，以现代科技统计理论为基础，结合必要的调查和考证，通过定性、定量相结合，进而得出科学合理、真实客观的评价结果。

（二）**可行性原则**。指标体系要在尽可能科学、客观、合理的基础

上，兼顾指标的实用性和可操作性，尽可能通俗易懂，便于数据采集和计算操作，避免形成庞大的指标群或复杂的指标树。计算公式要科学合理，评价过程要简单易行。

（三）**可比性原则**。指标体系的设计，主要用于横向比较，如国内其他地区或区域内同等级地市之间的比较，衡量标准和参照数值应以同一指标体系下计算得出的有代表性的其他区域的评价指数做参照，也就是说要选好参照系。这样得到的结论可比性强。

四、 区域技术创新评价指标体系的建立

区域技术创新能力评价指标体系是一个多层次、综合复杂的开放系统。评价指标体系基本结构设为两个层次，即指标类和指标项，可设多个指标项，每个指标类可下设若干个指标项，它们的内容是复杂而丰富的。一般说来，在评价指标科学合理的基础上，指标类和指标项越多，评价指数越精确，但操作复杂，可行性差。随着科技的进步和社会经济的发展，指标类和指标项的内容将不断充实完善。

（一）设定评价指标体系

为了便于分析，这里我们根据区域技术创新的基础研究—应用研究—技术开发—商品化—产业化过程。经历研究与开发阶段、设计与试制阶段、生产阶段、销售阶段等阶段，对影响区域技术创新能力起关键作用的五类指标进行分值评价。即政策法规（数量）指标、科技投入（资源）指标、科技产出（效率）指标、科技实现（效益）指标和可持续发展（综合评价）指标（表5-1）。

1. **政策法规指标**。创新前期指标，是硬指标，主要反映这方面文件、规定及措施的数量。区域技术创新活动开展得如何，在很大程度上和政府的引导和鼓励等支持程度有关。因此，政策、法规指标的设立不仅可以指导区域科技工作的有效开展，而且对于奖励创新、提高区域技术创新潜力以及促进高新技术产业化等方面起着重要作用。这项指标内容包括地方政府指定的促进科技成果转化、深化科技体制改革、拓宽科技企业融资渠道以及增加财政税收支持等方面。

2. 科技投入指标。即 R&D 阶段指标，R&D 包括基础研究、应用研究和开发研究，它是区域技术创新的技术源泉，R&D 能力是区域技术创新能力的技术前提和基础。科技投入指标包括区域经济发展水平（GDP、工业总产值、财政收入）、财政收入用于科技投入的规模；区域内科研机构和高校数量、规模、科研实力及与创新相关的研究领域；区域产业结构、产业相关度和经济布局情况企业内部 R&D 的投入情况；企业内技术创新人员结构和对技术创新人员的激励办法。

3. 科技产出指标。即商品化阶段指标，主要评价企业利用创新资源和科技投入开发新产品（尤其是高科技含量高产品）的能力，区域技术创新中科技成果水平及其转化现实生产力，提高企业科技进步速度的能力。主要包括专利产出和科技论文数，高科技产品占出口总额的比重。

表 5 - 1   区域技术创新指标评价体系

指标类型 T_i	评价指标		指标项 T_{ij}	指标项权重 λ_{ij}	指标类权重 F_i
政策法规 T_1	促进科技成果转化（文件数量）		T_{11}	λ_{11}	F_1
	深化科技体制改革（文件数量）		T_{12}	λ_{12}	
	拓宽科技体制融资渠道（文件数量）		T_{13}	λ_{13}	
	加大财政税收支持（文件数量）		T_{14}	λ_{14}	
科技投入 T_2	人力投入	科研人员（按中高级职称）数	T_{21}	λ_{21}	F_2
		每万人口中知名科学家数	T_{22}	λ_{22}	
		总科技人员数	T_{23}	λ_{23}	
		年度教育培训投入	T_{24}	λ_{24}	
	财力投入	R&D 投入占 GDP 比重（%）	T_{25}	λ_{25}	
		科技活动经费支出数	T_{26}	λ_{26}	
		地方政府科技拨款数	T_{27}	λ_{27}	
		地方财政科技拨款占财政支出比重（%）	T_{28}	λ_{28}	
		企业技术开发经费占产品销售收入比重（%）	T_{29}	λ_{29}	
		地方人均科技经费支出数	T_{210}	λ_{210}	

续　表

	专利申请受理数（件/百万人）	T_{31}	λ_{31}	
科技产出 T_3	国内科技论文数（件/百万人）	T_{32}	λ_{32}	
	获国家科技成果奖数（件/百万人）	T_{33}	λ_{33}	F_3
	高技术产品增加值数（件/百万人）	T_{34}	λ_{34}	
	高技术产品出口额占出口总额比重（%）	T_{35}	λ_{35}	
	科技成果转化率（%）	T_{36}	λ_{36}	
科技实现 T_4	新产品产值率（%）	T_{41}	λ_{41}	
	新产品销售率（%）	T_{42}	λ_{42}	
	新产品利税率（%）	T_{43}	λ_{43}	F_4
	全员劳动生产率（%）	T_{44}	λ_{44}	
	科技进步对企业经济增长的贡献率（%）	T_{45}	λ_{45}	
科技促进可持续发展 T_5	人均 GDP（元/人）	T_{51}	λ_{51}	
	万吨 GDP 综合耗能（吨/元）	T_{52}	λ_{52}	
	单位产出三废排放量	T_{53}	λ_{53}	
	三废综合利用产品产值率（%）	T_{54}	λ_{54}	
	环境污染治理指数（%）	T_{55}	λ_{55}	
	废旧资源综合利用率（%）	T_{56}	λ_{56}	
	教育经费实际投入占 GDP 比重（%）	T_{57}	λ_{57}	
	INTERNET 用户数（户/每百万人）	T_{58}	λ_{58}	
	邮电通讯业务量数（每百万人）	T_{59}	λ_{59}	
	家庭汽车占有数（每万家）	T_{510}	λ_{510}	

4. 科技实现指标。即产业化阶段指标，是对科技产出的深化，区域技术创新的实现，不仅是开发出若干新产品，更重要的是生产出的创新产品能进入市场并占有市场，以获得最佳的经济效益。该指标主要包括创新产品的产值率、销售率、利税率、劳动生产率和科技进步贡献率等。

5. 可持续发展指标。即综合经济指标，区域技术创新是促进企业可持续发展，是企业生存及其竞争力不断提升的决定性基础。创新促进了区域经济的发展，而区域经济发展应遵循区域社会—人口—经济—资源—环境等可持续发展思想，从区域技术创新与资源利用及环境保护的关系角度来设定评价指标。它涉及环保、教育、人们生活质量等几个主要方面。

综合以上因素，评价指标可具体设置如下：指标类 T_1、T_2、T_3、T_4、T_5 等 5 个；指标项 $T_{11} \sim T_{14}$；$T_{21} \sim T_{210}$；$T_{31} \sim T_{36}$；$T_{41} \sim T_{45}$；$T_{51} \sim T_{510}$ 等 35 个。

（二）选择评价方法及评价程序

1. 综合评判法

采用模糊数学中的综合评判法进行评价。其数学表达式 $E = \sum_{i=1}^{n} F_i T_i$，$ET_i = \sum_{j=1}^{m} \lambda_{ij} T_{ij}$ 式中 E 为区域技术创新能力评价值；T_i 为第 i 类指标评价值；F_i 为第 i 类指标权重系数，（$\sum_{i=1}^{n} F_i = 1, 0 < F_i < 1$）；$T_{ij}$ 为第 i 类的第 j 项指标评价值，λ_{ij} 为第 i 类的第 j 项指标权重系数（$\sum_{j=1}^{m} \lambda_{ij} = 1, 0 < \lambda_{ij} < 1$）。

2. 评价程序

（1）指标标准化。由于在评价过程中，指标的计量单位不同，无法进行交叉运算和综合比较分析，因此需要用一个合理的综合评估指数进行评价和排序，在这里我们将数据进行指数化处理，其中 T_{ij} 为 X_{ij} 的标准化值；X_{ij} 为第 i 类的第 j 项指标统计原始数据，$X_{ij\max}$ 为所有 X_{ij} 中的最大值，$X_{ij\min}$ 为所有 X_{ij} 中的最小值。标准化的目的有两个，其一，使指标无量纲化；其二，使指标控制在 ［0，1］ 之间，增加离散性。一般来说，所有指标可划分为成本型、效益型、适中型等指标，标准化处理如下：①成本型指标（"越小越优型"）$T_{ij} = (X_{ij\max} - X_{ij}) / (X_{ij\max} - X_{ij\min})$ ②效益型（"越大越优型"）$T_{ij} = (X_{ij} - X_{ij\min}) / (X_{ij\max} - X_{ij\min})$ ③适中型指标（"越接近某一标准值 U_i 越优"）$T_{ij} = (1 - |X_{ij} - U_i|) / \max |X_{ij} - U_i|$，显然，$T_{ij} \in ［0，1］$，根据习惯，可将 T_{ij} 放大，如按百分制，可将 $T_{ij} \times 100$ 作为最后的标准化值。

（2）确定权重值。一般采用主客观相结合的附权法确定权重值。即考虑人们主观上对各项指标的重视程度，又考虑各项指标原始数据之间相互关系对总体评价指标的影响。主要权重指标可以在广泛征求专家意见的基础上进行。

（3）计算指标值 $T_i = F_i \sum_{j=1}^{m} \lambda_{ij} T_{ij}$

（4）计算区域技术创新活动评价值 $E = \sum_{i=1}^{n} T_i$

本章小结：

1. 区域经济发展的技术创新动力系统。其主要构成要素：政府、企业、科研院所、高等院校、中介机构、技术、制度等。动力的表现形式：技术推力、市场拉力、扩散力等。功能的实现过程：由政府、企业、科研院所、高等院校、中介机构构成区域技术创新系统，通过发挥技术创新系统的功能来推动区域经济的发展。即通过技术创新使新的科技成果走向市场，首次转化为现实的生产力，又通过众多的企业对创新进行模仿，随着技术创新扩散，而产生了乘数效应、增值效应和优化效应，使技术创新逐渐植入经济领域并产生扩张效应。从技术创新→进入市场→企业模仿→生产的过程，就是技术推力→市场适应力→扩散力的实现过程。因此，技术创新对区域经济发展具有决定性作用。

2. 熊彼特批评了"经济系统是静态的、均衡的"传统主流经济学观念，首次向人们昭示创新对经济发展的巨大作用，并创造性地提出了一个以创新概念为核心的经济发展理论，开创了创新理论研究的先河，为技术创新理论体系的建立铺垫了坚实的基础，在技术创新理论发展史上，甚至在整个经济学说史上占有极为重要的地位。

3. 创新是区域经济发展的决定性因素，没有创新就没有发展。在利润最大化假设下，区域开展技术创新活动的最根本原因是这些活动能够给它带来收益增长。从成本的角度，技术创新包括成本节约型创新和价值提高型创新，但无论哪种类型，区域创新动力都来自于两个方面：即预期自己能获得理想的创新效率；预期所取得的创新成果能在市场上得到较好的实现。

4. 技术创新对区域经济发展的根本影响，在于知识经济化和经济全球化的基本趋势，使区位优势逐步淡化，代之而起的是知识资源的巨大作用以及知识基础上的全面竞争。技术创新通过开拓新的发展空间和途径推动区域经济发展。从国内外区域经济发展的经验可以看到，技术创新贯穿于区域经济和社会发展的始终，是区域经济发展的重要动力，在一个国家或地区的经济发展中起到了决定性作用。

5. 区域技术创新就是一个从 R&D 开始到实现市场价值的动态过程。基础研究是创新前提，应用研究是根本，技术开发是手段，商品化、产业化是过程，经济发展是目标。它们之间是紧密衔接而不可逾越的，一旦某个过程受阻或环节出现问题，区域技术创新将无法正常运行。也就是说，内在的过程因素对区域科技创新能否正常运行起着至关重要的作用。建立切实有效的区域技术创新运行机制，经过过程创新最大限度地消除阻碍其高效运行的不利因素，将有利于一个国家或地区的经济飞速发展。

06 第六章　区域经济发展的制度创新动力系统

制度是继天赋要素、技术和偏好之后经济理论的第四大柱石。其实，制度的重要性，人们早就认识到了。[160]国内外学者认为，制度因素在经济发展的过程中起着主要的和决定性的作用。[161]从经济发展现实结果看，对制度的关注已日益明显。尽管物质资本和人力资本的积累曾经作为经济增长和发展的重要解释原因，但在最近几十年，对经济发展问题的解释角度已发生转变。[162]制度是规范人们行为的规则，制度提供的一系列规则由社会认可的正式约束、非正式约束和实施机构所构成。[163]制度安排和创新对于一个国家、区域经济的发展有着十分重要的意义。本章将探讨制度与制度创新在区域经济发展中的作用。

第一节　制度与制度创新理论

一、制度的结构及其基本功能

（一）制度的定义

制度是什么？许多研究制度的理论家都对"制度"下过互有差异的定义。但到目前为止，还没有形成对制度公认一致的定义。

在老制度主义者以及后（现代）①制度主义者中间，对制度就有不同的定义。较早的美国制度主义经济学家凡勃伦相当宽泛地定义制度是"大多数人共同的既定的思想习惯"。[164]康芒斯则认为制度无非是集体行动控制个人行动。另一个制度主义经济学家沃尔顿·哈米尔顿对制度提出了一个更精确的著名定义："制度意味着一些普遍的永久的思想行为方式，它渗透在一个团体的习惯中或一个民族的习俗中……制度强制性地规定了人们行为的可行范围。"[165]后（现代）制度主义者霍奇森则

---

①老制度主义者以及后（现代）制度主义者，主要是指制度经济学和新制度经济学中的代表人物。

认为制度是通过传统、习惯或法律的约束所创造出来的持久的行为规范的社会组织。[166]诺贝尔经济学奖获得者，美国新制度经济学家道格拉斯·诺思如此定义制度："制度提供框架，人类得以在里面相互影响。制度确立合作和竞争的关系，这些关系构成一个社会，……制度是一整套规则，应遵循的要求和合乎伦理道德的行为规范，用以约束个人的行为。"[167] Andrew Schotter[168]是以博弈论作为分析工具进行制度问题研究的经济学家。他另辟蹊径，为制度下了一个带有数学味道很浓的定义：设某个人群的人数为 P，他们的行为具有规律性 R。当这些人是处于某个往复情景 S 中的当事人，并且满足下列条件时，R 便是一种制度：①P 中的每个人都遵守 R；②每个人都认为其他人也会遵守 R；③在其他人都遵守 R 的情况下，每个人都愿意遵守 R；④如果某人背离了 R，那么某些或所有其余的人也将背离，并且由于大家背离了 R，其损益状况要遭遇遵守 R 时的状况。

《现代汉语词典》把制度区分为两重含义：第一，它是制约大家共同遵守的办事程序和行动准则；第二，制度是指一定历史条件下形成的政治、经济、文化等方面的体系。其实，关于制度，不同学科的研究者甚至同一学科的不同研究者之间都有不同的定义。"制度在政治学、社会学中既包含'机构'的含义，也表示规范化、定型化了的行为方式，且往往这两个方面交织在一起。"[169] "制度是人和人之间的表示非个人关系的一种手段，在所有社会里都有，因为即使是最小的原始社会也是建筑在较宽广的基础上，无论如何大于个人直接接触的那个狭窄范围。"[170] "所谓制度，是由当时在社会上通行或被社会所采纳的习惯、道德、戒律、法律（包括宪法和各种具体法规）、规定（包括政府制定的条例）等构成的一组约束个人社会行为，因而调节人与人之间社会关系的规则。"[171]可见，无论是政治学、历史学还是经济学家，都倾向于使用宽泛的制度定义，都把"非正式规则"纳入制度范畴。制度安排是制度的基本单位，是在某一特定范围或领域内规范人们行为的具体规则，如公司法、投资法等。制度集合是制度安排的总和，它才是最接近于"制度"一词的通常含义。[172]因为制度是一个复数的概念（institutions），我们通常所说的产权制度、法律制度等其实都是许多具体的制度安排的总称。

(二) 制度的数学模型

我国学者昝廷全 (1996, 1997, 2001) 根据系统经济学的研究，提出了制度的一个一般性定义：所谓制度，是指经济系统对其经济元及其子系统的各种约束和影响，以及这些不同的约束和影响之间的关系共同构成的有机整体，可以形式化地表示为：

制度 = { (经济系统对其经济元及其子系统的各种约束和影响), (不同的约束和影响之间的关系)}。

在制度的这个定义中，制度本身是一个系统。它由两个部分构成：一部分是经济系统对其经济元及其子系统的各种约束和影响，称为制度要素集合；另一部分是这些制度要素之间的关系构成的集合。

由于制度的功能在于区分出行为的可行集和不可行集。给出制度描述的一个数学模型。设 X 为行为集的全集，其意思是指全部可能行为所构成的集合，或称为行为的可能性空间，可以用二维平面中的一个矩形来表示 (图 6-1)。

则制度可以用 X 中的一条封闭曲线 (Γ) 来描述，如图 6-2。封闭曲线 (Γ) 的内部记为 (X_I) 表示制度所允许的行为集，封闭曲线 (Γ) 的外部记为 (X_{II}) 表示制度所禁止的行为集，则有：

$$X = X_I \bigcup X_{II} \tag{6.1}$$

图 6-1　经济系统行为集示意图

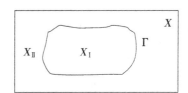

图 6-2　制度的数学描述

上述制度数学描述的核心是曲线 (Γ) 一定要是封闭曲线，一定要能清晰地区分出制度的内部 (X_I) 和外部 (X_{II})，我们把这一结论称为制度设计的必要条件，即有如下命题成立：制度应当能够在行为集 (X) 中区分出可行集 (X_I) 和不可行集 (X_{II})。这个命题是制度数学描述的一种定性解释。但是在现实中公式 (6.1) 一般不成立，而是满足公式 (6.2)：

$$X_I \bigcup X_{II} \subset X \tag{6.2}$$

我们把 $B = X - (X_{\mathrm{I}} \bigcup X_{\mathrm{II}})$ (6.3)

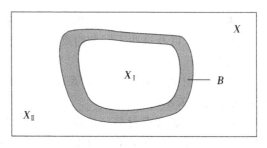

图 6 - 3　制度边界示意图

称为制度边界，如图 6 - 3 所示。则有：$X = X_{\mathrm{I}} \bigcup X_{\mathrm{II}} \bigcup B$ (6.4)
当制度边界 B 为空集 Φ 时，公式（6.1）成立。

（三）制度构成的基本要素

诺思在《制度、制度变迁和经济绩效》一书中指出："制度是一个社会中的一些游戏规则；或者说，制度是人类设计出来调节人类相互关系的一些约束条件。""制度是人类设计的构成政治、经济和社会相互作用的强制。它由非正式强制（教规、禁忌、习俗、传统和行为惯例）和正式的法规（宪法、法律）和产权组成。"根据制度经济学家们的观点，制度提供的一系列规则由社会认可的正式约束（正式制度）[①]、非正式约束和实施机制所构成。这三部分就是制度构成的基本要素。

1. 正式约束，即通常所说的正式制度（正式法规），是指人们有意识地创造的一系列政策法规，即政治规则、政治规则和契约，以及由这一系列的规则所构成的一种等级结构。

2. 非正式约束，即通常所说的文化习俗，是指在社会发展和历史

———

[①]本章所讲的制度就是指"正式约束（正式制度）"，不包括"非正式约束（非正式制度）"，"非正式约束（非正式制度）"相当于第七章中的文化的概念。制度与文化的关系实际上就是指经济学家所讲的"正式制度"与"非正式制度"的关系。关于制度与文化之间的关系，丹尼尔·埃诺加·格尔认为，"文化是制度之母。"从长远看，这个观点当然是正确的。就短期而言，制度上的变更往往是由政治促成的变更，可能对文化产生影响。其实，文化与制度之间是一种蕴涵与互动的关系，文化中蕴涵着制度，制度中也体现了文化，没有文化的制度与没有制度的文化都是不可想象的。

演进中自发形成的、不依赖于人们主观意志的文化传统和行为习惯，它是人们在长期交往中无意识形成的，具有持久的生命力，并构成代代相传的文化的一部分，主要包括价值观念、伦理规范、道德观念、风俗习性和意识形态等因素，其中意识形态和价值观念处于核心地位。

3. 实施机制，就是保证制度得以实行和发挥作用的手段、工具、政策或措施，包括相应的机构、人员、惩罚措施等，其作用在于保证非正式约束和正式约束的实施和落实。

（四）制度的基本功能

制度能够规范人们的行为，由此而带来的便是制度在规范人们行为时所发挥的种种功能。对于这些功能，称之为制度功能。而且制度之所以被人为地选择和创造出来，就是因为它具有满足人们需要的功能。诺思谈到制度功能时认为："制度提供了人类相互关联相互影响的框架，他们确立了构成一个社会或者更确切地说，一种经济秩序和合作与竞争关系。"[173]较早对制度的功能结构进行分析的学者张宇燕，在其1992年的出版的《经济发展与制度选择》一书中，给出了下面这个制度功能结构图（图6-4）。

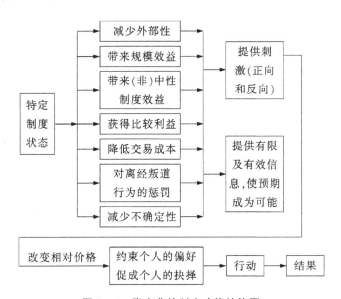

图6-4　张宇燕的制度功能结构图

可以看出，在他看来，制度主要具有以下七种具体功能：减少外部性、带来规模效益、带来（非）中性制度效益、获得比较利益、降低交易成本、惩罚离经叛道行为和减少不确定性。这七种功能又从属于两种更基本、更核心的功能，即提供刺激（正向与反向）与提供有限及有效信息使预期成为可能。

另一位分析了制度功能结构的学者卢现祥，在其1996年出版的《西方新制度经济学》一书中，也给出了一个制度功能结构图，他的图与张宇燕的基本相同，主要的区别是，他们对制度的具体功能的看法不同。卢现祥认为，制度的具体功能主要是以下六种：降低交易成本、为经济提供服务、为合作创造条件、提供激励机制、外部利益内部化和抑制人的机会主义行为（图6-5）。[174]

归纳起来，我们认为制度的基本功能主要有：①降低经济制度运行中的费用（即交易费用），为各项社会经济活动提供有效服务；②为实现合作创造条件，保障合作的顺利进行，制度提供给人们关于行为约束的信息，规范人们之间的相互关系，减少信息成本和不确定性，提高激励约束机构的兼容程度；③提供持续的制度化的激励机制。制度安排通过组织作为人们经济关系的"集结点"，通过建立制度化的规则，并确立财产所有权，把个人的经济努力不断引向一种社会性的活动，使个人的收益率不断接近社会收益率。

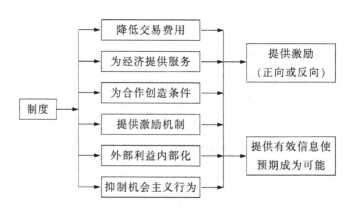

图6-5 卢现祥的制度的功能

二、　制度创新的分析框架与路径选择

(一)　制度变迁与制度创新

新制度经济学认为，人类社会的"历史大体是一种制度演进的故事，其中经济的实绩只能被理解为其中一部分，制度提供了一种经济的激励结构，随着激励结构的演进，制度决定经济变化的走向，是增长、停滞、还是衰退"。

制度是动态变化的。制度变迁，是指制度形成、变更及随着时间变化而被打破的方式。制度变迁可以被理解为一种效益更高、交易费用更低的制度对另一种效益较低、交易费用较高的制度的替代过程。制度变迁还可以被理解为对一种更有效益的制度的"生产过程"，这是一个较长的、历史的过程，变化总是从习惯习俗、道德观念、意识形态约束等非正式规则的边际演变开始，这种连续的演变最终导致那些正式的规则发生变化。[175]制度变迁可以是强制的，由政府推动并主导，也可以是诱致性的，由制度环境的变化而引发。一种初始制度的形成往往与当时的条件有极大的关系，一旦选择了某种制度安排，制度就会锁定，进而会发生制度的路径依赖。不管制度是好的还是坏的，是有效率的还是无效率的。因此，制度选择与演进对区域发展具有不同寻常的作用。

制度创新，是指制度变迁的过程，是制度创新主体为获得潜在收益而进行的制度安排，从而获得具有更高效率的制度结构，也可以把制度具有重要意义的变迁视为制度创新。在制度创新中，有效的组织革命起着基础和关键的作用，制度创新往往首先表现为有效的组织创新。现代经济发展理论认为，扩大人类的经济选择范围是经济发展的基本目标之一，而影响人类经济选择范围的主要因素有三个方面，即"经济增长本身通过扩大资源基础和积累资本而形成人类选择的重要扩展；人力资本的改善如教育、技术和健康等，使得个人更有力量而同样扩展了选择；不过制度结构是第三个因素。"[176]制度对人类选择的影响是通过信息和资源的可获得性、塑造动力以及通过建立社会交易的基本规则来实现的。在经济发展中，制度的创新是通过提供更有效率组织经济活动的途径而对发展做出贡献的，而这些途径通常导致经济基础性的调整。

(二) 制度创新的分析框架

对制度创新研究最具代表性的理论成果是诺思的制度变迁理论。诺思制度变迁理论的一个核心观点就是"制度是重要的"。"制度"的重要性就在于它是一个地区、一个国家经济增长的最终决定力量。从斯密以来,经济学家一直把专业化和劳动分工的发展、生产技术的进步以及因此产生的市场规模的扩大看成是经济增长的原因,而制度因素始终被看成是一个外生变量而被排除在经济增长模型之外。但是,用劳动分工和技术进步来解释经济增长实证研究结果总是不能令人满意,因为在实际统计和计算出来的经济绩效中,总有一部分"剩余因素"得不到说明。诺思"制度是重要的"观点,至少能给我们两点重要启发:第一是推论性的,即既然制度是经济增长的最深层动因,那么可以合乎逻辑地推出"制度高于技术和资本积累"[1] 的观点;第二是方法论意义上的,诺思的结论是建立在对历史考察基础上的,这提示我们在分析制度创新对经济发展的作用时也必须在一个"历史框架"中思考,具体情况具体分析,不能泛泛而谈。这也正是马克思历史唯物主义的基本观点。这一点对于分析区域政府的制度创新在区域经济发展中的作用时具有重要借鉴意义。因此,我们可以总结出对制度创新的一个分析框架:制度是重要的,在经济发展中至少可以与技术和资本积累相提并论。对制度创新作用的分析,必须坚持"历史主义"的态度和方法。

(三) 制度创新的路径选择

在现代经济条件下,一个地区的经济发展和竞争力的形成并不一定完全依赖于其劳动力、自然资源、地理条件等内生的物质禀赋资源,即使具备了经济发展的内生变量和人才、技术、资本积累等外生变量,但如果缺乏科学合理的制度安排,照样难以成就。发展经济学认为经济起飞的三个必要条件之一是进行制度上的改革,按照能使经济最有效率的发展模式进行新的制度变革、制度创新和制度设计,建立一个有效的政治、社会和经济制度结构。新制度经济学认为,对经济活动和社会活动

---

①这个观点学术界一直存在争议,本书不做评论,但至少可以说明"制度"在经济发展中的作用也是相当重要的。

最关键、最根本的影响因素，不是价格，也不是技术，而是制度。"制度结构的选择对经济效率和增长有深远的影响。法律条例、个人财产、资源市场配置相结合的开放社会，与那些自由被限制和剥夺的社会相比，其增长率是后者的三倍（近几年是 2.73%：0.91%），其效率是后者的 2.5 倍。"[177]美国经济学家迈克尔·波特认为"一个公司的许多竞争优势不是由公司内部决定的，而是来源于公司之外，也即来源于公司所在的地域和产业集群"。[178]我国在改革开放前 30 年时间里，由于体制僵化、效率低下，虽然资本积累率一直维持 40% 以上，但经济发展却长期停滞不前；而从 1979 年开始改革开放 20 多年来，通过体制改革促进经济增长以及增长质量提高，保持了平均 9.6% 的高经济增长率，这主要并不是资本积累提高的结果，关键是制度变革的结果，据有关研究表明，我国持续 20 多年的经济高速增长约有 30% 直接来自制度创新的贡献。可见，制度创新是经济转型与发展时期一项非常关键的任务。而制度变迁的渐进性特征，决定了制度创新不可能一蹴而就，必须选择合适的方式和路径。[179]

三、　区域经济发展的制度分析

道格拉斯·诺思指出："教育的普及，出生率的降低，资本产出系数的提高等，都是经济发展过程中的现象，而非发展的原因，发展是制度变化的结果。"[180]在中国，随着改革开放的日益深入，人们越来越注重从制度的角度来深入思考改革的进程、改革的成就和改革的深化问题，于是，中国的制度经济学也逐渐形成和兴盛起来了。相继出现了《制度更是第一生产力》（邹东涛，1998）、《制度重于技术》（吴敬琏，2002）、《制度、技术与中国农业发展》（林毅夫，1994）等以突出制度更是第一生产力的思想。

（一）制度对经济发展的影响

制度提供人类相互影响的框架，构成一个社会、一种经济秩序的合作与竞争关系，形成了市场经济的基础。制度对经济活动的影响是通过一系列的规则，界定人们的选择空间，约束人们之间的相互关系，从而减少不确定性和交易费用来实现的（图 6 - 6），实现效用与利润的最大化。

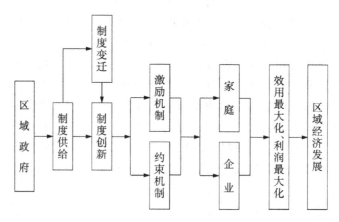

图 6 - 6　制度创新对区域经济发展的作用机制

制度创新之所以能推动区域经济增长（然后扩展到整个经济），是因为制度的变化具有改变区域经济结构、收入分配结构，以及改变资源配置的可能性。当引入一种新的制度后，就为每一个追求利益最大化的经济行为规定了约束条件，制度的变迁也意味着约束条件的改变。因此，制度创新正是通过改变交易规则来为区域经济增长创造条件。制度创新推动经济增长是非均衡的，由最初的"极化"向"扩散"转化构成了经济增长的过程。正如佩鲁指出的那样，"增长并不是同时在任何地方出现；它以不同强度最先出现在增长点或'增长极'，然后通过不同的渠道扩散，而且对整个经济产生不同的终极影响。"[181] 制度创新或一种制度安排通过塑造一种新的激励机制，刺激行为人参与交易活动、进行技术创新的动机和各种生产性活动，推动经济增长。

建立有效的产权制度对刺激区域经济增长是重要的。诺思指出："有效率的组织需要建立制度化的设施，并确立财产所有权，把个人的经济努力不断引向一种社会性的活动，使个人的收益率不断接近社会收益率。"[182] 有效率的产权具有竞争性和排他性，这有助于减少不确定性和避免机会主义倾向，能激励人们更有效地使用资源，并把资源投入发明与创新活动之中，引导资源流向更有效率的区域或产业，从而推动经济增长和发展。

（二）对经济发展因素的制度解释

西方传统的主流经济学在考察经济增长或经济发展时，从不涉及生产方法的变革，它们所说的"经济发展"主要甚至完全是指人口、资本、工资、利润、地租等在数量上的变化，主要通过各种物质生产要素和技术的变化去说明生产率的变化和经济增长。保罗·萨缪尔森就说："经济增长的发动机必定安装在四个相同的轮子上，无论穷国还是富国。"这四个轮子或者说增长的要素就是："人力资源"、"自然资源"、"资本"和"技术。"因而"总生产函数"的"数学表达式是：$F=Q=AF(K, L, R)$ 其中 $Q=$产出，$K=$资本对产出的贡献，$L=$投入的劳动力，$R=$投入的自然资源，A 代表经济中的技术水平，F 是生产函数"（保罗·萨缪尔森、威廉·诺德豪斯，1999）。

在西方传统主流经济学的上述经济增长模型中，制度是被视为已知的、既定的外生变量而排除在外的，它并不分析资本主义经济的演进过程。20 世纪 60 年代以来，诺思在其一系列论著中，系统地分析了制度变迁对经济增长的决定性作用，他在与罗伯特·托马斯合著的《西方世界的兴起》一书中，论述了"有效率的经济组织是经济增长的关键，一个有效率的经济组织在西欧的发展正是西方兴起的原因所在"（道格拉斯 C. 诺思、罗伯特·托马斯，1989）。他在《经济史中的结构与变迁》一书中指出："一种经济长期变化的主要来源是结构变迁，……结构变迁的参数包括技术、人口、产权和政府对资源的控制。政治—经济组织的变迁及其相应的激励效应，是将结构变迁的所有来源理论化的基础，而且还有包含着有目的的人类活动的制度改变"（道格拉斯 C. 诺思，1991）。

可以认为，社会生产力和经济发展水平决定了社会经济制度，同时，制度是影响社会经济发展的最重要因素之一，制度既能促进经济发展，也能阻碍经济发展，使经济陷于停滞，甚至遭到破坏。因此，把制度因素排除在经济增长函数之外，是犯了一个根本性的错误。对于正处于制度转型期，不仅各种制度安排不健全、不成熟、不协调，而且整个制度结构也在发展完善之中的欠发达区域来说，就更是如此。

（三）制度安排对现代经济发展的促进

1. 制度安排是资源有效配置的基本前提

现代经济发展的理论与实践均表明，资源有效配置与经济增长密切相关。经济增长虽然是土地、劳动、资本与技术等多种要素相互作用的结果，但是经济增长速度的快慢取决于生产要素的配置效率，其中制度性因素起着基础性作用。就资源配置的主体而言，一般来说，政府、企业和家庭是进行资源配置的三类主体。这三者在资源配置中的作用不同，其对应的功能划分便主要取决于社会经济运行中的制度安排。就资源配置的机制而言，市场机制与计划机制作为社会资源配置机制的两大类别，各有利弊，只有两者取长补短，进行有机而合理的搭配，才能达到资源的有效配置。而这两种机制合理搭配的具体选择则取决于一国或地区在一定时期经济发展中的制度安排。

2. 制度安排是决定经济增长速度的根本因素

在现代经济发展中资本、技术进步以及人力资本的质量，都是影响经济增长的重要因素，但是这些因素都属于技术性因素，只有制度安排这一制度性因素才能凌驾于各种技术因素之上，对经济增长起关键性的作用。一是在现代经济发展史上，在生产要素供给规模不变的情况下经济增长速度不一的事实并不鲜见。在技术进步等生产要素并不发生重大变化的情况下，制度的有效安排也能够导致经济的快速增长。二是在经济发展中政府组织与实施产权的功能，主要取决于制度性的因素而非技术性的因素。根据现代产权理论，政府必须对产权组织进行明确界定。但在现实经济发展中，政府并不是经济发展的中立者。它不仅介入经济生活，而且还直接或间接地干预经济运行。政府决定产权的组织及实施，并对相应的经济增长及其对应的产权组织效率负责。其中，政府经济职能的发挥显然并非技术进步等技术性因素所能为，而主要取决于经济运行中的制度安排。

第二节　区域创新的协同演化及其模型

一、　区域技术创新与制度创新的协同

协同学研究认为，系统内部各要素在相互作用过程中，往往形成某一或某些变量，称为"序参量"，促使不同要素结合在一起自行演化发展，并主导系统向着更为高级有序的结构发展。对于区域创新而言，创新协同可以认为是通过区域技术创新与区域技术创新子系统相互作用，形成技术创新、制度创新或两者共同为序参量，主导区域创新发展。其演化过程表现为区域不同经营期，技术要素与制度要素互动创新的形式，并随着区域发展，创新协同的模式从一种要素创新主导型向另一种要素创新主导型演进。[183]

（一）区域经济发展中的技术创新与制度创新

在技术与制度创新协同中，关于技术抑或制度成为创新的主导要素，存在两种截然不同的观点：技术决定论和制度决定论。以凡勃伦为代表的制度经济学派强调技术的重要性；以诺思（D. North）为代表的新制度经济学派强调制度的重要性，认为技术创新活动总是在一定的制度框架内进行，制度创新决定技术创新，合适的制度选择会促进技术创新，不合适的制度体系会导致技术创新偏离经济发展的轨迹，或抑制技术创新。当然诺思也承认技术创新对制度获得空间的决定作用。[184]以上两种观点从宏观角度分析了技术创新与制度创新的作用和地位，对区域而言，技术创新与制度创新在区域经济发展中的作用是不断变化的，在不同的时期会形成以某一要素创新或两者共同主导的创新协同模式，推动区域经济发展。

技术创新与制度创新不同的主要表现是，技术创新时间依存物质资本的寿命长短，而制度创新时间则并不取决于物质资本的寿命长短。制度创新具有一定的稳定性，谁也不可能，也不需要连续不断地创造出一种新的经济运行体制，而且机制转换的成本是非常昂贵的，涉及政治、社会和各个领域。制度创新的这种高成本和高风险代价决定了机制转换

的周期是很长的，因此，这也就决定了制度因素在经济增长与发展中的相对稳定的作用。而技术创新则可以是不断的，甚至可以在一天之内有若干重大的突破，因此，加快技术创新的周期，是加快区域经济发展的一条重要途径。当一种制度创新完成之后，经济增长会由于体制效力的逐渐释放而渐趋稳定。这时制度创新对经济增长的刺激作用就会消失了。而技术创新由于是不断的、可连续的，所以它就会通过长期的、不断的技术创新而刺激经济实现不断的、长期的发展。

（二）区域创新主导类型的划分

根据以上分析，我们可将要素创新主导型分为：技术创新主导型、制度创新主导型、技术创新与制度技术创新共同主导型。

1. 技术创新主导型（TI），是指区域创新发展主要依赖于技术创新的推动，决策者对资源的分配倾向于技术创新，而制度创新主要是服务于技术创新，是为了提高新产品或服务的创造效率。这种模式一般处于区域发展的初期（创业期），区域为了尽快占领某一市场以谋求继续发展，必须通过技术创新（包括自主创新、合作创新和模仿创新），生产或提供有一定需求规模的产品或服务，并据此建立和完善区域技术创新体系。而相关的制度创新主要是对日常的管理原则，管理方法进行适应性的调整。

2. 制度创新主导型（II），是指区域要获得发展必须打破原有的制度框架，重新制定新的制度体系，决策者对资源的分配倾向于制度创新，并努力营造相对稳定的良好的制度环境，为制度创新创造合适的运行机制。这一模式一般处于区域发展的中期（成长期），这一时期区域在信息交流和结构配置处于非正式阶段，技术创新的进一步开展将涉及到不同部门和人员的更为复杂的协调过程。因此，这一时期，制度创新的效果往往决定技术创新的成败。

3. 技术创新与制度技术创新共同主导型（TII），是指要素创新频率加大，关联度增强，使得技术与制度创新对区域经济发展具有同等的重要意义，并共同主导区域经济的发展。决策者倾向于技术创新与制度创新之间平衡分配资源，在推进技术创新的同时，不断完善区域制度创新体系。这一模式一般处于区域发展的成熟期，这一时期是区域强调稳定和效率兼顾的阶段，单纯关注技术或制度的创新已很难满足区域在该时期的发展，需要时时保持两者创新的互动性和协同性。

二、　区域创新协同演化模型的构建

首先，假设：①区域在进行技术创新投入的同时，也考虑了区域制度完善的投资，而且只有这两种投资方案进行选择。区域为了适应内外环境的变化而不断地在调整两方面资源投入比例。②区域进行创新是需要人、财、物和时间等广泛的资源投入才能进行。资源分配比重大的要素是区域创新协同发展的主导模式，如技术创新资源分配的比重大于制度创新，则可称为技术创新（TI）主导型，反之，则称为制度创新（II）主导型；当两者资源分配比重相当时，可称为技术与制度创新（TII）共同主导型。③区域创新协同的演化是在区域从创业、成长到成熟一段时间内的连续过程。[185] 那么，区域创新协同演化过程表现为技术要素与制度要素创新分配资源间的比例构形的波动。这样，区域创新协同演化模型包括：

1. 区域创新要素构形[186]

区域创新要素构形就是研究投入技术创新与制度创新之间资源的比例关系。假设区域总的创新投入资源为 $2N$，$2N \gg 0$。同时，设给定时间 t，制度创新资源投入为 $n_i(t)$，技术创新资源投入为 $n_t(t)$，则 $n_i(t) + n_t(t) = 2N$。因此，数据 $\{n_t(t)，n_i(t)\}$ 表示对应于一定创新资源中技术创新与制度创新资源投入的变化，定义为"区域创新要素构形"。

定义：$n(t) = \dfrac{n_i(t) + n_t(t)}{2}$ （6.5）

这样，n 的增加或减少就可以反映创新要素构形如下变化 $\{n_i，n_t\}$ → $\{n_i+d，n_t-d\}$ 或 $\{n_i，n_t\}$ → $\{n_i-d，n_t+d\}$。即投入制度创新资源增加 d 个单位，则投入技术创新资源减少 d 个单位，或者相反。为了计算上的方便，将区域创新要素构形进行归一化处理。归一化变量：

$x(t) = \dfrac{n(t)}{N}$ 　　 $(-1 \leqslant x(t) \leqslant 1)$ （6.6）

可用 $x(t)$ 代替 n。$x(t)>0$ 说明区域创新协同模式是 II 主导型，$x(t)<0$ 说明区域创新协同模式是 TI 主导型，$x(t)=0$ 说明区域创新协同模式是 TII 主导型。

2. 区域创新要素构形的运动方程

区域创新要素构形的运动方程受决策者根据区域的具体情况，对制度或技术创新偏好程度的影响。如决策导向制度创新，则制度创新资源投入比重将会上升，反之则相反。同时，偏好的变动也受到区域创新要素构形的影响，这种影响表现为：如果技术创新资源投入的比重大，那么为了保持区域的持续发展，将转向偏好制度创新；反之，将转向偏好技术创新。因此，区域创新要素构形的运动方程与区域技术或制度创新偏好的运动方程的耦合，将更好地分析区域创新协同演化过程。

由于区域创新协同受到组织内外部复杂多变的主客观因素影响，区域创新要素构形将是随机变动的。因此，应采用概率分布来描述区域创新要素构形的运动方程 $P[n_i, n_t; t] = P(n; t)$ 来表示区域创新要素构形。$P(n; t)$ 表示在时刻 t，构形为 $\{n_i, n_t\}$ 的概率，显然这样的概率分布满足归一化条件：

$$\sum_{n=-N}^{N} P(n; t) = 1 \qquad (6.7)$$

首先，把制度创新与技术创新资源投入的比例变化定义为：

$$P_i \rightarrow t[n_i, n_t] = p\downarrow(n); \quad P_i \leftarrow t[n_i, n_t] = p\uparrow(n) \qquad (6.8)$$

其表示单位时间内构形 $\{n_i, n_t\}$ 中的一个资源投入的转向概率。这个转移概率应等于单个资源的转移概率乘以可转移的资源量。即：

$$W\downarrow(n) = n_i p\downarrow(n) = (N-n)p\downarrow(n); \quad W\uparrow(n) = n_t p\uparrow(n) = (N-n)p\uparrow(n) \qquad (6.9)$$

则 $P(n; t)$ 的运动方程就是概率论的主方程，它由一般概率统计的方法来建立，具体写为：

$$\frac{dP(n; t)}{dt} = [W\uparrow(n-1)P(n-1; t) + W\downarrow(n+1)P(n+1; t)] - [W\uparrow(n)P(n; t) + W\downarrow(n)P(n; t)] \qquad (6.10)$$

上式等号右边第一项描述单位时间流向构形 n 的概率流，第二项描述单位时间从构形 n 流出的概率流。该方程是在区域创新要素构形中每次只能改变一个单位的资源分配。

按照概率的定义，平均值 $\langle n \rangle = \sum\limits_{n=-N}^{N} nP(n; t)$ 在一定近似条件下满足方程：

$$\frac{d\langle n \rangle}{dt} = \sum_{n=-N}^{N} n \frac{dP(n; t)}{dt} = \sum_{n=-N}^{N} [W\uparrow(n) - W\downarrow(n)] P(n;$$

$$t) = [W\uparrow(\langle n \rangle) - W\downarrow(\langle n \rangle)] \tag{6.11}$$

这里可以把平均值 $\langle n \rangle$ 的运动方程化为平均值 $\langle x \rangle$ 的方程：

$$\frac{d\langle x \rangle}{dt} = K(\langle x \rangle) \tag{6.12}$$

其中，驱动力 $K(\langle x \rangle)$ 的具体形式是：

$$K(\langle x \rangle) = \frac{1}{N} [W\uparrow(\langle n \rangle) - W\downarrow(\langle n \rangle)] = (1 - \langle x \rangle) P\uparrow$$

$$(N(\langle x \rangle) - (1 + \langle x \rangle) P\downarrow(N\langle x \rangle)) \tag{6.13}$$

可以将 (6.12)，(6.13) 方程简化为：

$$\frac{dx(t)}{dt} = K(x(t)) \tag{6.14}$$

3. 区域创新要素构形分布参量

从方程 (6.13) 可知，驱动力不仅依赖在时刻 t 资源投入的分布 $x(t)$，而且也依赖在时刻分布的个体转移概率 $P\uparrow(x)$，$P\downarrow(x)$。这样，可以认为转移概率的大小是由区域资源投向技术创新或制度创新的偏好，记为 δ（称为互变因子），和由给定环境下资源投向之间的转移强度，记为 k（称为协调因子）来决定的。

这时，驱动力 K 可以写成参量 δ，k 的函数：

$$K(x; \delta, k) = (1 - x) P\uparrow(x; \delta, k) - (1 + x) P\downarrow(x; \delta, k) \tag{6.15}$$

根据参量性质的分析，$P\uparrow(x; \delta, k) - (1 + x) P\downarrow(x; \delta, k)$ 可以用以下方程来表示：

$$\begin{cases} P\uparrow(x; \delta, k) = v\exp(\delta + kx) \\ P\downarrow(x; \delta, k) = v\exp[-(\delta + kx)] \end{cases} \tag{6.16}$$

其中 v 是 K 的标度因子，它因单位的选取不同而取不同的值。从方程 (16) 可知，$\delta > 0$ 对 $P\uparrow$ 的贡献大于 1，对 $P\downarrow$ 的贡献小于 1，这相应于制度创新资源投入的比重将增大；反之，$\delta < 0$，技术创新资源投入的比重将上升。k 增大时，若 $x > 0$，则区域创新资源投入中，制度创新资源投入比重增大趋势将增强；若 $x < 0$，技术创新资源投入比重增大趋势将增强。

为了具体分析区域创新要素构形的变化，把驱动力 K 作为某个势函数 $V(x; \delta, k)$ 的负梯度：

$$K(x; \delta, k) = -\frac{\partial V(x; \delta, k)}{\partial x} \tag{6.17}$$

其中 $V = \dfrac{2v}{k^2}[kx\sinh(\delta + kx) - (1+k)\cosh(\delta + kx)]$ （6.18）

同理，可对互变因子 δ 的变化进行如下分析：当 $x = 0$，技术创新资源投入等于制度创新资源投入，$\delta(t)$ 最终朝着没有任何偏好的方向变化，即技术创新与制度创新同时进行，$\delta(t) \xrightarrow[t \to \infty]{} 0$；当 $x < 0$，即技术创新资源投入大于制度创新资源投入，$\delta(t)$ 应趋向于制度创新，$\delta(t) \xrightarrow[t \to \infty]{} \delta_0$；当 $x > 0$，即制度创新资源投入大于技术创新资源投入，$\delta(t)$ 应趋向于技术创新，$\delta(t) \xrightarrow[t \to \infty]{} -\delta_0$。据此，写出 $\delta(t)$ 的方程：

$$\frac{d\delta(t)}{dt} = \mu[\delta_0 - \delta(t)]\exp[-\beta x(t)] - \mu[\delta_0 + \delta(t)]\exp[\beta x(t)] \tag{6.19}$$

其中，$\mu > 0$，$\beta > 0$，$\delta_0 > 0$

δ_0 称为资源投入的决策幅度，可以看成是互变因子的容许值；可设 $\delta_0 > 0$，β 仍是趋向反转的速度参数，它反映 β 随 x 变化的快慢。资源的分配往往取决于决策者的判断（偏好），可以认为偏好 δ 的变化往往先于资源分配 x 变化，因此，可得 $\beta > 1$；μ 称为偏好灵活性参数，反映互变因子 δ 变化的灵活程度，也是标度因子。记 $\gamma = \mu/v$。

经过简单的变换，我们可以得到一个与 x 的变化相类似的运动方程：

$$\frac{d\delta(t)}{dt} = L(x; \delta, k) \tag{6.20}$$

资源投入偏好驱动力 $L(x; \delta, k)$ 的具体形式是：

$L(x; \delta, k) = -2\mu\{\delta_0\sinh[\beta x(t)] + [\delta(t) - \delta_1]\cosh$

$[\beta x\ (t)]\}$ 　　　　　　　　　　　　　　　　　　　　　　(6.21)

其中 δ_1 表示整体对制度创新投资的偏好。

4. 区域创新协同演化模型的求解与分析

区域创新理论研究表明，对于日益复杂多变的外部环境，为了在激烈的市场竞争中立于不败之地，区域必须时时保持技术创新与制度创新之间的良性互动，并在区域成熟期间达到一个两者共同主导的一个稳定状态，从模型分析可知，$(x,\delta)=(0,0)$ 是方程 (6.14)、(6.20) 的一个定态解，即：$x\ (t)=0$，相应的模型条件必须满足：$k<1+\gamma$（其中 $\gamma=\mu/v$ 是两个"力"的标度因子之比）。同时，基于区域创新协同理论分析，区域在创业期，往往需要技术上的创新，生产新的产品或提供新的服务，以占领市场，维持区域经济的进一步发展。因此，区域创业期决策偏好于技术创新，相应的资源也主要投向技术创新，据此可设定模型初始值 $x\ (0)=-1$，$\delta\ (0)=-1$。

依据不同经营时期区域创新协同主导型的变化，将相关的参数及初始值代入联立方程 (6.14)，(6.17)，(6.18)，(6.19) 可求出区域创新协同的演化过程示意图，即 x (t)，δ (t) 的曲线，如图 6-7 所示：

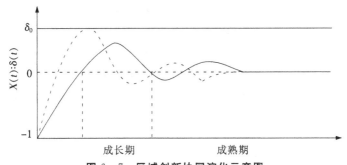

图 6-7　区域创新协同演化示意图

注：图中粗线表示 $X\ (t)$ 变化，$x<0$ 表示资源投入偏重于技术创新，区域创新协同模型为 TI 主导型，类似的，$x>0$ 为 II 主导型，$x=0$，为 TII 主导型；细线表示 $\delta\ (t)$ 决策者创新投入偏好的变化。其中 $\beta>1$，$k<1+\gamma$。

从图 6-7 上可以看出，$X\ (t)$、$\delta\ (t)$ 经过几次不稳定的振荡而趋向 $X=0$，$\delta=0$ 的稳定值。

三、 区域技术创新与制度创新的博弈

博弈论是现代西方经济理论的一个重要分析工具。博弈论认为，一项制度安排的产生往往是不同利益主体在现有制度框架内博弈均衡的结果。[187]在现有的制度结构中，某一项具体的制度安排，参加博弈的任何一方都处于无意或曾有意但又无力改变的状态。这一状态并不意味着个人对该项制度安排非常满意，只是由于改变它或进行制度创新的相对成本太高，结果就导致了这一状态的延续。[188]

当现存制度安排的社会净收益小于另一种可供选择的制度安排时，就可以出现一个新的盈利机会，此时会产生新的制度需求。决策主体为了捕捉这一新的盈利机会，就会采取种种方式改变原有的制度安排，选择和建立一种更加有效的制度安排。这就引发了制度创新的可能性。

对于区域国有企业来说，其所有权归属于国家，进行制度创新应当由区域政府主导并加以推动，这种创新是自上而下进行的，是"强制性制度变迁"。当然，企业内部也存在着进行创新的动力，也能产生自下而上的"诱致性制度变迁"，但这种创新的力量与前者相比或微不足道，或缺乏一般意义，因而，制度创新的主体是政府。但国有企业进行技术创新时，企业是技术创新的主体。这是因为，技术创新更多地表现为是一种市场行为，其依靠市场机制引导的特性决定了自身的运作应独立于政府之外进行，如果政府干预只能导致"政府失灵"，或者因决策失误而导致失败，或者使技术创新成为公益性活动，无论哪种情况，都是与国有企业属性相抵触的。

既然企业是技术创新的主体，政府是制度创新的主体，现假定二者均属理性决策的"经济个体"，即企业以经济效益最大化为目标进行技术创新，而政府以社会效益最大化为目标进行制度创新。现设定二者的创新收益如下：（1）政府进行制度创新成本支出为2个单位，因完善的制度环境可以带来社会效益的提高，使创新收益为7单位，则政府进行制度创新的实际收益为5个单位；（2）政府若不进行制度创新，则成本支出为0，而社会效益不会提高，甚至更差；（3）企业进行技术创新成本支出为3个单位，因技术改进可以带来经济效益的提高，使创新收益

为 8 个单位，外部经济性为 1 个单位，则企业进行技术创新的实际收益为 6 个单位；（4）企业若不进行技术创新，则其直接收益因外部经济性为 1 个单位，成本支出为 0；（5）在完善的制度环境下，企业技术创新的直接收益得到保障，即完全取得 6 个单位的收益。在不完善的制度环境下，创新收益降低 1 个单位，则企业的收益为 5 个单位。根据以上设定，企业和政府之间在创新方面的博弈支付矩阵如表 6-1：

表 6-1　技术创新与制度创新的博弈支付矩阵

企　业

		进行技术创新	不进行技术创新
政	进行技术创新	(5, 6)	(5, 1)
府	不进行技术创新	(0, 5)	(0, 1)

在表 6-1 中，对于政府来说，无论企业选择"进行技术创新"还是选择"不进行技术创新"，都只能选择"进行制度创新"，因为"进行制度创新"，可以使政府的收益增加；对于企业来说，无论政府选择"进行制度创新"还是选择"不进行制度创新"，都只能选择"进行技术创新"，因为"进行技术创新"，可以使企业的收益增加。所以，该博弈的 Nash 均衡收益为（5，6），[189] 即政府"进行制度创新"的同时，企业"进行技术创新"。而这时也就实现了政府与企业收益的 Pareto 最优。

相反，如果出现制度创新与技术创新不配合的情况，即在政府"进行制度创新"时企业"不进行技术创新"，或企业"进行技术创新"时政府"不进行制度创新"，都会使企业导致收益的减少。在第一种情况下，企业"不进行技术创新"较之"进行技术创新"收益减少 4 个单位；在第二种情况下，政府"不进行制度创新"较之"进行制度创新"使企业收益减少 1 个单位，就企业局部而言，第二种情况企业收益的减少小于第一种情况收益的减少，即企业"进行技术创新"带来的效益要比政府"进行制度创新"给企业带来的效益明显。但就整体区域经济而言，由于制度创新远远滞后于技术创新，存在着巨大的需求空间，企业"进行技术创新"的效果要大于政府"进行制度创新"的效果，这与前者结论一致。

博弈论的分析，进一步证明了在经济增长过程中技术创新与制度创新存在着互动关系。制度创新能够为技术创新创造条件，并且使技术创新的直接收益得到保障，技术创新在一定情况下能够引发制度创新，甚至可以降低某些制度创新的成本。这就是技术创新与制度创新互动关系的机理所在。

第三节　区域经济发展：技术与制度的协同互动

区域经济发展研究中，技术与制度之间的关系是理论界、政策界和企业界长期以来一直争论的问题。推动经济发展的主要力量是技术本身的演进，还是有利于创新的制度安排，素有"单线决定论"之说，代表性的理论有：技术决定论和制度决定论。[190]

一、　区域经济发展的技术决定论

技术决定论在美国制度学派的著作中也是一个处于支配地位的论点。[191]凡勃伦和他的追随者将技术视为经济发展与增长的动态因素，而制度是静态的因素。凡勃伦在《企业论》、《科学在现代文明中的地位》、《工程师和价格制度》等著作中论述了科学技术的作用。凡勃伦从人的本能出发，认为在人类经济生活中存在着两种主要制度，即生产技术制度和私有财产制度。在社会经济发展的不同阶段，这两种制度表现为不同的具体形式。在资本主义社会，这两种制度的具体形式是"机器利用"和"企业经营"。机器在工业生产中的作用是现代经济的决定性因素。艾尔斯继承了凡勃伦的这种两分法，并用对技术与制度矛盾的分析，代替对机器利用和企业经营矛盾的分析。

艾尔斯认为，技术创新的过程是由其自身的内在力量和历史的必然性所推动的，现代文明中最重要的力量就是技术创新。在艾尔斯看来，技术是社会进步的代表，是使工业社会的成就成为可能和使制度、人性、文明得以形成的动态力量，是西方工业化和经济发展的根本原因。尽管艾尔斯十分重视对制度的研究，但他认为制度是古代的、静止的，并且缺乏技术创新所需要的组织上的可变性。艾尔斯认为，技术与制度，或者说技术行为与制度行为是相互矛盾的。科学和技术的冲击倾向于缩小制度行为的范围。西方经济的发展不能归功于市场制度，正是技术的发展才使市场的发展成为可能。

埃尔文 K. 青格勒指出，在凡勃伦的体系中，正是动态技术与静态制度之间的辩证斗争与冲突，导致了经济与政治制度被慢慢地置换与替代，经济组织的体系经历了历史的变迁与调整。西蒙·库兹涅茨在他的数量研究中讨论现代经济增长的原因时，他所使用的术语也与凡勃伦所使用的术语非常类似。加尔布雷思根据凡勃伦和"工艺学派"的理论提出了自己独特的"技术发展的必然性"理论，他认为，科学和技术是决定经济发展性质的独立力量，是社会进步的主要推动力，科学和技术影响社会的演进是一个自发的过程，经济演进的整个过程和经济生活的一切方面，都是由技术的发展决定的。

二、 区域经济发展的制度决定论

新制度经济史学派的制度变迁理论是新制度经济学中的一个重要理论分支，其研究重点集中于经济结构和制度，对于经济增长的影响以及经济制度的发展演化规律，其代表人物是道格拉斯 C. 诺思。诺思在制度变迁理论中提出了"制度决定论"。

波拉伊在《大转变》一书中分析工业革命的原因时主张制度变迁（而不是技术变迁）是经济发展的动态原因。按照这一线索，道格拉斯 C. 诺思和 P. 托马斯在《西方世界的兴起》一书中开门见山地指出该书的中心论点："有效率的经济组织是经济增长的关键；一个有效率的经济组织在西欧的发展正是西方兴起的原因所在。"[192]一个社会如果没有实现经济增长，那就是因为该社会没有为经济方面的创新活动提供激励，也就是说，没有从制度方面去保证创新活动的行为主体应该得到的最低限度的报偿或好处。纵观通常的观点，则是将技术创新、规模经济、教育和资本积累等看作是经济增长的源泉，可在诺思和托马斯看来并非如此，认为它们本身就是增长。

在《西方世界增长的经济理论》（诺思，1970）和《庄园制的兴衰：一个理论模式》（诺思，1971）两篇本书中，诺思自觉地提出了一个不同凡响的观点：对经济增长起决定性作用的是制度性因素而非技术性因素。诺思认为，所谓经济增长就是人均收入的长期增长，而一些通常被认为是影响经济增长的因素，如技术创新、规模经济、资本积累等并不是经济增长的原因，它们本身就是增长的表现，而只有能够提供个人刺激的有效的制度—包括所有制、分配、机构、管理、法律政策等——才是经济增长的决定性因素。同样，在制度与技术的关系上，诺思认为是制度的进步——如专利制度对技术创新的保护——刺激了技术的发展，从而是制度决定技术而不是相反。诺思用这一观点重新解释了经济史上的产业革命，指出产业革命是大规模制度创新的结果，是制度创新带来了人类经济的新纪元，而产业革命只是其表现。

小艾尔弗雷德·钱德勒在《看得见的管理—美国企业的管理革命》[193]中论证到20世纪50和60年代发生在美国工业的管理革命，同它对技术变迁可能实现的潜在规模经济收益的回应相比，更多的是由市场机会扩张所诱致的制度变迁的产物。在20世纪的20年代，美国的杜邦公司、通用汽车公司、美孚石油公司和西尔斯公司开始发展一些新的组织模式。由这些结构性创新所导致的制度效率的收益，又创造了一种传导技术创新的环境。这种新组织模式一方面由决策高度集中的经营公司组成，另一方面它又包括松散的分散持股公司。在这一新制度演进中，当对一个多重分工的结构所进行的决策高度分散的同时，对整个团体的战略计划和金融控制却仍然由一个集中的机构来裁决。在主导性企业中，通过建立一个通用的办公室和处理产品发展的日常事务来使战略决策系统化、分散化、决策的制度化。在钱氏看来，美国工业中的规模经济更多的是制度创新的产物，而不是技术变迁的结果。

三、 技术与制度的相对成本收益主导论

（一）技术与制度关系的相对成本收益解释

在对技术与制度相互关系理论的回顾中可知，两种相互对立的观点都将技术（或制度）看作是推动社会经济发展的本源性力量，而这种单线决定论是有失偏颇的。拉坦在对技术创新和制度变迁的相互关系的研究中曾发现，影响技术创新和制度变迁需求的因素是非常相似的。要素

相对价格的变化和资源的相对稀缺性变化，是导致技术和制度变革的主要原因。对于技术和制度的关系以及它们在经济增长中的作用，我们完全可以从资源稀缺与二者的关系的角度来理解，其基本观点是：技术创新和制度创新都是要消耗资源的基本经济活动，同时二者又可以从不同的角度对经济增长起推动作用，技术创新可以降低生产的直接成本，制度创新可以降低生产的交易成本。当资源的相对稀缺性发生变化时，经济中出现不均衡，经济发展也因此有了可以拓展的空间，这时人们将面临两种选择：技术创新或制度创新。然而无论哪种选择都要耗费资源，人们将在这两种选择中进行自觉或不自觉的成本收益比较，边际收益高的选择将被实行，从而使技术或制度在一定时期和条件下成为经济增长的主要推动力量。

基于上述观点，在理解技术与制度之间的关系时，从根本上看，既不是技术决定制度，也不是制度决定技术，二者的关系取决于特定条件下资源的稀缺性和进行技术创新、制度创新的相对（成本）收益比。追求相对收益（地位）是人的天性。无数证据表明人们更关心收益比较的相对量而不是绝对量的大小。[194] 在现实中我们可以看到，"技术决定论"和"制度决定论"的支持者总可以从经济史中找出为其观点进行佐证的史实，从而争论不休。的确，在经济史中可以发现大量的例证表明在大的技术创新或制度创新之后，另一方一般都要随之而发生改变的。其原因在于，在初始阶段由于不同的资源条件，进行技术创新（或制度创新）的边际收益较高，从而首先出现的是大规模的技术创新（或制度创新），当技术创新（或制度创新）进行到一定阶段时新的收入流已逐步内在化，边际收益开始下降，当其边际收益降到低于制度创新（或技术创新）的边际收益时，技术创新（或制度创新）活动将暂时趋于稳定，而制度创新（或技术创新）将变得活跃，从而出现较大规模的制度变革（或技术创新）。这样，我们可以发现技术和制度二者之间并不存在绝对的谁决定谁的问题，只是由于相对的成本收益比发生了变化，才使得某一因素在不同时期和不同条件下成为主导因素。

从静态均衡分析来看，在其他条件不变的情况下，当一个区域的资源分配于制度创新和技术创新的边际收益相等时，则二者处于均衡稳定状态。反过来，一个区域经济所决定的用于制度创新的资源量是由它的

边际收益与用于技术创新资源的边际收益相等的那一点决定的。如图
6-8 所示，MR_1、MR_2 分别表示制度创新和技术创新的边际收益，两
者交于 A 点，在 A 点左方，技术创新的边际收益高于制度创新，从而
这时经济中将以技术创新为主；在 A 点的右方，制度创新的边际收益
大于技术创新，从而经济中将以制度创新为主。

由于可用于制度创新和技术创新的资源都是稀缺的，而制度和技术
又都能为人类的社会经济发展做出相应的贡献，因此如何在制度创新和
技术创新之间分配资源就成为一个重要的理论和实践问题。

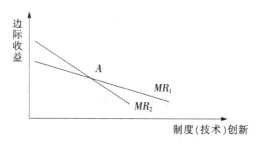

图 6-8　制度创新与技术创新的关系

（二）技术与制度关系的相对成本收益主导模型

通过上述理论分析，我们可以将技术与制度相互关系的第三种解
释——相对成本收益主导论归纳为一个模型，并对此模型作进一步的阐
释。正如（图 6-9）模型所示，我们讨论的起点是特定条件下资源的
相对稀缺性变化，因为技术创新和制度创新都可以推进经济增长，由此
引发追求经济增长过程中对技术创新和制度创新资源配置的需求。当一
些技术创新和制度创新需求进入权力中心的选择集合，并符合供给的约
束条件，权力中心将考虑满足这部分需求，通过规划而形成意愿供给。
意愿供给指的是技术创新/制度创新资源配置的供给主体，根据其偏好
及成本收益计算所制定的某项技术创新/制度创新资源配置的调整方向、
规划及具体的操作过程。意愿供给根据技术创新/制度创新资源配置需
求制定，理论上二者应相符。在推行意愿供给过程中，权力中心需要通
过各级代理机构来贯彻、执行和实施并形成实际供给。理性的各级代理

机构将根据特定条件下资源的相对稀缺性，进行社会分配于技术创新与制度创新条件下资源的相对稀缺性，进行社会分配于技术创新与制度创新的资源量的边际收益计算比较，当 $MR_1 > MR_2$ 或 $MR_2 > MR_1$ 时（MR_1、MR_2 指区域分配于技术创新或制度创新的资源量的边际收益），此时，根据非均衡理论中的"短线决定原则"，在特定时期和特定条件下才使得技术创新或制度创新成为推进经济增长的主导因素。

在实际推进过程中，当意愿供给是由权力中心在信息非对称情况下来完成时，意愿供给与实际的技术创新/制度创新资源配置需求之间必然产生偏差（如图 6-9）所示偏差 1）。产生偏差 1 的原因在于信息的不完全性。区域对技术创新/制度创新资源配置的需求是通过层层的信息中心上报的。由于层级过多及信息通道容量的限制，传递过程中将出现信息失真。而层次过多，信息在"途中"滞留的时间也越长，上达到权力中心后可能由于实际情况已发生变化而使原来的信息失效。另外，由于利益集团的冲突，上述的信息具有可伪性。信息的不完全必然使权力中心做出意愿供给时偏离实际需求。

权力中心的意愿供给只是设计出技术创新/制度创新资源配置的蓝图，而这一蓝图的实现必然要通过各级代机构来贯彻、执行和最终形成实际供给。实际供给就是各层代理机构在推行意愿供给过程中，根据自身的偏好及利益关系，在一定的限度内对意愿供给进行修正，从而最终形成的供给。各级代理机构虽然是权力中心的代理者，其行为受权力中心的约束，其活动要听从权力中心的命令，但实际上各级代理将会根据自身的利益对意愿供给进行修正，这时产生了一个偏差（如图 6-9 所示偏差 2）。我们有必要对偏差 2 作进一步分析，偏差 2 的产生并不一定是件"坏事"。越是下级的代理机构接近于需求主体的影响，同时他们的信息较完全、真实、时滞较小，基层代理机构为得到所辖范围内人民的支持以求突出政绩或职位升迁，从而使偏差相对缩小，这将有利于推进经济增长。但另一方面，在某种体制（如集权体制）下，职位的升迁是影响代理机构效用的重要变量，而这种升迁不一定决定于辖区内经济增长如何。根据权力中心的偏好，可能更重要的是政治利益，本着这个目标，下级代理机构可能视实际需要求于不顾，而极力迎合权力中心，通过对意愿供给的进一步扭曲，使自身获得更大的好处。这就使得技术创新/制度创新资源配置的供给与需求之间的偏差越来越大，两者极不对称，结果技术创新/制度创新资源配置的不均衡始终难以消除，经济始终处于低效率中。

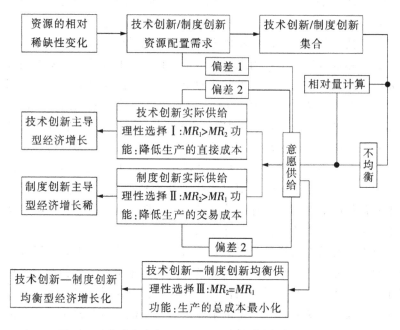

图 6 - 9　技术创新与制度创新的相对成本收益主导模型

在推进经济增长过程中，只有当激励耦合使权力中心和各级代理机构具有完全理性时，才会出现 $MR_1 = MR_2$ 的理性选择，即促成技术创新—制度创新均衡型经济增长。但这是一种特定意义下的、暂时的和事后的均衡，从一个较长的时期看，由于资源的相对稀缺性变化，这种非常态的理想状态将不断被打破，即均衡非常态，经济增长更多地呈现为技术创新主导型经济增长或制度创新主导型经济增长，由此在非均衡中促成经济增长。其非均衡的原因在于技术创新与制度创新之间存在着既替代又互补的关系，即当 $MR_1 > MR_2$ 或 $MR_2 > MR_1$ 时，主要表现为技术与制度的互补关系。在当前推进经济增长过程中同样存在着上述现象。事实证明，只有将不同地区、不同行业和不同企业的技术创新主导型经济增长与制度创新主导型经济增长有机地结合起来，归还需求主体的技术创新和制度创新的创新权力，才能不断促成国家、区域、行业和企业的经济增长与发展。

四、　技术与制度关系的互动模型

由于技术与制度互动的复杂性与系统性，很难对其进行全面的描述。有鉴于此，下面做一简化的模型抽象。[195] 如图 6-10 所示，模型中设定 TS（Technology Standard）为技术水平，IA（Institution Arrangement）为制度安排；T_t 为 t 时刻的技术水平，I_{t+1} 为 $t+1$ 时刻的制度安排；相应地，T_{t+1} 为 $t+1$ 时刻的技术水平，I_{t+2} 为 $t+2$ 时刻的制度安排。从模型中可以看出，由于技术水平 T_t 的激励，就会推动制度安排进入 I_{t+1} 状态；而 $t+1$ 时刻的制度安排又为 T_{t+1} 技术进步奠定了基础，提供了条件，进一步促进技术进步达到 $t+1$ 水平；技术水平的发展又会引发制度安排进入一个新的状态 I_{t+2} …… 如此循环，不断向前发展，使技术与制度处于一个良性的互动之中。

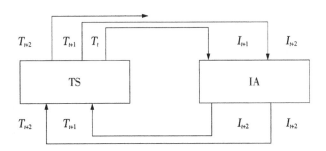

图 6-10　技术与制度关系的互动模型

在技术与制度的互动中，有下列三种基本关系：设技术进步对经济增长的推动力为 F（T），制度对经济增长的支撑力为 P（I），则有：

若 F（T）＞P（I），即技术进步的推动力大于制度的支撑力，则说明技术的供给相对过剩，或制度的供给相对不足，现实中表现为大量的科技成果被积压或闲置不能迅速转化为现实的生产力，不能为经济发展服务。此时经济增长的瓶颈在于提供更多的制度供给或进行制度创新。

若 F（T）＜P（I），即技术进步的推动力小于制度的支撑力，则说明制度供给超前于技术创新的能力，存在制度冗余。此时现实的对策往往是加速技术开发能力或提高制度供给的有效性。

若 F（T）＝P（I），即技术进步的推动力与制度的支撑力相当，这时技术与制度的供求基本上满足经济平衡增长的要求，处于一个良性互动机制之中，这正是互动系统所追求的理想目标。但是，在现实中，考虑到二者不可能绝对相等（往往是制度滞后于技术），因而我们追求的目标应该是技术与制度处于一个动态的良性互动循环之中。

技术与制度的互动系统在时间和空间轴上不断地演进。伴随着互动中介（人类活动）的主体性功能的发挥与目的性追求的实现，且互动结果总是永恒地表现为利益目标（总收益的最大化与总成本的最小化），即在宏观上表现为经济增长（有时候可能为负增长）。设 G_t 表示经济增长，它是技术与制度互动的结果，可以表示为：$G_t = f（\hat{T}_t，I_t）$。[①] 要使 G_t 最优，则必须满足：

$$\frac{dG}{dt} = \frac{\partial f（T，I）}{\partial T} \times \frac{\partial T}{\partial t} + \frac{\partial f（T，I）}{\partial I} \times \frac{\partial I}{\partial t} = 0 \qquad (6.22)$$

上式进一步变换，即可得到：

$$\frac{f_T（T，I）}{f_I（T，I）} = \frac{T'}{I'} \qquad (6.23)$$

式子 $f_T（T，I）$ 与 $f_I（T，I）$ 可分别看作技术（创新）和制度（创新）对经济增长的调控度（或调节系数）。由此我们可以得到，理想情况下经济增长要实现路径最优，其在时间维度内必须满足上面等式，即技术与制度在时间上的变化率之比大致等于二者对经济增长的影响度之比。

最后，还需要指出的是，在技术与制度互动的过程中，还具有互动

①这里为了与一般的二元函数相区别开来，特在函数式上方加了一个盖帽符号。它并不表示一般的二元函数决定式，而是互动中的时间过程考察。因为在时空中，任何元素都可以看成是时间的函数。更准确的描述工具还有待于进一步研究。

的非同步性特点，表现在以下两个方面：一方面技术创新具有持续不断的性质，而制度创新则具有相对稳定性，所谓两者互动并不意味着两种创新总要一次对应一次地发生；另一方面制度创新是一个学习、试错的适应性过程，不可能一蹴而就，制度建设本身也需要一个不断探索和逐步完善的过程，所以就不可能等待制度创新完成以后再进行技术创新。事实上，一般是先进行一些制度创新，排除那些启动技术创新所必须排除的制度障碍，把技术创新开展起来后，再通过技术创新让人们看到希望也积累了经验，才能再把制度创新继续向前推进。所以，从这种意义上来说，二者也是互动的。然而，技术与制度的互动是一个复杂系统性工程。其全面分析，至少还涉及互动的静态与动态分析，互动的动力学模型及其均衡问题，互动与经济增长的深层次关系：互动到底如何影响经济增长？其影响机制是什么？经济增长的结果本身又能否与技术和制度互动？技术与制度互动的"总合力"能否与经济增长本身再互动？即互动中的互动问题。……所有这些问题的解决，可能是今后进一步深入研究的领域。

本章小结：

1. 区域经济发展的制度创新动力系统。其主要构成要素：正式约束、非正式约束、制度安排、制度变迁、交易费用等。动力的表现形式：约束力、竞争力、合作力、引导力、政策力等。功能的实现过程：制度动力的一个显著特点是它的强制性。制度确定的竞争与合作关系，使得在经济主体间产生了竞争与合作的关系，形成了市场经济的基础。制度对经济发展的影响是通过一系列的规则来界定和约束人们的选择空间，发挥制度能改变区域经济结构、收入分配结构以及改变资源配置的可能性功能来实现的。当引入一种新的制度后，就为每一个追求利益最大化的经济行为主体规定了约束条件。因此，制度创新通过改变交易规则来为区域经济增长创造条件。这是一个非均衡的过程，由最初的"极化"向"扩散"转化，构成了区域经济发展的过程。

2. 物质资本和人力资本的积累曾经作为经济增长和发展的重要解释原因，但最近几十年，对经济发展问题的解释角度已经发生转变。从经济发展现实结果看，对制度的关注已日益明显。

3. 制度是继天赋要素、技术和偏好之后经济理论的第四大柱石。制度因素在经济发展过程中起着主要的和决定性的作用。制度安排和创新对于一个国家、区域经济的发展有着十分重要的意义。

4. 制度创新与技术创新在内在机制上存在着强烈的互动关系，使得两者的均衡发展表现出对经济发展无处不在的影响力。一般而言，创新主要包括制度创新与技术创新，两者相互制约、相互促进。制度创新是技术创新的动力，技术创新是制度创新的保证。只有在两者互动形成社会创新力的前提下，经济才可能获得持续发展，所以制度创新和技术创新的互动关系至关重要。

5. 制度创新之所以能推动区域经济增长（然后扩展到整个经济），是因为制度的变化具有改变区域经济结构、收入分配结构，以及改变资源配置的可能性功能。制度安排是资源有效配置的基本前提和决定经济增长速度的根本因素。制度创新通过激励和约束机制对经济活动实施影响，从而减少不确定性和交易费用来实现的，实现效用与利润的最大化，推动区域经济发展。

6. 通过博弈论分析，进一步证明了在经济增长过程中技术创新与制度创新存在着互动关系。制度创新能够为技术创新创造条件，并且使技术创新的直接收益得到保障。技术创新在一定情况下能够引发制度创新，甚至可以降低某些制度创新的成本，这就是技术创新与制度创新互动关系的机理所在。

7. 区域创新协同演化模型表明，对于日益复杂多变的外部环境，为了在激烈的市场竞争中立于不败之地，区域必须时时保持技术创新与制度创新之间的良性互动，并在区域成熟期间达到一个两者共同主导的稳定状态。

8. 制度本身是一个系统。它由制度要素集合和要素关系两部分构成。如果这两部分发生破缺，制度动力就不能有效或发生偏颇，甚至起到相反的作用。因此，制度的系统性要求政府等在制定各种制度时，必须注意制度要素集合与要素关系之间构成的合理性。制度的整体性和结构性对制度系统的功能有重要的影响，同时，制度系统的开放性是决定系统结构是否合理有序的主要因素。对于各种制度安排的研究必须将其置于制度系统中，分析它们之间的相互作用和影响，只有这样才可能避免冲突，提高制度效率。

07 第七章 区域经济发展的文化动力系统

不管一个国家，还是一个区域，国家文化或区域文化对经济发展都产生重要的影响。把经济与文化割裂开来，显然会带来问题。[①] 文化是一种独特且重要的资源，是一个被经济学研究所长期忽视的领域，只是在最近的一些文献中，文化这一"非经济因素"才开始回归到经济学家的视野里。[196] 美国历史学家戴维·兰得斯断言："如果经济发展给了我们什么启示，那就是文化是举足轻重的因素，同时也是研究一个国家、地区和企业持续发展的重要视角。"[197] 从文化角度对区域经济发展加以考察，分析影响区域经济发展的深层次因素，通过对不同区域文化激励功能的分析，可以探索为什么不同区域会有不同的发展结果。因此，从区域文化的角度，探讨区域环境下的民众心理、传统习俗和社会价值观基础，分析不同区域的历史文化积淀，有助于更全面地分析区域经济发展的深层动力问题。

第一节 文化与区域文化

一、文化及其基本属性

（一）"文化"的定义

文化的定义是从人类有了文化以来，就逐步积累着的。"人类自诞生起就开始了人类的文化"，[198] 文化是一个相当大的范畴，几乎涵盖了人类社会存在的所有方式和领域。不同的学者，由于研究的角度和深度不同，往往会赋予文化以不同的内涵和外延。

1871年，文化学的奠基者泰勒在《原始文化》一书中，第一次把文化作为一个中心概念提了出来，确立了近代文化概念的经典界说。他

---

①迈克·克朗，文化地理学 [M]．南京：南京大学出版社，2003．8.

认为"文化是一个复杂的总体，包括知识、信仰、艺术、道德、法律、风俗以及人类在社会里得到的一切能力与习惯。"[199]

文化的定义很多，美国文化人类学家 A.L. 克罗伯与 K. 拉克洪在《文化：一个概念和定义的考评》中，分析考察了 161 种有关文化的定义，认为"文化存在于各种内隐的和外显的模式之中，……文化的基本要素是传统（通过历史衍生和由选择得到的）思想观念和价值，其中尤以价值观最为重要"。

文化在中国历史上最早是指"以文教化"和"以文化成"，从字面上理解，不论是"教化"还是"化成"都体现了一个行为过程。梁漱溟在《东西文化及其哲学》中把文化界定为"一个民族生活的种种方面"，其中主要包括精神生活、社会生活和物质生活三个层面。胡适把文化定义为人们的"生活方式"。他是在对文明与文化作比较时阐述这一观点的。

一般意义上，人们认为文化有广义和狭义之分。广义文化是指人类创造的一切物质产品和精神产品的总和，即凡是经过人类劳动加工的区别于自然的东西都是文化。它主要包括三大部分内容：物质文化、制度文化、精神文化。狭义文化专指语言、文学、艺术及一切意识形态在内的精神产品，即以价值观为核心，包括精神、信仰、传统、知识、道德、宗教、风俗、才能等方面。文化不是先天的遗传本能，而是后天习得的经验和知识；不是自然存在物，而是经过人类有意无意加工制作出来的东西，是由物质、精神、语言和符号、规范和社会组织等要素构成的有机整体。[200]

从文化概念所包括的内容上看，可以分为三个层面：一是物质文化层面（表层文化）；二是制度文化层面（中层文化）；三是观念文化层面（里层文化）。[201]物质文化层面也称为器具文化层面，表现为具体的层面；制度文化层面包括各种社会的管理制度、政治制度、法律制度、经济制度等在内的文化层面，表现为中间层面；观念文化层面指的是价值、观念、道德等方面的文化层面，表现为抽象的层面。现实生活中的文化往往是三个层次彼此交叉的，关系非常密切，里层文化渗透在表层和中层文化之中，表层、中层则映射在里层文化里。我们需要从支持人类一切社会活动的精神形态、人们关于外部世界判断的价格体系与特定的生活方式和产业三个层面把握文化的内涵。

(二) 文化的多样性特点

文化是人类对外部世界的基本态度，这种态度表现在人类生活的各个侧面：经济、政治、风俗、社会等。在千百年的历史中，人类对待事物的积极向上的、肯定的、有效的态度逐渐形成了各具特色的文化资源，比如人们追求美好生活、希望拥有财富与安定，就会把这些愿望寄托在一些物品或活动上，从而形成了民间工艺、民间活动、民间建筑等丰富的民族文化，而这些文化的形成与传承具有强大的动力与自我完善机制，由人们主动代代相传至今，并深刻地影响着我们当前的行为与社会生活。①

第一，文化具有时间的超越性。一方面文化不是短期内形成的，更不是某一个人设定的，而是经过世世代代人们的互动而形成。文化一般和传统联系在一起，经过世代的互动与积淀，留下精华，这种互动比较侧重于人与人的交往，其中也包含了人与环境的关系。另一方面，文化又是在个别精英人物超越自身利害，直接体悟天道的过程中形成的。比如老子、孔子、耶稣、释迦牟尼和穆罕默德等圣贤体悟天道，是排除自身利害的。这两方面会导致一种结果：在时间上，文化没有"当代人的偏见"，而是公平地对待每个世代的人，即贴现率为零。正因为文化具有超越世代的品格，所以可以修正市场和政府的"短视"。例如用中国所谓"积善之家，必有余庆；积不善之家，必有余殃"的文化原则处理不可再生资源问题，就会避免更倾向于当代人的决策，更有效地使用水资源、石油资源和土地资源。

第二，正因为文化是互动的，于是有了"己所不欲，勿施于人"的说法。作为理性经济人，在市场机制下肯定只会考虑自己的利益最大化，政府制度下是官大官小的问题，而遵循文化传统规则的话，会更多的为别人着想。在人与自然的关系上，儒家主张"天人合一"，道家主张"道法自然"，而佛家则认为"众生平等"。这些都修正了人类中心论的弊端，从而缓解了经济发展与生态环境、人类与自然之间的紧张。

---

① 聂莉. 文化机制与经济发展的经济学思考 [J]. 贵州财经学院学报，2006 (6)：92—95.

第三，文化还有一种空间上的超越性。首先，它是超越政府的。很多的国家可以有同样的文化背景，所以文化的超越性比政府要强得多。其次，它也是超越市场的。市场不是那种理想的全球性市场，尽管它具有很多市场边界，但是文化却是可以渗透进去的。这里需要强调的是，儒家的天下主义应该有更大的空间超越性。这一点对于处理国与国之间的问题也可以发挥巨大作用。

（三）文化的基本属性

文化是千差万别的，但千差万别的文化具有共同的属性。[202]

首先，文化是以"人群"为单元的，它是一个群体特定的"生活式样"。"生活式样"是区分不同文化的尺度。某种文化与另一种文化有差别，主要是指属于不同文化中的人们在"生活式样"方面存在差异，包括价值观、语言、风俗习惯、宗教、艺术以及制度、人造器物等等。同一文化往往具有共同的价值系统和行为模式。

其次，文化是群体内部长期累积而形成的，是人类独特的创造物，对群体成员的行为具有强大的约束作用。当一个人的思想和行为模式与文化所要求的思想和行为模式保持一致时，他就不会感觉到文化强制的力量，相反，当一个人"试图反抗文化强制时，它的强制力量就会明显地体现出来"

第三，文化的发展是动态的变迁和积累过程，文化具有演变、流动的动态本能。随着一个群体所面临的社会政治、经济和技术环境的变化以及外来文化的"侵略"，该群体的文化会缓慢地发生变化。也就是说，文化的创新常常通过量变、质变的积累，逐渐引起文化传播的迁移和增殖。

第四，文化变革只能靠"培养"，不能靠"移植"。我们可以通过引进、购买等方式把其他民族、群体、企业的技术、机器甚至管理制度"移植"过来，但我们却无法把别人的文化也"移植"过来，正如钱穆先生所说，"由欧美近代的科学精神，而产出种种新机械、新工业。但欧美以外人，采取此项新机械、新工业的，并非能与欧美人同具此科学精神。"[203]机械设备等"硬件"可以复制、模仿和移植，但"科学精神"等"软件"是无法复制和移植的，只能通过培养逐步形成。

第五，文化的表现形态是多元的。如我国根据民族可划分为汉族文化、东巴文化、藏族文化等；根据宗教划分，可分为儒教文化、道教文化、佛教文化等；根据地域划分，可分为巴蜀文化、湖湘文化、京派文化、海派文化等。

二、　文化动力及其结构

（一）文化动力的概念

"文化动力"的概念，是人类长期认识和探索文化对经济社会发展作用的结果，文化动力的观念也是近几十年里才确立起来的，如毛泽东在《新民主主义论》中运用了"文化力量"的概念。对文化在社会历史上的作用，中、西方思想家也多有论述，斯宾格勒、汤因比和梁漱溟为此还形成了唯心的文化史观。在经济发展大系统中，如果说文化动力区别于其他力，就在于它是一种"矢量"，即不仅仅是动力，而且是带有明显方向性的力量。

"文化动力"顾名思义就是指文化的作用和力量。首先提出这一概念的是日本学者名和太郎，他在其《经济与文化》一书中，在分析"文化市场机制"、"经济价值与文化价值"时使用了这一概念。90年代后期我国学术界开始重视这一问题。尽管对"文化力"的内涵理解至今仍是见仁见智，但有一点却达成了共识："文化力"是综合国力的重要组成部分，它同资源力、经济力、政治力、外交力、国防力等构成一个国家的综合能力，并相互作用推动这个国家的发展。因此在众多的"力"中具有总体的、统领的功能和作用。

考察文化动力的概念，是建构区域经济发展文化动力理论的逻辑起点。[204]文化动力产生于作为社会结构一部分的文化领域。从性质上看，文化动力是指渗透在人类活动中的一种以价值为中心、以创新为目标，经过人们交往活动整合而构成的一种综合的深层次的力量，其具备推动或制约经济、政治、军事等形成和发挥的巨大能量。

（二）文化动力的结构

从文化动力的发生及其性质、特征去定义概念本身，就容易对文化动力的结构做出判断。文化动力是一种主体性的活动能力，可以从横截面和纵剖面两个视角去解剖其内在构成。横截面是指结构层次，大致可分为四个部分，即以科学技术教育和人力资源开发为主要内容的智力因素；由世界观、人生观、价值观为核心的社会道德体系转化而成的精神力量；由各种信息传播和设施组成的文化网络；以直接或间接形式融入市场经济与现代化进程的优秀文化。纵剖面是指结构要素，以"文化人"为核心，由"知识—规范—传统"三个要素构成文化动力的"软件"系统，可称之为调控主体文化行为的"智力"要素；由"组织—制度—环境"三个要素构成文化动力的"硬件"系统，属调控主体文化行为的"物力"要素。文化动力内部诸多要素只有在协调运作中达到整合，在相互作用中实现裂变，才能促使文化动力由潜在变为现实，对经济社会生活发生真实的影响。

（三）文化动力与经济发展的内在表现

大量文献研究表明，文化动力与经济发展有其内在的逻辑关系和规律性。

1. 文化动力对经济发展的作用机制

依据马克思主义关于经济、政治、文化三者作用与反作用辩证关系的基本理论，可以从文化动力与经济力、政治力、军事力的相互作用，一般地去理解文化动力对经济发展的作用机理。将文化的经济功能直接与经济过程联系在一起进行考察时，同样能显示出经济发展过程也是一个文化发展的过程。

（1）综合国力的竞争在一定意义上是文化动力的竞争。首先，文化是综合国力的重要组成部分；其次，文化促进综合国力的发展，是增强综合国力的重要力量，在一切经济要素中文化要素基本上是渗透一切的；再次，文化显示综合国力，是综合国力的重要表征。当今世界除了军事能力、经济实力和政治影响力的碰撞外，东、西方政治家愈来愈重视文化的竞争，成为综合国力竞争的主战场之一。因此在经济发展过程中，必须确立文化的优势。应该看到，文化实力是当代国家综合国力测评标准之一，文化通过一系列指标体系、精神财富存在形态和影响力、辐射力三个方面去显示综合国力。还需特别指出的是，论及文化在当代社会越来越具有重要的作用和意义，必须进一步理解已为世界共识的，作为现代文化动力最重要表征形态的知识经济对现代社会的深刻影响，它赋予时代以创新这种极宝贵的文化价值意义。

（2）区域经济发展依托文化动力的驱动。文化动力首先作用于人的思想观念之中，进而渗透到经济领域的各个层面，由此真正显示了文化动力在社会经济发展中的重要地位。人类始终在探索什么要素能为经济发展提供无限的动力，形成长久促进的效应，结论是，在诸多要素中，人的智力、精神动力以及思想创新属于重要地位。文化真正成为社会的可再生资源，为经济社会发展提供后劲，是因为文化对经济的作用本身就是持续的。文化的这种特性决定了无论在什么情况下它都能对经济发展产生影响，实现持续的驱动。经济持续发展取决于协调发展，人文理性与科学理性、文化精神与科学生活价值取向的结合，都在合理地指导、规范、支配各种经济行为，使人与自然和谐，个人与群体协调，家庭与社区融合，不断提升社会的文明程度。文化动力驱动与经济可持续发展，从正相关性可以得到证明，从负相关性也能得出同样的结论。无论文化的消极影响还是文化缺失，都会破坏经济发展的自然环境、人际环境、思想道德环境，降低历史主体对经济社会发展的科学调控水平及其能力，为社会进步带来无法估量的灾难和恶果，甚至导致社会发展的中断。

2. 文化动力对经济发展的作用过程

文化现象作为一种特殊现象，除了具有非强制性、多样性特点外，还具有长效性和渗透性的特点，这使得文化动力成为一个内涵十分丰富的复杂系统，它包括了运作机制、管理机制、创新机制、扩散机制、融合机制等子系统。

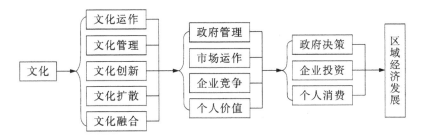

图7-1　文化对区域经济发展的作用过程

图 7-1 说明[①]，文化通过一定的社会环境因素影响区域政府、企业和个人的经济行为从而影响区域经济发展。反过来，一定的经济发展目标或经济发展条件，必然产生与之相应的经济行为，这种经济行为往往能够透过社会环境影响文化的建设与改善。当然，各子系统与经济发展的作用过程也是有差别的。仅以文化创新为例，说明文化对区域经济发展的作用过程。

（1）文化创新为区域经济的提升提供精神动力

文化创新通过对社会共同理想的确立，把社会发展的内在要求转化为广大人民群众的奋斗目标，使文化成为动员和组织人民群众为理想而奋斗的精神力量，从而为区域经济的发展提供强大的精神动力。人类已经认识到，只有人本身才是经济发展的目的，健康、向上、人与人和谐的生存状态才是文明的真正内涵。一个区域的人的素质如果没有这种超越性的精神思考和追求，就不可能真正从内心深处自爱、爱人和敬业，发展也就没有后劲。

文化创新通过对社会制度建构的指导，实现社会经济体制和政治体制的优化，以此为区域经济的发展提供精神动力。社会经济体制和政治体制是人们在一定的理论指导下建构起来的。先进的、科学的理论能使人们自觉建构起适应生产力发展要求的，符合最广大人民群众利益的社会制度和体制，从而促进经济、社会的进步和发展。

文化创新通过促进人的全面发展，为区域经济的发展提升提供精神动力。市场经济的核心目标是争取最大的经济效用或最大的经济价值。市场经济的迅速发展，在促进人们增强竞争意识、效率意识、民主法制意识和开拓创新精神的同时，对人们的价值取向等也产生了很大的冲击。而文化恰恰是人们获得价值取向的精神家园。

（2）文化创新为区域经济的提升提供智力支持

创新是一个民族进步的灵魂，是国家兴旺发达的不竭动力。在当前的知识经济时代，一个区域经济的强弱，很大程度上取决于这个区域人口的教育水平、科技水平和创新能力的高低，取决于这个区域人口的综合素质的高低。人才是区域增强综合实力最宝贵的资源。从世界范围来

---

① 聂莉. 文化机制与经济发展的经济学思考 [J]. 贵州财经学学报，2006（6）：92—95.

讲，当今国际竞争力发展的基本特点之一是高度重视对人力资本的开发和使用。著名经济学家舒尔茨认为，人力资本发挥着比物质资本更重要的作用，人力资源的质量对经济增长有更大更深远的影响。因此，人力资本问题越来越受到世界各国政府和有识之士的重视。

（3）文化创新已成为区域创造经济价值的重要组成部分

文化不仅是一种精神活动，它本身也能创造巨大的经济效益，成为区域经济发展的重要组成部分。在许多发达国家，文化产业已经创造了极为可观的经济效益。据统计，美国400家最富有的公司中有1/4是文化企业，而英国文化产业的平均发展速度是经济增长速度的两倍，日本的娱乐业产值仅次于汽车工业。从体验经济的角度看，越来越多的文化资源涌入经济领域，使文化创造力对经济进步的贡献，由间接性的助推剂和孵化器作用，转化为直接推动生产力发展的核心要素。与此同时，经济活动本身也成了一种文化生产、传播与接受的过程。

随着社会生产力的不断智能化和人们生活品位的不断提升，文化与经济的关系日益密切，逐渐呈现出"文化经济化"和"经济文化化"的一体化趋势。在市场经济条件下，文化创新、文化扩散主要通过市场实现。文化一经进入市场、进入产业，就会成为社会生产力的一个重要组成部分。另一方面，经济活动过程及其成果的文化取向使其文化含量日益提高，这就是所谓的经济文化化。文化与经济的一体化趋势深刻揭示了文化对区域经济发展的作用机理，也为人们谋求以文化建设有效带动经济建设，以及在经济发展过程中如何开展文化建设提供了更为开阔的思路。

三、　区域文化的形成与特征

（一）区域文化的内涵

区域文化是社会文化的一个独特子集，它内在地体现着一个区域独有的风格和精神状态，常常从根本上决定着一个区域发展战略变革和制度设计的可能性空间。区域文化包括区域共同分享的价值观、信仰、态度、习惯和行为规范等，对区域经济的发展具有重要的规范作用。区域文化，概括起来说，它是文化的空间分类，是指在一定区域范围内形成和发展起来的具有自己明显特征的一种文化形态，也是一个国家或者一个民族传统文化中的主体文化①的组成部分。它受地理、历史、语言、传统和宗教等因素影响，是一个地区科技、知识、信息、人的综合素质等元素的集合体。

当我们从地理空间的角度审视区域文化的传统时，就会发现生活在一定区域的人们，具有近乎相同的群体性格特征，这就是所谓的区域文化性格。区域文化性格，就是生活在一定的文化区域中的绝大多数人所共同具有的带倾向性的、稳定的心理特征。[205]与文化传统相比，区域文化性格是一种更深层的文化形态，它反映特定文化区域中人们普遍、稳定的心理趋势和价值取向。区域文化性格是区域文化传统在人们社会实践中的一种自然流露，并受现实社会的影响。

（二）区域文化的构成要素

区域文化是一个复杂的系统，由许多要素构成。如文化观念和文化价值系统、文化表现形式及文化设施、文化定势等，它们从不同侧面对经济产生作用。

1. 文化观念与文化价值系统。文化是一种成套的行为系统，其核心是由一整套的传统观念，尤其是价值体系所构成。因此，文化首先就体现为一种观念、意识、精神、思想和心理状态、心理素质。经济活动归根到底是一种人的活动，表现为人的行为，而这种行为是由一定的观念、意识、精神、思想和由此决定的人的心理状态、心理素质所支配的。文化观念不但诱导人们的价值追求，推动社会的消费需求，而且调节着时代的经济运行和发展。不同的文化观念、文化价值观，特别是在经济活动过程中所表现出来的，与经济发展密切相关的不同的生产经营观、劳动效率观、管理方法观、生活消费观、社会责任观，以及不同的时间感、信心感、创造精神、冒险精神、科学态度等，都必然导致截然不同的行为，从而引起不同的经济发展和经济活动结果。

2. 文化表现形式。一定的文化总是通过一定的表现形式而予以体现和反应的。文化表现形式上的差异，体现着文化观念、文化内涵，以

---

①这里所说的主体文化，是指一个国家或一个民族共有的文化。

及作为整体的文化发展侧重面上的不同，这种不同会从多方面对经济产生影响。例如重视文学、艺术、社会学等人文科学同重视自然科学、经济学、管理学所产生的文化经济效应就很不同，前者是通过文化的潜化、人的心理素质的提高去间接地作用于经济，后者则是直接运用科学文化知识去获取经济的发展。

3. 文化设施。一方面，文化的发展与变迁、文化现代化进程，包括科学技术的进步及其成果的推广与应用、民族文化素质的提高以及教育、文学、艺术的普及、传统习俗的改变等都与其物质文化设施密切相关。另一方面，道德、伦理规范、社会情操，心态意境表现等精神文化设施，同样会影响区域文化的发展。而物质及精神的文化设施水平与结构，都直接对经济产生作用，延缓或促进区域经济的发展。

（三）区域文化的形成

区域文化是区域内外各种文化因素多元复合与传承演化的结果，在这个动态的系统中，区域文化的精华与糟粕、进步与落后等因素并存，它们交融杂陈的过程，构成了区域文化的新陈代谢。

区域文化是在历史发展的过程中逐渐形成的，文化发展是一种历史现象，区域文化的形成更是历史发展的结果。在一定的区域中，类似的文化特性构成一个文化丛，与别的文化丛相区别，如人们通常所说的吴越文化、齐鲁文化、巴蜀文化、燕赵文化、闽粤文化等。各文化丛中又包含着许多亚文化丛，如吴越文化中有太湖周边地区的吴文化、浙东地区的越文化等亚文化丛。随着历史的发展，某些亚文化丛往往以其鲜明的特色，突出于文化丛中。[206] 区域文化的形成有早有晚，如关中地区、中原地区，远在周代封邦建国前就已作为实体而形成。晚的如松辽、蒙古、西藏等，经过岁月的洗礼和中原文化的渗入，终于绽开了显示本土特色的、具有相应程度的区域文化之花。[207] 这些区域文化，既是客观的实际存在，又是文化认识中的观念形态。不管是实际存在或观念形态，都是在历史的发展过程中形成的。

由于区域文化的发展变化，使区域经济的发展形成种种差异。它直接影响着人们的思维、观念、价值取向和精神面貌等，对区域经济的发展有着重要的推动作用或制约作用。如：温州人靠"小商品、大市场"

创造了辉煌业绩，因而有"温州模式"名扬天下。这种敢为天下先，敢第一个吃螃蟹的精神，这种决意冲破计划经济体制的束缚、顽强地走向市场经济的强大生命力，无疑植根于温州的区域文化之中，即传统的海洋文化；又如，广东经济高速发展的秘诀何在？它不仅得惠于中央的政策，而且成功于岭南文化对人的个性特征的影响，这种充满进取、求实、精明、活力的文化气息，能使广东准确领会中央精神，形成了在用足、用活、用好政策上敢试、敢闯、敢冒的"广东精神"。因此，市场经济在广东发育最早，成长最快，经济实力大大增强，人民得到了实惠，整个社会环境发生了巨大变化。又比如山东经济的崛起，长期受齐鲁文化的影响。齐鲁文化是中国最古老的区域文化之一，这种太深太厚的文化因素作用，山东人叫做"文化不败"。[208]

（四）区域文化的基本特征

1. 空间上的区域性。任何一种文化形态，由于其历史和现实的影响，都具有明显的区域特性。例如人们习惯上称上海为"滩"，它象征着开放的海洋文化；称广州为"市"，它象征着活跃的商业文化；称北京为"城"，它似乎代表着小农经济基础上的保守的都城文化。区域的个性差异，导致了区域文化的多元存在，在空间上明确的边界性，是区域间文化互相区别的表现之一。

2. 时间上的区域性。区域文化具有新陈代谢的动态性，是区域人民自古至今不断创造、丰富和日臻完善的结晶。从纵向的文化传承看，区域文化具有主导性，是经过区域内各民族人民的历代生活，反复实践形成的集体意识和集体无意识。从横向的多元交汇来看，区域文化在发展历程中受到区域内外文化特质的冲击和影响，区域文化的生命力正是在自身不断发展和吸收区域内外文化精华的整合中发展壮大的。

3. 内涵上的两面性。内涵上区域文化的构成，包含传统性和现代性两个范畴。区域文化中的传统文化，是区域人民的精神家园，它塑造了区域群体的文化认同感。具体表现为区域社会中的理想、信念、规范，以及社会生活中的风俗、习惯、心理和情趣。在特定的历史环境中，区域文化总是带有两面性：优良性与局限性。其优良的一面，促进着区域经济的发展；其局限的一面，则延缓或阻碍着区域经济的发展。

4．时空上的传承性。不同区域之间的文化之所以有差异，是因为他们在历史的长河中承继了不同的传统文化，或在承继相同传统文化的过程中各自吸纳了不同的其他文化。

5．内容和形式上的可塑性和创造性。区域文化既是传统的又是开放的，这种开放性表现为物质文化领域的不断扩大，类型的日益丰富，制度文化领域的不断拓展，内容的日趋合理，精神文化领域的不断深化，内容的不断升华。区域文化的这种开放性决定了区域文化的可塑性和创造性，这为我们在主观上引导和创新区域文化提供了理论基础和实践保证。

第二节　文化、经济发展与生产力的运动

一、文化、经济与生产力

（一）文化、经济的共生与同构

文化与经济具有不可分割的关系，是人类社会发展的两翼，社会系统的两大子系统。[209]文化与经济，历来相依相伴，"新经济"更强化了这一趋势。[210]90年代后半期，西方开始重视文化因素在经济格局形成和演变中的作用。[211]经济是文化的基础，决定文化的发展；文化是经济基础的上层建筑，支配和影响着经济的历史运动。这是关于文化与经济关系的一般理解。[212]文化是经济基础的反映，但又反作用于经济基础。先进文化之于经济，至少有三种作用：[213]一是指引方向；二是增强动力；三是促进发展。实践证明：文化强、实力弱者兴；文化弱、实力强者衰；文化强、势力也强者胜；文化弱、势力也弱者亡。

从文化和经济的发生来看，经济与文化本来并不具有这种关系。"思想、观念、意识的生产最初是直接与人们的物质活动，与人的物质交往，与现实生活的语言交织在一起的。"[214]作为人的本质存在的一种体现，无论是文化还是经济，它们都是人作为自然界本身的一部分，存在于统一的对象之中。你中有我，我中有你，即文化经济一体化。文化在作为经济的内在因素的同时，也随着经济的发展而发展。在人类文明发展的一个相当长的时间内，文化与经济的关系就表现为以共同体或一

体化为特征的互动关系。

在文化与经济的演化进程中，文化结构与经济结构在质的规定性上呈现出一种力的同构关系：农耕文化——自然经济，工业文化——大工业经济，信息文化——知识经济。这种力的同构关系，决定了文化发展和经济发展之间的互动性，即一定的经济结构必然有存在其中或建立其上的文化结构。经济结构实质上是一种文化结果，这是文化与经济发展的全部历史动力学依据。正是由于这种同构互动关系，以及由此产生的力学运动，才使经济在发展过程中，日益生长出大文化因子，文化在经济发展过程中，日益生长出大经济因子。即在全新的意义和层面上形成了文化与经济的一体化。

（二）文化对经济影响的表现形式

从微观角度来看，文化因素对人们的经济行为有重要的影响；从宏观角度看，文化因素还对经济发展其起着关键的作用。当今时代，文化与经济相互交融，文化发展影响着经济发展，文化因素决定着经济素质，从而经济学家及经济理论特别关注文化因素的作用。[215] "当今世界，文化与经济、政治相互交融，相互渗透，文化的作用越来越突出，经济的发展不仅需要'硬实力'，也需要有'软实力'，而'软实力'的核心表现形式就是文化。"[216] 美国著名经济学家丹尼尔·贝尔曾深刻探讨过当代西方的文化矛盾，他指出，当代西方的经济、政治、文化所"产生的机制断裂就形成了一百五十年来西方社会的紧张冲突"。这种断裂"不仅突出体现了文化准则和社会结构准则的脱离，而且暴露出社会结构的自身极其严重的矛盾"，从而造成"资产阶级社会的经济与文化的危机"，这场危机"关系到社会存亡"。这实际上揭示了经济的发展与文化伴随的不可避免性，也表明文化已成为经济发展内在机制的一部分。

目前由于缺乏有效的经济分析工具，人们并没有揭示出文化制约或促进经济发展的内在机制。[217] 但区域经济发展的实践表明，文化所具有的对区域经济的推动支撑力，文化对区域经济社会的影响潜在于人们的文化心理结构中，它通过人的活动发挥作用，主要表现在三个方面：[218]

1. 文化的激励力。道德信仰可以激发人们的牺牲精神，科学信仰可以激发人们的创造热情。在特定条件下，人们巨大的精神能量的释放与创造力的爆发都与文化的激发有着密切关联。经济活动的成功，首要的是激发起人们的潜能，最大限度地调动人们的积极性和创造性，没有积极能动的主体，就不可能建立起具有活力的经济；没有有效的人文激发力，也就不可能建立起具有活力的经济和积极能动的主体。文化激发力的具备及其发挥作用的效率，与经济的活力有着直接联系。

2. 文化的导向力。人是有目的、有意志的，人的主体性赋予经济活动以人的价值与意识，引导经济生活向着符合人的目的、意志的方向发展。经济发展必须发挥文化的导向作用，才能使经济健康的发展。东南亚经济的腾飞，在很大程度上取决于文化的发展：新加坡建立了一个多元文化体系，形成了经济、社会和文化协调发展的机制。韩国则以"技术立国"、"教育优先"为纲领，这不仅为韩国的经济腾飞提供了大量高素质的人才，也创造了良好的社会文化环境。日本则既摄取了中国优秀的传统文化，又兼收了西方科学技术及管理思想，融东西方文化为一体又有自己民族特色的文化体系，形成了集团结构、群体意识、竞争风格和拼搏进取的民族精神，这种民族精神在日本经济发展中起到了非常重要的作用。

3. 文化的凝聚力。文化的凝聚力是人的社会性的体现，它使主体间相互沟通，形成合力，使经济生活与社会生活中的组织成为可能。一个健康的民族，必定是人文凝聚力旺盛的民族。一个蓬勃发展的地区，肯定是思想活跃、团结和谐、有效有序的地区。区域缺乏凝聚力，经济活动也就失去了同心同德的基础。

总之，文化是人们的行为取向的重要方面，它不仅决定于人们的价值观念，而且构成了人们的行为准则。文化也是人们活动质量的重要因素，它既影响人们活动的方式，又影响人们活动的结果。在文化的三种作用力中，激发力赋予区域经济以活力，导向力赋予区域经济以价值意义，凝聚力则赋予区域经济以组织效能。缺乏其中任何一种功能，或者其中任何一方不适应，都会给区域经济发展带来负面影响。实践表明，传统的发展观实质上是一种经济增长观，把社会的发展仅仅看成是一种经济现象。而现代的发展观强调经济、政治和文化的协调发展，是人的生存和发展的文化观，是以人的发展为本位的社会整体发展观。任何一种类型的经济如果违背该社会或民族的文化价值观念，那么这种经济将不会得到长期的发展。相反，如果一种经济与这个社会或民族的文化价值观念相一致，就必然会兴盛起来。

（三）文化、经济与生产力的关系

相关研究表明，人类社会是一个复杂的综合体。从政治角度看，整个社会关系都具有较强的政治色彩；从经济角度看，整个社会却充斥着经济因素；从文化角度看，整个社会又是人类文化发展的产物。由此，任何社会实体都可以从政治、经济和文化三个方面进行观察和分析，如果将其连接起来就可以构建一个文化、经济与生产力的三维坐标（如图7-2）。到目前为止，任何社会实体都存在于由政治、经济和文化所构成的三维空间中。不同的社会，由于政治、经济和文化的发达程度不同，所占据的社会空间将有所差异。为了分析文化、经济和生产力的基本关系，我们在社会空间中可以撤掉政治坐标，由文化坐标和经济坐标构成社会空间中的一个经济——文化面。借助这个经济与文化界面，使可经比较直观地分析文化、经济和生产力的关系及其特性。

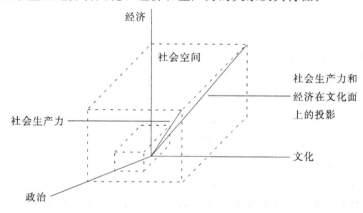

图7-2 文化、经济与生产力的关系图

文化、经济和生产力是同一社会的三种不同性质的社会系统，是从不同角度观察到的同一个社会，是互相渗透、融为一体的三个社会系统，尽管我们无法在现实社会中划出一条界线，把文化、经济与生产力截然分开。现实社会既不存在纯粹的经济活动，也不存在纯粹的文化活动，任何社会事物总是既具有经济性质，又具有文化性质，纯粹的经济和文化只存在于抽象的理论假设和分析中。社会一切经济领域同时又是一定社会文化的表现，社会各个文化层面都制约着经济运行的各个领域。社会生产力在由经济坐标和文化坐标所构成的经济文化平面上有相应的投影。

　　根据文化的三个层面：即表层、中层和深层。文化、经济和生产力的基本关系可以概括为以下四种类型：一是低水平的文化、低水平的经济和低水平的生产力；二是较低水平的文化、较高水平的经济和中等水平的生产力；三是较高水平的文化、较低水平的经济和中等水平的生产力；四是高水平的文化、高水平的经济和高水平的生产力。现实社会经济发展进程中，文化与经济的不协调发展，从文化的角度来看，主要是文化的深层结构与文化的中、表层结构的不相适应所引起的。从经济的角度来看，主要表现为不同区域和不同社会阶层在观念上和心理上的矛盾和冲突。①

　　事实上，文化传承中必然渗透经济因素，经济发展中必然引起文化变量。如果没有经济文化演绎的物质基础，文化事业也不可能繁荣；同样，如果没有文化作为经济发展的精神指导，经济发展就可能遭遇各种各样的障碍。但不平衡发展规律告诉我们，经济与文化的发展并不同步，经济的快速发展可以为文化的纵深演进提供坚实的物质基础，文化传承的进步又为经济的发展提供智力支持。然而，经济不是文化发展变革唯一、直接的因素，也就是说，不能机械地认为经济基础一改变立即就会发生文化变革，经济增长多少倍文化也就会成比例发展，经济的繁荣会导致文化的必然繁荣等等。从历史上看，近几个世纪以来，许多国家的经济增长了几十倍乃至上百倍，然而曾经在历史上出现过的文化艺术繁荣的国家却不曾继续繁荣下去，有的国家甚至出现了文化衰败或恶性膨胀的状态。因此，准确把握文化、经济与生产力之间的关系，对于建设先进文化与发展先进生产力具有重要的理论与实践意义。

---

①沈建新. 文化、经济与生产力 [J]. 上海综合经济, 1997 (12).

二、 区域文化与区域经济发展的相关性分析

（一）区域经济发展中的文化要素

从系统的观点看，在文化、经济和政治三大系统中，文化处于最高层次，起着统率和导向的作用，文化作为经济社会发展的内在尺度，在很大程度上主导着经济社会发展的方向。经济发展具有丰富的文化内涵，经济发展在一定意义上可以理解为人的生存和发展的文化战略。经济发展的价值取决于对人的意义，取决于对文化的意义。文化作为一个社会或民族的生活方式，体现了一个社会或民族的行为，这就是社会或民族文化的具体化和物质化。以往我们在研究影响地区经济发展的因素时，常常注重各类经济指标的分析，却忽视了考察区域文化因素在区域经济发展中所起的重要作用。首先，区域文化能够提高人们的进取精神。每个人都有着自己的行为准则和价值标准，当一个区域形成一种被大多数人所认同的优良文化，就会营造出一种积极的精神氛围，培养一种奋发向上的热情，促使人们积极进取，提高生产效率。其次，能够降低社会管理成本。各种制度政策、法规条例的健全规范状况和现实中的执行程度、区域内人们的道德情操、社会风气等，都直接影响着社会管理成本的高低。区域经济作为整个社会经济的基础构成，由于地理区位、资源、气候、人文、交通等诸多因素的制约和影响，使其经济结构和发展水平各具特色，同时也孕育了具有不同个性的地域文化。

（二）区域文化与区域经济发展的关系

区域文化与区域经济是密不可分的，它们互相包含，互相渗透，互相制约，互相促进。一方面，区域经济是区域文化不可缺少的基础，区域经济建设为区域文化建设的发展提供物质条件和基础保证；另一方面，区域文化建设对区域经济建设起着巨大的推动作用。区域经济发展对区域文化状况起决定作用，主要表现在两个方面：即区域文化的硬件及软件建设上。有了良好的经济条件和基础，才有可能为文化设施建设提供起码的财力和物力。而经济基础的薄弱对软文化建设也起着决定性的影响。经济的发展，特别是区域经济发展，是一种加速运动。每一次

巨大的经济变动，文化都呈现出扩张趋势，而这时经济和文化就处于正相关的状态。近二十年来，海外学术界首先从社会文化背景方面，审视了这一经济"奇迹"并重新分解文化的组成要素，研究其中哪些因素有利于经济发展的社会功能。较早解释这一经济奇迹的是赫尔曼康恩（Herman Kahn）。这位"大过渡理论"的创立人，认为其所共有的是工作勤奋、敬业乐群、强调配合协调与合作，他认为这种文化更加适于经济增长。那么，从我国、日本和德国经济发展的历史，足以看到先进文化对经济发展的积极影响。

1. 我国是一个多民族国家，在历史上，由于自然环境、文化传统、社会风气、经济状况等众多因素的差异，各区域的人文状况发展极不一致，从而形成了各具特色的区域文化特征。据有的学者研究，我国内陆地区比东部沿海地区的商品经济发育明显迟缓，特别是改革开放后，这种差距还出现了扩大的趋势。究其原因，这与内地人在文化观念上轻视商品经济、害怕商品经济、缺乏驾驭商品经济的能力有关。"在封闭的环境中，人们以'丰衣足食'为最大满足，身在穷中不知穷，害怕承受风险的观念相当严重，普遍缺乏开放观念。类似四川的'盆地意识'，陕西人固守'八百里秦川'，自我欣赏的心态，十分普通。"[219] 在分析影响区域市场形成的因素时，笔者非常深刻地感到，凡是市场发育不良的地区，其居民普遍存在着进取不足而守成有余的特征。这些特征集中表现为创业冲动微弱，易于满足；风险承受能力较低，不能抵御较大困难和挫折，不愿冒险；生产与生活中的独立性、主动性较差，有较重的依赖思想和听天由命的观念；难以打破传统和习惯，不易接受新的生活方式，安于现状，等等。

2. "二战"后，日本面临百业凋零、资源贫乏、经济疲弱的困境，但是在以后的不到三十年间，日本不仅迅速摆脱了二战失败的困境，而且奇迹般地以"经济巨人"的雄姿崛起于世界的东方。其经济之所以发展得如此之快，原因之一是受益于其传统文化，即受中国儒家思想深深影响的日本文化。在日本，儒家的勤劳、节俭、秩序、礼节、自励自勉、德智教育等作为日本传统文化的组成部分受到了特别重视。具体有如下三点：其一，群体特征在维持经济持续发展中表现出了巨大的生命力，受中国儒家思想影响的日本传统文化在现实生活中表现为强烈的群体特征，就是指传统文化在处理个体和群体关系时更多地重视群体这一侧面，而不是像西方那样强调个体。日本人的集团意识正是构成日本严谨的社会组织的一个重要基础，也是日本经济蓬勃发展、蒸蒸日上的一个主要的推动力量。其二，儒家的尚贤和重教传统转化为日本的教育先行原则，为其经济腾飞培养出了一大批高水平的管理人才和技术人才，也极大地加速了日本经济的发展。"二战"后，日本政府确立了科技立国、教育兴国的战略，自 50 年代中期开始，日本即大幅度增加教育投资，扩充教育经费，同时增加科技投入，注重科技开发与应用，加速了科技人才的培养，对日本经济的腾飞起到了不可估量的作用。其三，儒家的勤俭、节约精神成为日本人的治国之本、伦理之道，极强的生存意识，使劳动内化为一种稳定的持续行为，这是日本经济得以高速发展的基础性因素。另外，生存意识作为日本民族精神的起点和归宿，可以说是促进日本实现经济现代化的一种精神原动力。

3. 西德在二次大战后到处是一片废墟，然而却只经过一代人的时间，就全面振兴了经济，再次成为欧洲乃至全世界的"机器车间"，成为欧洲最具实力的"经济超级大国"。总结其成功的经验，主要有三个原因：一是西德实现了经济自由主义，用一种新的文化观念武装人民，倡导人民靠自己的努力解放自己，而不是靠国家福利主义；二是西德注重智力开发，注重人才优势。英国的外交史学家古奇曾经报道过，[220]"使德国强大的不单是政治家和勇士，而且还有化学家、银行家、发明家、船舶主、钢铁大王和煤炭大王；"三是特殊的管理艺术，重视管理人员。西德通晓国际商业事务的汉森教授曾经把西德和美国的管理方法做了对比。他说："美国远比我们重视商业，但是他们喜欢靠条条框框来制定计划，然后使人适应计划。我们则喜欢先物色人，然后使计划适应人。"[221]西德具有民族特色的文化，在经济复兴中立下了不可磨灭的功绩。

当然，任何一种风格的文化都是优劣并存、芜菁杂陈的复合体，都有其优秀的一面，也有其滞后的一面；有促进经济发展的一面，也有延缓经济发展的一面。其精华使其能沿着历史的曲线不断延伸、扩展，而不断积淀的杂质尘埃，又呼唤着代代革新者去清除，去推陈出新，从而推动其影响下的经济的发展，进而推动整个人类社会的进步。

三、 区域文化对区域经济发展的作用机制

区域文化通过文化的内在机制影响着文化主体的素质与能力，使人们自觉地按某种生产方式进行生产，从而出现与之相应生产力水平和区域经济发展状况。但不同文化区由于文化的本质特性不同和显著的区域差异，区域经济发展亦出现不平衡状况。

（一）文化影响着区域经济的多个层面

文化对经济的影响，并非以整体形态出现，而是通过内部各个层面，包括文化需求、文化导向、文化行为和文化精神等对区域经济施以影响。

1. 文化需求。需求是人们行为的原动力，也是经济运行的出发点。随着人的需求从低层次向高层次的发展，随着人受制于自然到驾驭自然，人们的文化需求便愈来愈丰富，愈来愈追求文化消费中融思想性、艺术性、娱乐性于一炉，从而获得满足。而这种文化需求的演进，不仅有力地推动着精神生产力的发展，而且对物质产品提出更高、更新的要求，推动物质生产的高级化，使社会经济不断发展。

2. 文化导向。社会舆论导向、伦理道德导向、思想观念导向、经营意识导向、价值追求导向等，都从属于文化导向，它们通过对生产力主体—人的行为的引导，强有力地推动经济的进步与发展。从我国十一届三中全会以来，亿万群众思想解放、观念更新所迸发出的劳动热忱，所带来的经济飞跃，就有力地证明了文化导向对经济发展的推动作用。

3. 文化行为。担当各种社会职责的人们，在自己的行为中都反映了一定的文化修养、文化习惯和文化追求。从这个意义上说，一种社会行为同时也是一种文化行为，都可以成为经济发展的动力或阻力。比如人们的饮食习惯、饮食情趣、饮食追求和各种饮食文化行为，可以促进食品、饮料业的品种、规模、价值的结构变化，对经济产生影响。

4. 文化精神。一个地区的民族精神、时代精神、社会精神风貌，都是该地区文化精神的体现，是民族文化、区域文化的精髓，也是时代发展的精神支柱。它以特有的理想、信念和精神追求鼓舞和感召人们，并以此推动着事业的发展和经济的繁荣。如革命时期的"延安精神"、

"南泥湾精神"，60年代的"雷锋精神"、"大庆精神"、"大寨精神"等，都对时代产生过巨大推动作用，至今这些精神仍豪气犹存。反之，浑浑噩噩、萎靡不振、因循守旧等精神状态，则必然会成为经济发展的腐蚀剂。

总之，对于一个国家、一个地区来说，文化是经济发展水平的重要体现。文化是社会文明程度的一个显著标志，文化可以改变观念，文化可以展示形象，文化可以吸引人才，文化可以改善投资环境，文化可以创造财富，文化可以出生产力。一个不重视文化的国家，是一个没有凝聚力，不可能强大的国家，一个不重视文化的地区，是一个不可能实现快速持续发展的地区。

（二）区域文化对区域经济发展的作用途径

1. 区域文化影响区域经济发展的途径

区域文化影响区域经济的发展，主要通过其文化特性和特殊功能来实现。区域文化形成后，具有相对稳定性、整合性、同化力、凝聚力、改造力、调控力、扩散力和遗传性、塑造力等特性和功能，为特定区域内的所有成员接受，产生心理认同，形成固定模式，并自觉遵守和维护，由于区域文化的巨大传统惯性，而继续塑造着一代又一代人的性格和文化特质。这样，区域文化在发展中继承，在继承中发展，因而传统的生产方式得以存在和维持，进而导致出现相应的区域经济发展状况。

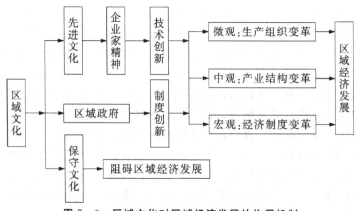

图 7-3　区域文化对区域经济发展的作用机制

从图 7 - 3，我们可以看出，区域文化可分为先进文化和保守文化两大类，它们共同作用于区域经济系统，先进文化特别是创新文化能激发培养企业家精神，并通过技术创新与区域政府的制度创新共同推动区域经济发展；保守文化则阻碍区域经济的发展。先进文化和保守文化相互联系，从正反两个方面共同"塑造"人的素质与能力、生产力水平及区域开发管理模式及物质分配方式，最后通过人类生产活动作用于自然区域，从而使区域出现某种特征、结构和功能，并综合体现出一定经济社会发展水平。

2. 区域文化推动区域经济发展的表现形式

区域文化推动区域经济发展主要表现在以下几个方面：[222]

一是区域文化中有利于经济发展的潜在因素，决定着对区域经济发展道路的选择。市场经济规律只有与一定的社会环境相联系，才能真正发挥作用。由于地理环境和历史发展轨迹的不同，各地文化都有自己的特色。区域文化中原有的潜在因素与自然资源、资金、人才、产业发展相耦合的程度，往往决定着区域发展模式的形成。市场经济的发展，一方面激活了传统文化中有利于经济发展的潜在因素；另一方面这些因素又与经济发展的要求相结合，形成了新的时代生命力。因为历史文化传统不仅是对经济规律进行理解的前提，而且是对它进行再创造，使之产生现实生命力的条件。区域文化往往把经济规律按照自己的要求复制出来，使之具有地方性的特色。

二是区域文化发展与经济变革相适应的程度，决定着区域经济发展的速度。文化创新是经济社会发展的重要推动力。新的经济运行机制为文化创新创造着社会条件，现代经济发展的开放性、竞争性和科技、人才对经济的注入，又要求文化发展与之相适应，并且成为经济发展的内在推动力。美国著名管理学家迈克尔·波特说："经济文化，是指那些对个人、单位及其他机构的经济活动有影响的信念、态度和价值观。"[223]并且认为："要加强国家的竞争力，最艰巨的任务之一，就是如何改变经济文化。"[224]文化潜能与经济发展相适应的程度，决定着外来资源引进与区域自身资源开发的结合，新的产业结构形成和资源组合方式的确立，形成有利于区域经济发展的总体战略。在社会变革中，新的需求、新的利益和新的目标，又可以发挥出人们的创造潜能，使经济社会发展保持一种活力。这两个方面相结合，就可以不断提高区域经济发展的速度。

三是区域文化与社会现代化相适应的程度，决定着区域经济发展的水平。社会现代化是总体性的社会变革，它要求经济、政治、文化的协调发展和可持续发展。经济发展只有与社会全面发展和可持续发展相适应，才能形成持久的生命力。这种发展又要求区域文化与之相适应。马里亚诺·格龙多纳把人们的价值观分为"内在的"和"工具主义性的"，他认为"经济价值观都是工具主义性的"，而"持续发展所必备的内在价值观，虽然是非经济的，同时又是亲经济的。它们是非经济的，不会随着经济成就而消失；它们是亲经济的，将会不停息地推进积累的过程。"[225] 现代社会发展的指标越来越丰富，科技水平、生态环境、生活质量都关系着经济的发展。与区域经济发展联系密切的区域文化，一旦与社会现代化要求相适应，就可以克服经济行为的盲目性，从社会现代化的高度把新的观念、新的技术引入经济生活，把区域经济提到一个新水平。

四是区域文化的增长力，可以不断提高区域经济发展的质量。随着经济发展，人们的基本生活需求得到满足后，社会的恩格尔系数也就不断降低，文化上的需求不断上升，并且推动经济的发展。区域文化增长力是文化在区域经济社会发展中体现出来的增长态势。它一方面表现为人们科学文化水平；另一方面又可以促进文化产业的发展，使经济与文化在更高的水平上统一起来，变革旧的产业结构，提高区域经济发展的质量。日本学者日下公人认为："21 世纪的经济将由文化和产业两部分组成，文化必将成为经济进步的新形象。"[226] 未来经济发展是高度开放的，但绝不会削弱区域经济的优势。因而，区域文化的增长力将成为提高区域经济社会发展质量的强大推动力。

四、 文化因素在区域经济发展中的地位

（一）文化模式对区域经济发展的深刻影响

文化模式是指一个地区的文化在不同层面上相互融会、相互结合的特有方式。它反映了一个地区特定的人文历史境遇，也构成了这个地区

基本的人文特色。文化模式是社会群体在长期的共同生活中逐渐形成的，它的形成得到了社会群体的一致认同，从而使其超越了个体存在的价值观念。这不仅使文化模式具有了较强的稳定性，也使文化模式一经生成，就以其特有方式对特定区域的人们在思维方式、行为准则、道德及价值观念等方面产生全面的调节和控制，使社会集团的每一个成员都处处受其影响，遵循着这一共同的价值观念和行为模式。文化模式这种对人自身强大的塑造作用，对不同地区的人们产生了全面而深刻的影响，它不仅使人们在社会生活的方方面面都具有了自身的特色，也使地区经济的发展打上了深刻的文化烙印，并最终使区域经济走上了不同的发展道路（图 7 - 4）。[227]

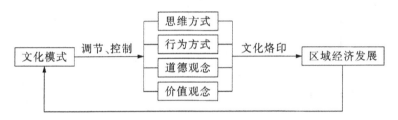

图 7 - 4　文化模式对区域经济发展的作用

（二）区域文化观念与区域发展模式

区域文化观念始终潜移默化地影响区域发展的主体，并以其为载体和中介，在微观层次，影响企业这一市场主体的制度安排、用人机制和布局形式等；在宏观层次，影响区域经济活性、区域创新和区域综合力等。而两个层次的对接、统一、互动与耦合，形成了具有浓厚地域文化烙印的区域经济模式。

如果说，区域发展是多因素耦合作用的结果，是区域文化、社会、经济的整体变迁过程，则在这一演进中，经济发展是核心，是主体，是物质层面，政治发展是制度层面，思想与行为模式是社会的深度层面。文化、经济二者的互动发展与一体演进的协调度如何，将构成了更深层次的区域发展状态和模式。改革开放以来，沿海地区经济社会协调发展，物质文明与精神文明相得益彰；而欠发达地区，因循保守，不思进取，社会惰性大、氛围差，区域经济活力不大、发展迟缓，形成了对比鲜明的区域发展模式和发展结果（表 7 - 1）。[228]

表 7-1 区域文化模式与区域经济模式

区位	位置条件	中原地区	环渤海	长江三角洲	珠江三角洲
		地处中原 区位较差	东部沿海 区位较好	开放前沿 区位优越	毗邻港澳 区位优越
区域文化模式	文化背景	中州文化	齐鲁文化	吴越文化	岭南文化
	文化内涵	封闭，保守	保守，务虚	开放性，实用性	强烈开放性，冒险进取心，传统保守性，
	文化观念	市场观念差 商业素养低	工商观念淡薄 善政治不善经济	实业强国，工商并重	崇尚商贸，农商并重，义利并重和气生财
区域经济模式	典型模式	南街村模式	山东半岛	苏南模式 温州模式	东莞模式 南海模式
	经济载体	乡镇企业	国有大中型企业	乡镇企业 家庭工商业	合资企业 私营经济联合体
	产业部门	资源型和资源加工为主	资源型和资源加工为主的超重型	机电纺织轻化建材 小商品，大市场	家电、食品、纺织、服装、药品、建材（特别是装饰材料）为主的轻型结构
	政府作用	重视政府作用和大项目作用	重视政府条条作用和大项目作用	对下放权，县市作用大，乡镇"块块"和企业是经济增长两支点	对下更加放权，县（市）和乡镇一级作用很大，经济增长在县（市）
区域经济模式	投入机制	国家资本是主要推动力	国家资本是主要推动力	国家资本，民间资本	国家资本，港台资本和外国资本
	动力机制	外力拉动	外力拉动	内生力量推动为主，产品内销为主	外力输入，产品输出，政策驱动

续　表

所有制	社团所有制	集体所有制	集体所有制为主私有制为主	股份制
产权特征	产权社区界限清晰，约束硬	产权社区内部模糊，约束软	所有权明确，约束强，两权合而为一	所有权主体多元化，归属明确；两权分离，行政干预小
经济活性	初始活性较强，具有递减性	初始活性较强，具有递减性	活性一直很强	经济活性很强
发展主体	政府主导，能人参与	政府主导，民众参与	小政府，大社会	政府引导，调控，企业家主导，民众参与
区域发展模式	文化经济协调互动性差	文化经济协调互动性一般	文化经济协调互动性较好	文化经济协调互动性较好

资料来源：①林凌，刘世庆，中国东南沿海经济起飞之路，经济科学出版社，1998；②沈立人，地方政府的经济职能和经济行为，上海远东出版社，1998；③陈吉元，胡必亮，当代中国的村庄经济与村庄文化，山西经济出版社，1996；④胡必亮，郑红亮，中国的乡镇企业与乡村发展，山西经济出版社，1996。

（三）区域文化定势影响和制约区域间要素的交流与吸收

文化模式的形成往往具有一定的稳定性。一个地区一旦形成了自身特定的文化模式后，就会在长期的历史发展过程中通过世代承袭的形式在区域中积淀下来，形成一个地域固有的传统文化。地域固有文化使一定地区的人民具有了传统意义上的行为标准和价值取向，使整个区域中"没有一个人以纯净而无偏见的眼光来看待世界"（Ruth. Benedict），也使得每个人看见的都是"受一套特定风俗习惯、制度和思想方式所修改过的世界"（Ruth. Benedict）。因而区域传统文化在与客体文化的自然接触和碰撞中，并不会真正地将客体文化全部吸收与融入，而是首先根据自身的价值标准进行判断，对于符合传统文化的部分给予吸收，对于不相符的部分则给予修改或完全放弃，从而形成一种区域固有文化对新型文化的选择性吸收现象。

"文化定势"（cultural stereotype）是指一个群体对另一群体成员的过于一般化的，过于简单化的信念或态度，或是一种简单化的认知方式。[229]它是一种思维方式，一种无视群体内部存在着差异、无视普遍性还存在着特殊性的思维方式。或者理解为"按照自己的文化模式，提供的框架去理解和评价他人的文化是文化甄别中一个不可避免的过程"[230]定势起初被认为是消极概念使用的，因而被认为是错误的、非理性的。但后来人们更多地将定势作为一种中性概念，因为定势是一种普遍的、不可避免的人类认知方式。文化定势有"自定型"和"他定型"之分。[231]前者是某群体关于自己的定势，后者则是关于群体的定势。在大多数情况下，文化定势一般指的是他定型。定势往往带有感情色彩，它伴有固定的信念和情感，因此抱有这些信念的人执著地依据这些信念与有关群体的人去交往。

文化定势对区域经济发展的影响，主要体现在对于区外经济发展的先进经验的吸收和借鉴上。由于文化定势，许多地区在实际的吸收和借鉴过程中，往往会首先对外来文化进行建立在自身传统文化基础上的价值判断，并以此为基准，决定对外来文化的吸收与舍弃，从而使外来文化在被吸收之前就经过了传统文化的过滤，由"对象的真实"变成了"理解的真实"[232]（图7-5）。这使得我国对国外先进经验的借鉴仅仅停留于物质文明的引进（如引进生产设备、管理方式及先进的科学技术等），对于国外先进精神文明（如求实精神、创新精神、开拓精神等）的学习则长期停滞不前，使得我国有些地区在大量借鉴了国外经验并引进了一批先进的技术和设备后，经济发展仍然缺少一种真正的原动力和后发力，从而并没有在本质上得到推动经济持续发展的根本动力。

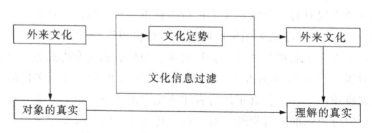

图7-5　文化定势对外来文化的住处过滤

国内不同地区间经济、文化的相互学习和交流中，文化定势对区域经济发展的影响也清晰可见。国家"一五"在中西部兴建的一批大中型国有企业，以"整体嵌入"的方式带来了东部相对发达地区的文化模式和先进的生产方式。但是长期以来，由于文化定势，这些大企业虽然植根于经济、文化都相当落后的中西部农村地区，却并没有和落后的农村背景文化真正融合起来，而是相互隔离，独自发展，形成了不同的社会文化集团，即先进的企业亚文化和落后的、满足于温饱的农村亚文化并存。这种二元文化结构使大企业和地方经济很难有真正意义上的经济、技术交流，使大企业对于落后地区经济发展的推动作用微乎其微。此外，我国在过去的经济发展中，一些经济发达地区总结出来的较为先进的经济发展模式，在别的地区总是难以推广，很大一部分原因也是因为人们在学习这些模式时，仅仅注重于物质层面的简单模仿，而没有在精神文化层面对他人和自身的价值观念及思维方式进行更深层次的思考和学习造成的。

第三节　区域经济发展的文化成本与效应分析

一、 文化的成本特性及其内涵

（一）文化的成本特性

市场经济条件下，文化作为资源参与经济开发与发展，因而文化具有成本特性。虽然文化是经济发展的一个基本要素，但从成本特性方面分析区域经济发展中的文化，就不能将其简单地看作是参与经济活动的一个非经济要素，而必须从深层次——资源方面来认识。现代经济是具有经济理性的主体在一定的文化意识、文化力量和文化环境支配下进行经济创造的过程。在经济要素一定的条件下，区域经济绩效完全取决于经济活动中文化因素的参与程度，即经济主体的文化意识、区域文化底蕴与其所产生的文化力量。"文化等非经济因素对经济行为的制约和影响有时比经济本身的因素更重要，一般来说，先进的文化造就发达的经济，落后的文化只能伴随着贫困的经济"。[233]目前文化对经济的正向作用是以不同的方式来体现的，主要是：①以思想观念文化和科学技术文化武装经济主体，使其具有从事经济活动并积极创新的精神动力和智力保障；②以制度文化激励、制约和规范经济主体的行为，使其在社会能提供和容忍的限度内创造性地开展有益的经济活动；③区域文化底蕴内化于经济活动中，并最终形成经济品的标志即有形或无形的品牌，通过市场转换形成经济力；④历史资源文化在现代科技文化、管理文化作用下，以文化景观等形式创造经济力；⑤文化作为产业在经济过程中直接运作，创造经济效益；⑥文化力是区域核心竞争力的组成部分和重要体现。

正是文化参与经济发展的方式，从另一个方面反映了文化在这一过程中，具有的一些本质特性：①地域性。经济运行中，地域文化背景的力量是显而易见的。如经济政策在不同区域实施的力度与效果是不一样的，其原因是作为非正式制度的文化因素如区域心理特征、传统习惯、风俗爱好等影响所致。②非量化性。人们可以感受到文化力量的无处不在，但是，却无法计量投入经济活动的文化成本的准确数量。对文化成本只能依各类文化的结构与发展速度进行定性评价。③特定性。表面上看，文化参与经济开发的作用对象是相当广泛的，但从根本上说，文化的作用对象是特定而单一的，只能是作为经济主体的人。文化通过促进人的全面发展来促进经济发展和社会进步。④持久性。经济事物中具体的交易方式乃至区域经济发展模式的选择，无不受到当时当地的社会文化心理、制度文化条件和公众行为习惯、消费趋好等因素的影响。⑤历史性。作为文化的自然、人文景观可创造巨大的经济价值，但其具有不可再造或不可补偿的特性。经济发展中，各类文化的结合失当，导致历史资源受损，其损失无法弥补。⑥直接性和间接性。一般来说，文化对经济发展的作用是间接产生的。当代文化产业的发展则表明，以产业方式运作的文化，其作用产生的方式是直接的，是以文化作为产品的直接经济运营。⑦文化与经济的双向互动性。文化对经济的影响是巨大的、显见的，文化的相对独立性和稳态结构表明，在一定时期内，文化受经济的影响虽不明显，但从长期来说，经济发展对文化的影响是巨大的。区域经济发展需要先进文化支撑，而区域经济发展的成功也往往预示着新形态文化的产生。

（二）文化成本的合理化内涵

成本属于代价范畴，是对代价中有所偿部分的界定。根据理论界对成本概念的一般界定，可将文化成本定义为：经济主体为了创造一定的价值，而在经济活动中信奉或遵从某种习得的文化信念（或价值观体系）时所放弃的最高的心理或货币代价。按经济学的基本假设，我们认为人类接受某种文化或价值观体系是因为这种文化本身给予拥有者或享有者使用价值的特性。实际上，文化同消费品、资本品、制度同样都是满足人类各种需要的稀缺资源。它为人们提供一套评价行为与如何学会如何生存发展的工具。从满足人类的需要来说，文化为人们提供了一个认知世界的价值体系，这一体系将一切事物和行为的价值进行排序，为我们做出选择提供了极大的便捷，减少了人们判断决策的代价。

具体来说，文化成本一般包括认知成本、心理成本、认同成本、信仰成本等内容。[234] 显然，文化成本的合理性及其标准是一个至关重要的问题。由于文化成本的不可量化性，经济发展的文化成本虽然在理论上存在过量与不足的判定，但现实的评判只能停留在"合理与否"的定性层面。所以，文化成本合理与否，关键在于各类型文化以怎样的"度"来协调组合才能最大限度促进经济发展，并且自身也得到发展。从文化成本的概念出发，可以提出这样一个假说：企业家选择特定的文化是在文化成本这一约束条件下实现其最大收益的结果。企业家宁可放弃拓展交易所带来的潜在收益也不愿意放弃自己习得和遵行的特定文化取向。这并不是说企业家绝对不能放弃或转变自己的特定文化取向，而是只有当潜在的边际收益超过其边际文化成本时，他才愿意做出这样的选择。事实上，这种无形的特别是心理上的文化成本往往高得惊人，大量的企业家甚至为此而承受破产的代价。

二、　区域经济发展的文化成本分析与调控

（一）区域文化成本的收益分析

在对文化与经济发展二者关系的争论中，更多的证据表明了特定文化具有促进或阻碍经济发展的作用，如果忽略了文化因素，人们对经济发展的理解将是不全面的。经济学研究告诉我们，现象并不能解释自

身，只有理论才能解释事实。要真正理解文化与经济发展之间的关系，必须运用抽象思维来深入认识文化及文化变迁的本质。这样我们就需要进一步将文化现象纳入经济分析的框架。运用经济分析的假设前提、分析工具来认识文化的本质。经济学对于文化研究有着独特的能力，这一能力来自于经济分析独特的假设前提和论证方法。一个最重要的假设是，在任何局限条件下，每个人都会一贯地争取最大的私利。

从这一假设出发，可以给出文化的经济学界定，文化是指人们所习得的与遵从的特定价值观体系，它构成了人们的主观模型。人们无论是进行生产、交换，还是分配、消费活动，总是需要一个特定的价值观体系来帮助判断决策。人们习得或遵从某个特定的价值观体系，也是在特定情况下追求自身利益最大化的结果。

从这一定义出发，进一步的分析思路主要是建立在文化资本与文化成本的概念上。人类接受某种文化或价值观体系，是因为这种文化本身具有给予其拥有者或享用者使用价值的特性。实际上，文化同消费品、资本品（货币）、制度同样都是满足人类各种需求的稀缺资源，它的职能在于为人们提供一套评价行为与学会如何生存、发展的工具。从满足人类的需求来说，文化为人们提供了一个认知世界的价值观体系。这一价值观体系将一切事物和行为的价值进行排序，为我们做出选择提供了极大的便捷，减少了人们判断决策的代价。如果从价值的角度看，可以将个人所拥有的能为其带来持续收益的特定文化称之为文化资本。

在文化这个"钱币"的一面看到的是文化资本，而其另一面则是文化成本。它是指人们放弃或建立某种习得的文化信念或价值观体系时所付出的最高代价。对于不同现象，我们也许会发现其中所存在的文化成本并不完全相同。在特定情况下，人们总是倾向于选择文化成本最低的某种价值观体系。

无论是从文化资本积累的角度出发，还是从降低文化成本的角度出发，我们都可能得到一个实证的文化理论来考察经济发展。准确地说，经济发展就是一个不断积累文化资本与降低文化成本的过程，也就是说，文化变迁是经济发展的一个重要前提，并且制约着制度变迁与技术变迁。无疑，将文化这一抽象模糊的现象纳入成本收益分析不但是与传统的经济学研究范围不符，而且也难以为人类学家们所接受。但是，遵循这一思路有助于人们深刻认识文化现象的本质与人类的特性，也有助于提高经济学解释真实世界的能力。

（二）区域经济发展的文化成本考察

当前，我国区域经济关系的主要体现是区域经济差距，最主要的是东西部差距。区域政策的主旨是缩小区域经济差距，使各区域经济非均衡协调发展。对区域经济发展的文化成本进行考察，是解决区域经济差距的一个较好视角。陈宗胜等学者于 1998 年对我国各省区 1995 年的市场化水平进行了测度，结果表明，西部区域除云南、陕西、新疆三省区外，其余各省区市场化水平均低于全国水平。西部区域市场化水平也依次低于东部、中部区域。而且，无论分省区还是分区域测算，其市场化差距均与人均国内生产总值差距基本吻合。由此，他得出论断，"我国各区域市场化程度的差距与其经济发展水平差距基本上是一致的。"[235]市场化是对经济发展水平的整合与概括，区域市场化差距是区域所处不同经济发展阶段的反映。因此，市场经济条件下，区域经济发展的本质就是市场化取向的经济体制改革。动态地审视我国自 1978 年以来区域经济发展的轨迹，分析区域经济差距产生并加大的原因，既不能抛开既有经济基础、区域倾斜政策和区位因素的影响，更不能否认文化发展水平对文化成本差距的影响。

改革开放以来，中央政府出台的非区域性经济政策，在发达的东部区域和欠发达的西部区域，实施力度和效果迥异。以新制度经济学的视角，正式制度安排如果没有非正式制度的创新性变迁，制度绩效预期就很难成功实现。显然，作为非正式制度的文化差异是制度绩效差异产生的主要因素。对区域市场建设的微观透视也表明，东西两类区域除在金融市场的开放度方面存有时间差异外，体系建设并无政策上的不同，差距只存在于市场秩序的建设上，而作为市场化质量体现的市场秩序正是区域制度文化作用的结果。一方面，受制于不合理文化成本的制约，欠发达的西部区域市场化水平难以提高，与东部区域存在较大差距；另一方面，要进一步推进经济开发，提高其市场化水平，就需要以较为合理的文化成本作支撑。

（三）两类区域文化成本的比较

就我国东西两类区域文化情况和文化成本结构看，西部区域历史资源文化赋存规模和质量都相当可观，但存在如何保护开发的问题，需相应的观念文化和科技文化配套；产业文化与东部区域相比，在规模、质量、产值方面均有差距，但文化的产品和文化的服务向来就有，是按照小农经济的方法进行还是按照工业标准的方法来生产，这就是一个分野，是文化产业与产业文化的区别。西部区域只要跨过小打小闹的观念鸿沟，制定相应的政策，投入相应的资金，产业文化的发展是相对较快也较容易的。西部区域的思想观念文化则与经济体制改革的市场化进程不符，主要体现在传统文化的当代转换进展缓慢，区域各类经济主体保守意识浓厚，竞争与协作精神、创新与风险意识、市场与经营观念缺乏，不能为区域经济发展提供充足的思想动力。

科学技术文化状况基本表现为：公众科技意识较差，科学素养整体水平不高，科技创新能力不足，科技知识的普及和专业技术人才培养滞后，科技向现实生产力转化的制度体系不健全，远不能满足西部区域经济发展的科技需求。制度文化方面，国家正式制度供给环境日趋优化，在一些方面已超过中东部区域，但西部自身的制度文化环境仍存在许多不良因素，公众法制意识淡漠，区域制度体系不完善，地方保护和市场分割现象还相当严重，不能为国家正式制度的实施提供有利的环境与条件。因此，西部文化成本不合理主要在于历史资源文化利用、产业文化发展程度与思想观念文化、科学技术文化、制度文化的既有程度不相一致，这种状况决定了西部区域对先进的思想观念文化、科学技术文化、制度文化的需求更为强烈和迫切。换言之，先进的思想观念、科学技术和科学完善的制度对西部区域经济发展，所能提供的支撑与促进力也相对更为深刻、巨大。从这个意义上说，旨在缩小区域经济差距的西部大开发战略，是需要合理文化成本也能够促进文化成本更加合理的区域发展战略。因为经济体制的市场化过程是以合理的文化成本作支撑的过程，也是文化走向成熟与理性的过程。

（四）区域文化成本的调控

对文化成本进行调控，就是在保护文化相对独立性和稳态结构的基础上，使文化结构与功能更趋合理，为区域经济发展目标服务。调控系统由调控主体、调控途径、调控重点等几个层面组成。[236]

1. 多元调控主体及作用。文化成本调控主体不仅包括经济主体中的政府组织、企业组织、消费者个人，还包括社会组织、文化自身，各调控主体地位和作用是不同的。广义的政府组织是文化成本调控中规则的制定者、指导者与仲裁者；企业组织和个人是文化成本调控中规则的接受者和一定意义上的执行者，其活动和行为方式对政府调控有一定的反向调节作用；社会组织是文化成本调控中的监督者和一定意义上的导向者。如文化成本分担的合理与否，其他调控者可能无法预见或矫正，社会则对其合理程度十分敏感并会以舆论等手段进行调节；文化则是在发挥自组织功能的基础上进行自身解构与内部纠错。如产业文化的快速健康发展会内在地要求思想观念文化和科技文化、制度文化的进步以寻求更大的支持，制度文化的进步也会强制规范和约束经济主体的行为方式，使其尽快改进思想观念、提高科技水平。相对而言，文化成本调控中最有力和最有效的主体仍然是政府，这不仅因为文化调控涉及文化安全，更因为政府所拥有的权威、渠道和其对社会经济公平与效率度进行调节的天然职能。

2. 文化成本调控的有效途径。人类所创造的一切文化成果除物质文化外，都可以用制度来总称。制度文化是制度的文化层面和规则层面的内在一致。对文化成本的调控，可以说是以外在的力量使文化的合理因素保留不合理因素消除，是一种文化的变迁。对于文化变迁和文化发展来说，制度文化的变迁和发展是位居首要的。同理，文化的变迁与发展必须首先依托制度文化。[237]加强制度和制度文化建设，不仅包括以各种正式、非正式制度安排有效地激励、约束包括政府组织在内的经济主体，还在于以科学合理的经济发展和文化发展规划来调控各类型文化的变迁走向。如政府组织对欠发达区域非正式制度的设计与安排，对该区域思想观念文化将产生有效的导向作用。

3. 文化成本的调控重点。文化成本是否与经济发展目标统一，主要由各类型文化的发展走向决定。从区域经济发展对合理文化成本的需求看，对欠发达区域的思想观念文化、科学技术文化、制度文化发展进行调控是文化成本调控的重点。区域经济政策在促进历史资源文化利用和产业文化发展的同时，应重点促进区域传统文化的现代转换，提高区域国民的科学素养和科技创新能力，以制度建设加强区域国民的法制观念，使各类型文化以合理的结构推动欠发达区域的经济发展。

三、 区域经济发展的文化效应传导机制

（一）通过提升人们内在的"成就需求"，促进区域经济发展[238]

"成就需求"（The Need for Achievement）一词是哈佛大学心理系教授麦克里兰在说明经济发展动力因素时所采用的。所谓成就需求，是指导致人们自己去创造命运的价值观念、精神取向和内在动机。

麦克里兰通过对古希腊发展时期以及现代社会成就需求水平和经济发展关系的大量历史研究，得出结论："一个国家或民族的经济发展是与这个国家或民族对于成就需求的强度成正相关的。或者说，成就需求是经济发展的一个重要原因。"[239] 经济的增长与发展是靠"物"和"人"两个因素的结合得以实现的。其中生产要素的追加、经济结构的转变和生产技术的更新都属于"物"的要素范畴，而在"人"的要素范畴内，除去客观构成要素，如劳动者数量、工作时间、社会分工和专业化，就只有依赖于人的主观能动性的发挥了。

文化（非正式约束）可以将人们的精神取向、价值评判标准引导到区域经济发展的轨道上来，提高个体的成就需求水平，调动其从事创造性活动的热情和信心，促使其不断提高教育水平，在生产实践中推动技术革新与进步。技术进步又可以提高劳动生产率，增加产出量，降低要素成本的投入，促进经济的增长与发展。另外，随着行为个体从事经济活动责任感和荣誉感的增强，社会成员整体的成就需求水平也随之提升了，正像诺思所言："意识形态是与对制度特别是对交换关系的正义或公平判断相连的。当一个领域的个体具有共识时，一致的意识形态就会出现。"[240] 人们形成了一致的意识形态，对经济活动具有了认同感，就会以经济效果作为实现自我价值的一项衡量标准，集中精力发展社会生产，从而推动经济的发展进程。

（二）通过减少外在的"交易费用"，促进区域经济发展

"交易费用"是新制度经济学创始人科斯的一大发现，指处理人与人之间的交易关系所需的成本，包括获取市场信息、进行谈判、签约和保证合约实施监督所需的费用等。影响交易费用的首要因素是市场环境的不确定性。由于交易费用不仅涉及到行为主体的运作成本，而且关系到其主动性、创造性能否充分发挥以及资源利用是否达到最大化，故而也必将对经济发展产生积极的影响。

在传统经济学中，市场的运作被假定为完备的信息、明晰的产权和零成本的运行过程，市场交易也过滤为价格机制单一作用的产物，因而人们成了完全理性的"经济人"，成为一种脱离现实的理念中的人。新制度经济学的分析则更贴近实际，认为人是有限理性的，并非总能充分利用所掌握的并不完备的市场信息，也不能在经济活动中准确地认知和判断各行为主体的经济行为，这样他们就不得不承担未来的不确定风险以及由此可能带来的损失，因而"制度的存在是为了降低人们相互作用时的不确定性"，[241]提高人们认识环境的能力，达到减少交易费用的目的。

以意识形态为核心的文化，一方面可以以一种外在的影响力（他律）来抑制"经济人"范式中的"机会主义行为倾向"，防止机会主义者把自己的成本或费用转嫁给他人，对他人造成损害；另一方面可以通过提高人们的内在自觉性（自律）来强化人格的可靠性，减少信息不对称因素，防范"人在追求自身利益时会采用非常微妙和隐蔽的手段，会耍弄狡黠的伎俩"，[242]如不诚实、投机取巧、背信弃义等行为。这样强化了人们行为的确定性，也就可以减少贸易摩擦，协调人们之间的利益关系，提高交易效率，减少交易费用，促进经济的增长与发展。

（三）通过对发展模式的选择与构建，促进区域经济发展

经济发展模式，属于正式约束层面，而发展模式的选择与构建则属于制度变迁内容。诺思认为，引起经济增长的真正原因是制度变迁，是制度从均衡到不均衡又回到均衡的运动，是一种效益更高的制度（即目标模式）对另一种效益较低的制度（即起点模式）的替代过程。在这一变迁过程中，无论诱致性制度变迁，还是强制性制度变迁，相对价格和偏好的变化构成了制度变迁的根源。

当意识形态发生转变时，人们的行为模式也会发生转变趋于合理，这也必然会影响到人们的行为偏好，使得相关的要素稀缺性随之改变，推动正式约束远离起点模式发生变动。那么正式约束如何趋向于目标模式呢？事实上，制度变迁实现目标模式也就是制度达到"帕累托最优"的状态。"意识形态在一定程度上是纯粹知识的发展。知识发展的方式会影响人们关于他们周围世界的观点，因而会影响他们对世界进行的理论化解释和评价，这些反过来又会影响合约议定的成本。"所以，在这个"非帕累托转变"过程中，非正式约束（意识形态）的作用比较明显，各个国家或地区都会选择与自身意识形态相一致的目标模式，以减少制度变迁的成本，构建出有效的发展模式。当然，"改变一种正式的制度变迁会碰到外部效果和'搭便车'问题。"[243]外部效果是经济活动中产生的未得到市场承认的危害或利益，可分为正外部效应和负外部效应；搭便车的产生则是由共用品的非排斥性所引发的。

对这两种现象，非正式约束（意识形态）又可以起到独特的作用，它不但可以使经济主体不以单纯的经济效益为追求目标，减少负外部效应的发生几率，而且可以提高个体的道德水准，弱化"搭便车"问题，并通过进一步引导社会成员对共同品的偏好需求，使得政府决策接近共用品配置的社会最优水平。可见，意识形态不仅影响经济发展模式的选择和建立，还有利于解决变革中出现的问题，起到促进区域经济发展的作用。

第四节　文化变迁与区域经济发展的动态考察①

文化变迁是人类社会普遍的、永恒的现象。文化变迁（Cultural Change）是文化的发展、进步、停滞、倒退等一切现象和过程的总和，既包含文化的进步和退步，又包括文化的整合和解体。文化变迁就是指由于族群社会内部的发展或由于不同族群之间的接触而引起的一个族群

①主要引自杨继瑞，郝康理.文化经济论——基于成都市文化产业及文化事业对社会经济发展贡献的研究[M].成都：西南财经大学出版社，2007.55—80.

文化的改变。一个社会内部和外部的变动都会促使其文化系统发生适应性变化，从而引起新的需要。文化变迁的模式的各个环节之间并不是单项的因果关系，而是相互作用的，与整个社会政治经济的转型具有密切的联系。

一、 文化变迁与区域经济发展的动态交互关系

文化是不断变迁和发展的。引起文化变迁和发展的原因，主要有自然环境因素和社会环境因素。自然环境对于文化变迁和发展的影响是有限的和缓慢的，这是因为自然环境相对来说是比较稳定的。气候虽然会发生周期性的波动，但发生波动的周期长，波动也并不显著。社会环境的改变是导致文化变迁和发展的最经常、最直接的因素。社会环境的改变，一种是由内源性因素引起的，这是指一个群体或组织由于生产力进步而引起文化变迁和发展；另一种是由外源因素引起的，这是指由于外部因素的作用，导致一个群体或组织文化的变迁和发展。不过，这种外源性因素已经不再是以殖民时代那种野蛮的军事占领和政治统治为特征了，而是以在和平交往过程中，不同文化的互相作用为特征。随着经济全球化的深化，这种交往活动愈加频繁和深入，不同文化之间也有了更高频率和更深入程度的相互接触、交流。这种不同文化之间的相互接触和交流正成为文化变迁和发展的一个重要因素。

1. 文化变迁的内容及形式

文化变迁对于人类社会生活的发展和进步有着巨大的意义，无论是文化特质还是文化体系，无论是物质文化还是精神文化，只有通过文化的更迭变迁，才能从原有的旧形态走向自我发展与更新，以展示新文化的独特魅力。

（1）文化变迁的主要内容

文化变迁具有高于政治、经济结构变迁的超前性和独立性。文化变迁的主要内容包括三个方面：物质层面的文化变迁、制度层面的文化变迁和观念层面的文化变迁。

① 物质层面的文化变迁：科学技术的引进和传播，冲击和动摇了传统价值取向和思维习惯，有助于现代科学世界观和方法论在世界范围

内的发展和传播，提高物质文明水平，从而加快物质层面的文化变迁。

② 制度层面的文化变迁：在制度层面上，东西方思想加速融合，在人们内心世界造成了激烈的思想震荡，引起了人们对传统人文精神的重新思考，现代人文精神开始孕育，崇尚和参与社会的变革创新，融合个人利益和社会道义，形成了新的价值观念。

③ 观念层面的文化变迁：从个性解放的要求出发，树立起科学和民主意识，于是就产生了新的价值观念、道德观念和文化消费观念。社会转型必然促使文化变迁，反过来，具有前瞻性的社会思潮和文化革新，又往往是社会转型的先导和催化剂。

（2）文化变迁的主要形式

文化是人类生活方法的总体，包括人所创造的一切物质的和非物质的东西。由于文化的内容宽泛，领域众多，不同领域文化的变迁和发展又有着自己特殊的规律和特征，因此，这种由不同文化交互作用引起的变迁和发展，会呈现复杂的情形。

① 一种文化向另一种文化趋同

如果一种文化向另一种文化接近、靠拢，那么，这"另一种文化"不是先进文化，就是强势文化，而且相对来说是比较稳定和成熟的，因而成为其他文化的"榜样"，被其他文化所仿效。例如就制度文化而言，我们今天看到的西方国家在政治制度和经济制度方面还是存在差别的。发展中国家在制度文化领域向发达国家趋同的过程中，必然会有与自己国情相适应的特色。应该认识到的是，趋同是落后文化向先进文化的趋同，因而趋同具有社会进步的意义。

② 一种文化被另一种文化所同化

一种文化被另一种文化所同化，是指一种文化在另一种文化的渗透、浸润之下，逐渐丧失其原有特征，演化而成"另一种文化"。在这里，被同化的文化通常是落后文化或弱势文化，而同化落后文化或弱势文化的则通常是先进文化或强势文化。与上述趋同情形不同的是，趋同是落后文化向先进文化主动式地"学习"，而同化则是落后文化向先进文化被动式地"学习"，或者是先进文化对落后文化主动式地"并吞"。同化之所以发生，是因为先进文化或强势文化相对于落后文化或弱势文化具有更强大的生存优势，也具有更高级的文明程度。这就表明，一种

QU YU JING JI FA ZHAN DE DONG LI XI TONG YAN JIU

文化是否能为他种文化同化，关键是这种文化是落后的，还是先进的。由于同化是先进文化对落后文化的同化，因而同化也具社会进步的意义。

③ 两种（或多种）不同文化的融合

两种（或多种）不同文化的融合，是指两种（或多种）不同的文化，例如本土文化与外来文化、传统文化与现代文化，通过相互接触、交流，最后融合成一种新的文化的现象。文化融合一般是在以本土文化或传统文化为主，吸收外来文化或现代文化某些优点的基础上发生的。与文化趋同和文化同化不同的是，经融合而形成的文化既保持了原有文化的某些特征，又具有了被融合文化的某些特征，是一种"混血"文化，具有鲜明的新生特征。文化融合是文化变迁和发展的最经常、最普遍的形式。这类文化融合，由于吸收了传统文化或外来文化的某些优点，因而会带来文化的创新和发展。

④ 两种（或多种）不同文化并存和相容

两种（或多种）不同文化并存和相容，是指在同一文化领域中，通过引进外来文化或创立新的文化而出现的本土文化与外来文化。传统文化与现代文化并存、相容，呈现多元化的现象。

⑤ 一种文化对另一种文化的排斥

一种文化对另一种文化的排斥，是指一种文化采取固守其原有状态，既拒绝向另一种文化趋同、与另一种文化融合、被另一种文化同化，又拒绝与另一种文化并存、相容的现象。这种文化排斥主义通常表现为对外来文化的排斥。这种排斥缘于民族主义情绪或某种意识形态。其对外来文化的排斥是通过国家或团体的外部干预来实现的，例如，国家通过运用行政力量进行舆论控制、信息封锁、限制人员与外部交往、对外来文化实行某种准入制度等。①

2. 文化变迁与经济发展的链接

文化或制度并不是固定的，它们一直在演变。许多文化在面对变化时只是维持表面的稳定性，它们实际上在随着经济条件的变化而调整。纵观历史进程，大多的情形是：文化的演化通常是对经济环境变化所做

①张炯. 全球化背景下文化的变迁和发展［J］. 参见：http：//world. people. com. cn

出的反应。文化是人类用以适应其环境的一种特定的和具体的机制。文化本质上是一个调适机制，以满足人们生物上和社会上的需求。这种情形实际上已经为众多人类学家的研究所证明。对经济成长而言，文化可能是经济成长的必要条件之一，但肯定不是充分条件。

人类社会发展到今天，经历了一个漫长的过程，在此过程中，经济发展和文化变迁就像是一架马车的两组车轮，共同承载着人类社会的不断进步。经济发展与文化的进步是互动的，但在这二者的关系中，经济发展是占优势主导地位的。这可以用马克思的生产力和生产关系理论来解释。经济发展的源动力是生产力发展的驱动，这种"革命的力量"是不可阻挡的，如果有什么事物阻挠了它的发展，它就会冲破障碍，"勇往直前"。文化这个人类社会的软件，随着人类社会各个经济发展时期不同的硬件条件而在不断地融合、更新。

3. 文化变迁①对经济发展的效应

文化的变迁与发展将是区域经济持续发展的内在动力和源泉。

首先，文化含量将是决定企业商品价值的关键性因素。在文化经济时代，由于人们在消费上更侧重情感和心理需求的满足，商品价值构成中的文化含量必然会越来越大，文化附加值逐渐会成为商品价格的决定性因素。

其次，文化将是企业发展的核心力量，文化创造将成为经济增长的发动机和生产力进步的支撑点。对于任何一个企业而言，新产品的开发不再是对物质资源的新式利用，而是一种文化资源的开发，是一种企业文化的创造。虽然早在工业社会，人们就认识到文化形象在企业生产经营中的重要地位，例如人们称信用是企业的第二生命，把缺乏信用看成如同缺乏资金一样是使企业无法生存的决定性因素，但只有在文化经济时代才真正突出了企业文化形象力的重要性，使它成为决定企业生死存亡的核心因素。一个良好的企业文化形象的塑造可以给企业制造出大量潜在的消费市场，使企业获得高于企业自身价值的市场价值，从而提高企业在市场中的竞争力，拓宽企业的生存和发展空间。

再次，文化资源将是区域经济发展的基础性和关键性资源。在文化

___

①主要指"文化变迁"带来的正效应，或者说是先进的"文化变迁"

经济时代，由于文化是社会经济生产的主要生产资料，文化资源将成为区域经济发展的基础性资源。对一个区域来说，丰厚的自然资源和廉价的劳动力资源将不再构成区域经济发展的优势，自然资源贫乏也不再意味着落后，而关键却在于对文化及其智力资源的拥有。文化资源越是丰厚，社会经济发展的潜力就越是巨大。一个社会能否快速发展，从根本上将取决于这个社会对其文化资源的开发和创新程度。社会的文化资源和智力资源的开发利用程度越高，社会将越是繁荣。

最后，在文化经济时代，文化资源也是国际经济合作的重要基础。随着全球化的到来，世界经济区域化合作的趋势日益增强，而文化认同感无疑将在其中发挥不可替代的作用。

二、 文化[①]投入与区域经济发展的时间序列关系分析

根据前面的分析，文化对经济的发展有着重要的作用。杨继瑞等[②]通过从内生增长理论出发，阐述了文化对经济增长的作用，并利用格兰杰（Granger，1983）创建的因果关系检验法，以我国文化投入与 GDP 增长之间的因果关系进行了实证分析。

（一）根据《中国统计年鉴》提供的数据，得到了我国广义文化投入与 GDP 的时序数据（见表 7 - 2）

表 7 - 2　我国广义文化投入与 GDP 的时序数据表（单位：亿元人民币）

年	文义文化投入	GDP	年	文义文化投入	GDP	年	文义文化投入	GDP
1950	7.55		1969	49.77	1937.9	1988	581.18	14928.3
1951	13.44		1970	52.22	2252.7	1989	668.44	16909.2
1952	21.11	679.0	1971	63.80	2426.4	1990	737.61	18547.9

---

①根据统计资料限制，这里的"文化"主要指"广义文化"。主要指"文化变迁"带来的正效应，或者说是先进的"文化变迁"

②主要引自杨继瑞，郝康理. 文化经济论—基于成都市文化产业及文化事业对社会经济发展贡献的研究［M］. 成都：西南财经大学出版社，2007. 55—80.

续　表

年	文义文化投入	GDP	年	文义文化投入	GDP	年	文义文化投入	GDP
1953	32.44	824.0	1972	75.31	2518.1	1991	849.65	21617.8
1954	34.61	859.0	1973	88.57	2720.9	1992	970.12	26638.1
1955	31.89	910.0	1974	95.02	2789.9	1993	1178.27	34634.4
1956	45.96	1028.0	1975	103.55	2997.3	1994	1501.53	46759.4
1957	46.42	1068.0	1976	120.06	2943.7	1995	1756.72	58478.1
1958	43.54	1307.0	1977	119.43	3201.9	1996	2080.56	67884.6
1959	58.60	1439.0	1978	146.96	3624.1	1997	2469.38	74462.6
1960	86.95	1457.0	1979	175.18	4038.2	1998	2930.78	78345.2
1961	61.25	1220.0	1980	199.01	4517.8	1999	3638.74	82067.5
1962	51.73	1149.3	1981	211.46	4862.4	2000	4384.51	89468.1
1963	51.45	1233.3	1982	242.98	5294.7	2001	5213.23	97314.8
1964	66.09	1454.0	1983	282.51	5934.5	2002	5924.38	105172.3
1965	62.70	1716.1	1984	332.06	7171.0	2003	6469.37	117251.9
1966	67.06	1868.0	1985	408.43	8964.4	2004	7490.51	136875.9
1967	60.83	1773.9	1986	485.09	10202.2	2005	7778.61	182321
1968	47.88	1723.1	1987	505.83	11962.5	2006	8066.70	209407

　　注：本表数据全部来自《中国统计年鉴》，参见：http://www.stats.gov.cn. 2005、2006 年的社会文教费按相关学者研究的比例推算而得。

（二）我国文化投入与经济增长之间的因果关系分析

　　采用 1952—2003 年的文化投入，经济增长水平的样本数据采用该年内 GDP，使用 Eviews 计量统计分析系统软件，分别给出了文化投入与经济增长之间的 Granger 因果关系统计结果 DF 与 ADF 检验结果。

　　（1）Granger 因果关系检验。对我国广义文化投入与 GDP 增长之间的 Granger 因果关系而言，其估计所有可能的结果为：①文化投入影响 GDP 增长水平，即文化投入对 GDP 增长具有单向因果关系；②GDP 增长水平影响文化投入，即 GDP 增长影响广义文化投入具有单向因果关系；③文化投入影响 GDP 增长水平，GDP 增长水平也影响广义文化投入，两者互为因果关系；④文化投入与 GDP 增长水平之间互不影响，即两者之间没有因果关系。考虑到广义文化投入对 GDP 的滞后效应，我们对 Granger 因果关系模型中的滞后期数取 m＝n，且滞后期分别取 1～8，并应用 Eviews3.1 计量统计分析系统软件对上述因果关系模型进行估计。表 7-3 给出了中国文化投入与 GDP 增长之间的 Granger 因果关系的检验结果。

由表 7-3 我们可以观察到，在滞后期数分别为 1～6 的我国广义文化投入没有引起 GDP 增长的概率中，最大值为 1 滞后期中的 0.02499，这表明在 1 滞后期大约以 97.50％的概率可以保证中国广义文化投入带动了 GDP 的增长。但是其他滞后期的各数据在 10％以下的显著水平下均接受了"GDP 增长不是引起文化投入的原因"零假设；另外，除了因滞后 2 期的概率值为 0.00227，即有 99.77％的概率表明了广义文化投入受到 GDP 的影响以外，其他滞后都在 10％的置信水平下接受了"GDP 增长不是引起广义文化投入的原因"的零假设，表明了 GDP 增长与广义文化投入和广义文化投入与 GDP 增长之间基本上没有双向因果关系。

表 7-3　我国广义文化投入与 GDP 之间的 Granger 因果关系检验

因果关系假定	滞后期数	F 值	P 值	决策	因果关系结论
EST≠＞GDP GDP≠EST	1	6.04335	0.02499	拒绝	EST＝＞GDP
		0.10831	0.74609	接受	GDP≠＞EST2
	2	0.83096	0.45602	接受	EST≠＞GDP
		9.69947	0.00227	拒绝	GDP＝＞EST3
	3	1.78242	0.20855	接受	EST≠＞GDP
		0.24770	0.86129	接受	GDP≠＞EST4
	4	2.04754	0.18025	接受	EST≠＞GDP
		0.22035	0.91964	接受	GDP≠＞EST5
	5	1.76232	0.27457	接受	EST≠＞GDP
		0.52961	0.74887	接受	GDP≠＞EST6
	6	2.59766	0.30385	接受	EST≠＞GDP
		1.60158	0.43290	接受	GDP≠＞EST

注：EST≠＞GDP 表示"EST does not Granger Cause GDP"；P 值代表"EST

does not Granger Cause GDP"的概率。

（2）DF 检验。对于文化投入与 GDP 之间的 DF 关系，可能存在如下两种情况：①文化投入与 GDP 是平稳系列，即它们之间具有长期稳定的因果关系；②文化投与 GDP 是不平稳系列，即它们之间没有长期稳定的因果关系。

由于我国文化投入与 GDP 之间没有双向的因果关系，为此，可以断定它们是不平稳序列。

（3）ADF 检验。ADF 检验的结果仍然与 DF 的检验结果相同，只是必须分别应用我们前面介绍的三种检验模型。由于我国文化投入与 GDP 之间没有双向的因果关系，为此，也可以断定它们是不平稳序列。一般来说，如果时间序列 Y 经过 d 次差分后才能成为平稳序列，则该序列被称为 d 阶单整（Integration），记为 I（d），也就是说，如果原始序列 T 存在单位根，则该序列至少存在 1 阶单整。如果广义文化投入的时间序列 Y 是 I（d），GDP 增长的时间序列 Y 也是 I（d），则它们之间存在协整（Cointegration），具有长期稳定的比例关系。上述 ADF 检验结果表明，GDP 的序列是 I（1）序列，而文化投入至少是 I（2）序列。这也说明文化投入和 GDP 之间不存在协整。

三、 区域经济发展的文化反思

传统文化对区域现代化进程，特别是对经济发展的影响已成为不争的事实，并且正越来越引起人们的重视。进入 20 世纪 90 年代，随着科学技术的迅猛发展，经济全球化步伐的加快，以及对由此而可能导致的对文化边缘化的担忧，许多有识之士再度敲响了"文化危机"的警钟，并明确提出文化不是经济发展的"旁观者"，而是推动社会发展的基本力量和真正动力。因此，如果忽视文化，如果将文化排斥在发展思想的核心之外，文化因素就可能会摇身一变而成为不可逾越的障碍。

文化所固有的政治、经济属性，使得它可通过一定的形式和途径参与并影响社会的政治、经济生活。然而，一般而言，传统文化与现代化之间是一种悖论关系。法国社会学家阿兰·图雷纳与以色列学者 S. N.

艾森斯塔德分别指出，在今天世界的许多地方，经济现代化与忠于信仰之间存在着公开的抗争。传统文化对国家经济发展的影响反映在同一过程的两个方面，其一是实体性影响，其二是观念性影响。就后者而言，由于传统价值观念一直沿袭至今并广泛地作用于国家社会生活的各个领域和各个层面，因此如何处理文化特性与经济发展的关系，始终是人们所关注的问题。出于对有可能会因现代化而失去自身个性和文化沙漠出现的担忧，人们在处理文化特性与经济发展的关系时，往往将两者对立起来，或侧重于强调捍卫文化特性的重要性，或只注重经济发展而致使出现文化和文明的堕落。

随着经济文化的发展，当前出现的这种对立的情形已经受到制度和政策的干预。越来越多的事例表明，现代化过程中的"文化抗拒"并不意味着文化变迁与经济发展是一种不可调和的悖论关系。后现代主义从文化哲学的高度来探讨国家经济的现代化问题，反对将任何文化传统绝对化并强加于人；主张异质文化之间应彼此宽容、相互沟通；认为经济现代化并不等于全盘"西化"，各国可以不按照欧美模式来设计自己的未来，而应依据自身的文化来选择自己独特的现代化道路。邓小平的"发展才是硬道理"就是这种思想的鲜明体现。事实上，亚洲新兴工业化国家并未因经济的现代化而失去其固有的文化特性，民主政治在经济强国中所发生的变异亦从反面印证了这一点。传统文化（或民族文化）与全球化的关系亦如是。尽管全球化在一定程度上是在国家体系之上进行的，代表了一种超越空间和边界的联系，但全球化并不意味着文化一体化，全球化与文化多元化是可以并行不停的。只要一个国家在经济现代化进程中的价值取向定位得当，其民族文化的个性依然可以在全球化进程中传承与发展。

问题的关键是，在文化变迁的过程中，民族和政府必须具有文化建设的主体意识，不盲目地陶醉于对本民族古老的文明的怀旧情绪之中，只有这样才能处理好文化的"源"与"流"。民族性与时代性之间的关系。"文化重建"并不是要摧毁优秀的传统文化，而是要积极通过对民族文化的"会诊"，在继承民族文化的优秀遗产的同时，以开放的胸襟有选择地吸纳世界先进的文化，并经过改造，化为本民族的"新文化"，以此转变民族的思维方式和行为规范，最终促进民族经济的发展和国力的富强。

诚然，文化具有相对的独立性，但它并非孤立、僵化之物，它也可以为人类社会物质生活的发展所丰富、所修正。而在文化变迁的过程中，商品经济的发展将起到引擎的作用，因为商品经济绝不是一种单纯的经济行为，它还蕴藏着丰富的人文内涵。伴随着商品经济的发展，人们的生活方式和思想意识都会发生相应的变化，在封闭性的、自给自足的自然经济基础上所形成的传统价值观念会逐步淡化。与此同时，自主、平等、竞争、开放、效率、秩序、创新等意识会逐步成为人们的主导观念，进而全面推动社会的现代化进程和经济的发展。正如马克思所言："那些发展着自己的物质生产和物质交换的人们，在改变自己的这个现实的同时，也改变着自己的思维和思维产物。不是意识决定生活，而是生活决定意识。"①

本章小结：

1. 区域经济发展的文化动力系统。主要构成要素：文化观念、文化定势、文化模式、文化效应、制度文化等。动力的表现形式：激励力、导向力、凝聚力等。功能的实现过程：文化动力首先作用于人的思想观念，进而进入经济领域的各个层面。人的智力、精神动力能为经济发展提供无限的动力，并形成长久的促动效应。因此，文化真正成为社会的可再生资源。在文化的三种作用力中，激发力赋予区域经济以活力，导向力赋予区域经济以价值意义，凝聚力则赋予区域经济以组织效能。缺乏其中任何一种功能，或者其中哪一方不适应，都会给区域经济发展带来负面影响。

2. 文化结构和经济结构本质上是一种同构关系。经济是文化的基础，决定文化的发展；文化是经济基础的反映，支配和影响着经济的历史运动，但又反作用于经济基础。先进文化之于经济，至少有三种作

①《马克思恩格斯选集》. 第1卷［M］. 北京：人民出版社，1972. 31.

用：一是指引方向；二是增强动力；三是促进发展。实践证明：文化强、实力弱者兴；文化弱、实力强者衰；文化强、势力也强者胜；文化弱、势力也弱者亡。

3．文化是重要的经济资源，可以转化为巨大的生产力和显著的经济效益。文化对区域经济的作用主要表现在：激励、导向和凝聚力三个方面，激励赋予区域经济以活力，导向赋予区域经济以价值意义，凝聚力则赋予区域经济以组织效能。缺乏其中任何一种功能，或者其中哪一方不适应，都会给区域经济带来负面影响。

4．文化观念、文化定势和文化模式等文化因素对区域经济发展有着深刻影响。文化传统观念的不同反应是地区差距拉大的重要成因。它一旦形成，便具有相对的稳定性，与物体的惯性相类似，可以影响人们的行动。优秀的文化传统观念可以促进经济发展。落后的文化传统观念则会制约经济发展。

5．区域文化是一个地区在长期实践中形成的群体意识、价值观念、精神风貌、行为规范和管理方法等非物质因素的总和。它对内具有共性，对外具有个性，有着鲜明的地域特色，对地区经济和社会发展至关重要，技术只是一个平台，先进的区域文化，才使区域经济的发展具有旺盛的生命力。特别是一个区域的发展，领导者的文化观念极为重要，在某种程度上，将决定区域经济的方向。具有超前意识的领导者，反映在思维上就有跨越式思维，区域建设上就是跨越式的发展模式。

6．从本质上讲，财富与经济价值的创造是文化行为。经济是文化的创造物，文化是现代社会经济发展的内在动力。随着科技经济的发展，社会正从经济型向文化型过渡，文化已渗透到社会生活的各个领域，由文化所产生的经济效益和社会效益越来越高，经济的发展壮大需要文化的支撑。

7．文化是经济发展的深层推动力，用文化手段促进国际贸易，已经成为西方发达国家的"国际营销艺术"。经济与文化的融合已经成为当今社会发展的一种趋势。这种融合是相互依存，相互促进的关系，呈现出明显的经济文化一体化。

8．文化作为资源具有成本特性。文化成本的合理与否对区域经济发展具有重要意义，应以科学的标准对其进行判定。通过对不同区域经济发展绩效，从文化成本状况审视，提出了区域文化成本调控的主体、途径与重点。文化是经济发展的一种能动性要素，其传导机制主要通过提升人们内在的"成就需求"，减少外在的交易成本和选择、构建有效的发展模式三条渠道来完成。

9. 传统文化对区域现代化进程，特别是对经济发展的影响已成为不争的事实，并且正越来越引起人们的重视。随着科学技术的迅猛发展，经济全球化步伐的加快，文化不是经济发展的"旁观者"，而是推动社会发展的基本力量和真正动力。如果忽视文化，将文化排斥在发展思想的核心之外，文化因素就可能会摇身一变而成为不可逾越的障碍。

08　　结　语

一、基本结论

国内外关于区域经济发展动力问题的系统研究成果很少。因此，在此基础上的研究成果一定是初步的。通过研究得出的基本结论主要有：

1. 区域经济发展不再是一个简单的由资本、劳动和技术推动的过程，而是一个复杂的社会—经济—技术过程，并且必然受到时代背景和区域条件的制约。知识经济的凸现，使区域经济的发展要素发生了根本性的改变，正逐步由传统的以自然资源为主向以知识和技术为主的方向发展。

2. 从发展的角度，区域经济发展的要素可分为限制要素、一般要素和动力要素，其中动力要素最具活力，是区域经济发展的力量源泉。动力要素的集合构成了区域经济发展的动力系统，动力系统是一个虚拟的人工系统，具有一般系统的特征，而动力系统的不完善应该是目前制约区域经济发展的关键因素之一。

3. 人的需要是区域经济发展的动力源，市场竞争是区域经济发展的源动力。区域经济发展是多种要素共同作用的结果，单一动力要素对区域经济发展的作用是有限的，只有各种动力要素相互协同，形成合力才能推动区域经济快速发展。

4. 运用物理学中的力学原理，建立了区域经济发展的力学模型。对区域经济发展中力的作用关系进行了直观描述，解释了区域经济发展速度与区域经济规模之间的关系，分析了不同力对区域经济发展水平的影响。在科学发展观指导下，初步构建了区域经济发展动力系统的基本理论体系和运行模式。形成了以自组织结构动力系统、技术创新动力系统、制度创新系统和文化动力系统为子系统的区域经济发展动力系统。通过对动力系统及其子系统之间彼此相互作用的分析，提出了"合动力网络"的概念，并对其进行了初步界定。

5. 区域经济发展的自组织结构动力是一种潜在的内动力，结构变化对区域经济发展的作用至关重要。动力系统中其他子系统对区域经济发展的作用都是通过结构的改变实现的。由区域主导产业的有序转换而引起的区域产业结构演进，对促进区域经济发展有着十分重要的影响。经济发展的过程就是主导产业不断转换，并将经济不断推向更高阶段的过程。区域经济发展系统是一个动态的不断演变的系统，主导产业是区域经济发展系统产业之间竞争与协同作用的结果，主导产业与非主导产业交互作用和发展，形成了有序的区域产业结构。

6. 市场与政府是自组织与他组织的有效载体。区域经济的形成与发展是自组织动力与他组织动力共同作用的结果，两种作用机制在不同时段、不同区域中的相对地位和作用强度有所差异。如对于后发区域的发展首先是以外力为主的他组织模式，然后是在合适的条件下转化为以内力为主的自组织模式。

7. 创新是区域经济发展的决定性因素，没有创新就没有发展。在利润最大化假设下，区域开展技术创新活动的最根本原因是这些活动能够给它带来收益增长。从成本的角度，技术创新包括成本节约型创新和价值提高型创新，但无论哪种类型，区域创新动力都来自于两个方面：即预期自己能获得理想的创新效率；预期所取得的创新成果能在市场上得到较好的实现。技术创新贯穿于区域经济和社会发展的始终，是区域经济发展的重要动力，在一个国家或地区的经济发展中起到了决定性作用。只有根据区域差异，建立切实有效的区域技术创新体系和运行机制，才能提高区域创新效率，更好地推动区域经济快速发展。

8. 制度安排对于区域经济发展有着十分重要的意义。制度创新推动区域经济发展，是由于制度的变化具有改变区域经济结构、收入分配结构，以及改变资源配置的可能性的功能。制度创新是通过激励和约束机制对经济活动实施影响，从而减少不确定性和交易费用来实现的，实现效用与利润的最大化，推动区域经济发展。制度创新与技术创新两大系统将出现"亲和互动"趋势，二者相互联系、相互推动，唯有将二者整合到一起，才能形成社会创新力和经济发展的现实力量。在区域经济发展中制度创新与技术创新的作用是不断变化的，不同时期会形成以某一要素创新或两者共同主导的创新协同模式，过分强调某一方面都是片面的。

9. 文化动力是区域经济发展的深层动力。当今世界，文化与经济、政治相互交融，相互渗透，文化的作用越来越突出，经济的发展不仅需要'硬实力'，也需要有'软实力'，而'软实力'的核心表现形式就是文化。文化结构和经济结构本质上是一种同构关系。文化是重要的经济资源，可以转化为巨大的生产力和显著的经济效益。文化对区域经济的作用是通过激励、导向和凝聚力实现的，缺乏其中任何一种功能，或者其中哪一方不适应，都会给区域经济带来负面影响。区域文化有着鲜明的地域特色，对地区经济和社会发展至关重要。技术只是一个平台，先进的区域文化，才使区域经济的发展具有旺盛的生命力。

10. 客观地指出了技术、制度、文化等单一要素在区域经济发展中的局限性。认为区域经济发展系统的要素都有其自身的适应性，其功能是动态的、有限的。科学地认识和把握区域经济发展中的要素关系，对于优化动力系统的资源配置、制定正确的宏观经济发展战略和政策，对微观企业竞争力创新发展的科学决策、防范资源配置中的盲目和低效都有着非常重要的作用。文化属于制度中的非正式约束，文化动力与制度动力密切相关，文化从深层次影响区域经济发展，并能形成与之相适应的区域经济发展模式。技术、制度与文化的创新对区域经济发展是通过改变结构实现的。

二、 创 新 之 处

1. 本书以系统科学思想为主线，将区域经济、区域经济发展以及发展的诸多动力要素分别作为一个复杂系统来研究，综合运用区域经济学、发展经济学、数量经济学、经济地理学、技术创新学、新制度经济学、管理学、社会学等多学科相关理论与方法，比较全面系统地研究了区域经济发展的动力系统问题，拓宽了区域经济的研究领域，具有一定的方法论意义，是区域经济学研究未来走多学科交融的发展方向。

2. 以科学发展观为指导，在对区域经济发展的要素进行分类的基础上，初步构建了区域经济发展动力系统的基本理论框架和运行模式。形成了以自组织结构动力系统、技术创新动力系统、制度创新系统和文化动力系统为子系统的区域经济发展动力系统。动力系统是一个虚拟的人工系统，具有复杂性、整体性和层次性的特征。通过对动力系统及其子系统之间彼此相互作用分析，提出了"合动力网络"的概念，并对其进行了初步界定。区域经济发展是多种要素共同作用的结果，没有任何一种动力要素能够独立控制经济的发展，只有通过动力系统内子系统的相互协同耦合，产生新的动力结构和系统合动力，才能提高动力系统的效率，以其强大的功能推动区域经济快速向前发展。

3. 运用物理学中的力学原理，建立了区域经济发展的力学模型。对区域经济发展中力的作用关系进行了直观描述，解释了区域经济发展速度与区域经济规模之间的关系，分析了不同力对区域经济发展水平的影响。绘制了区域经济发展的动力系统及其子系统相互作用网络图和系统动力对区域经济发展的作用机制图，清晰地再现了区域经济发展系统、动力系统及其子系统的结构关系和作用机制。

4. 系统地阐述了自组织结构动力系统、技术创新动力系统、制度创新系统和文化动力系统对区域经济发展的作用机理。运用博弈理论分析了区域经济发展中技术创新和制度创新的互动关系。提出了区域创新必须协同演进共同发展才能提高创新效率的观点，并根据随机过程理论和定量社会学原理建立了区域创新协同演进模型。

三、 遗留问题

在本书的写作过程中，作者虽然阅读了大量文献，但鉴于区域经济发展问题是一个复杂的系统工程，涉及到多个相关学科领域，以及本人学术功底浅薄的限制，本书观点难免存在狭隘和肤浅之处。因此，还有些内容没有进行更深入的论证。主要表现在：

1. 研究内容的全面性问题

区域经济是一个开放的、动态的复杂系统。其内在经济的非经济的要素数目繁多，要全面准确把握它，对作者来说是一件很困难的事情。

本书虽然在理论上构建了一个含有四个子系统的动力系统，并对它们在区域经济发展中的地位和作用进行了分析，但事实上动力系统内的复杂要素远远不只这些，还有其他方面对区域经济发展有重要影响。比如，对资源环境与区域经济发展的关系关注得不够。

2. 部分研究内容深度不够

区域经济发展中有动力，也有阻力。如信息不对称问题、区域形象差等。书中虽有涉及，但还没有做具体展开论述。另外也只对动力系统中的动力方面的问题进行了研究，至于如何在发挥"系统动力"的作用同时，避免由动力转为"阻力"的问题上，没有与动力要素进行对比研究，而是更多地体现在要素的动力作用方面。

上述问题与不足是本书写作的遗憾之处，作者拟将这些问题纳入到下一步的研究计划中，并着手以现有的理论体系为指导，加强对动力系统的进一步研究。克服不足，深入探索将是作者今后不断努力的方向和动力。

参 考 文 献

[1] 宋健坤，吴金明. 区域经济发展的龙形战略 ［M］. 北京：中国财政经济出版社，2002. 1－2.

[2] 卢国良. 经济发展动力论 ［J］. 经济科学，1990（4）：14－19.

[3] 赖勤学. 日本经济发展的原动力 ［J］. 厦门科技，1996（1）：28－29.

[4] 朱春奎. 技术创新与区域发展 ［J］. 人文地理，1999（S1）：75－77.

[5] 李京文. 创新—当代经济发展的动力 ［J］. 社会科学战线，1999（5）：34－41.

[6] 严江. 科技进步与技术创新对区域经济发展的积极影响 ［J］. 天府新论，2001（1）：34－37.

[7] 李善同，刘勇. 知识经济：区域经济发展新动力 ［J］. 江苏经济，2001（8）：8－10.

[8] 王立行. 科技创新：经济社会发展和增强综合国力的强大动力 ［J］. 东岳论丛，2002（2）：125－128.

[9] 刘霜桂. 科技创新—台湾决胜21世纪经济的关键 ［J］. 海峡科技与产业，2000（1）：6－7.

[10] ［158］吴传清，刘方池. 技术创新与经济发展的影响 ［J］. 科技进步与政策，2003（5）：32－37、37－39.

[11] 骆泽斌. 区域经济发展的微观机制 ［J］. 经济问题探索，1998（10）：46－48.

[12] 叶荣. 从系统论看区域经济发展 ［J］. 财会研究，1999（5）：40－42.

[13] 孙金华. 论经济发展中的技术动力作用 ［J］. 经济师，1998（9）：22－23.

[14] 任崇强，韩建民，刘显勋. 城市经济是区域经济发展的动力 ［J］. 决策探索，2004（11）：8.

[15] 曾维新. 管理是推动区域经济发展的主动力 ［J］. 经济体制改革，2000（10）：51－54.

[16] 陆文喜，李国平. 资本形成差异、区域经济发展不平衡与金融创新 ［J］. 兰州商学院学报，2003（6）：42－46.

[17] 李银. 区域经济发展的差异性与文化创新的思考 ［J］. 南京农业大学学报（社会科学版），2004（3）：66－71.

［18］毛泽东. 毛泽东著作选读（下册）［M］. 北京：人民出版社，1988. 849.

［19］［21］［22］邓小平. 邓小平文选（第三卷）［M］. 北京：人民出版社，1994. 274、57、259.

［20］江泽民. 论科学技术［M］. 北京：中央文献出版社，2001. 47—63.

［23］胡乃武，龙向东. 半个多世纪以来西方经济增长理论的发展［J］. 经济学动态，2001（10）：65—72.

［24］Robert Solow. A Contribution to the Theory of Economic Growth［J］. Quarterly Journal of Economic，1956（2）：10—12.

［25］袁礼斌，刘海军，沈正平. 论区域经济增长的动力模型［J］. 徐州师范大学学报，2003（1）：107—111.

［26］方勇，张二震. 长江三角洲地区外商直接投资与地区经济发展［J］. 中国工业经济，2002（5）：55—61.

［27］范剑勇，朱国林. 中国地区差距演变及其结构分解［J］. 管理世界，2002（7）：37—44.

［28］马骁，徐浪. 教育对经济增长的贡献：东西部之比较［J］. 经济学家，2001（2）：34—48.

［29］［80］［86］苗东升. 系统科学精要［M］. 北京：中国人民大学出版社，1998. 1、166—167、138—150.

［30］陈力军. 关于经济发展的理论思考［J］. 甘肃社会科学，2003（6）：38—41.

［31］Azariadis，Costas and Allan Drazen. Threshold Externalities in Economic Growth［J］. Quarterly Journal of Economics，1990，Vol. 105，pp. 501—526.

［32］Herrick B. and Kinderberger C. P. Economic Development［M］. New York：Mcgram-Hill Press，1983. 12—13.

［33］［156］方旋. 科技创新与区域经济发展［M］. 广州：广东经济出版社，2002. 8、33—35.

［34］Barro，Robert J. Economic Growth in aCross Section of Countries［J］. Quarterly Journal of Economics，1991，Vol. 106，pp. 407—443.

［35］Becker，Gary S. Kevin M. Murphy and Robert Tamura. Human Capital，Fertility，and Economic Growth［J］. Journal of Political Economy，1990，Vol. 98，Part Ⅱ，pp. S12—S17.

［36］景跃军，王胜今. 区域经济理论与方法［M］. 长春：吉林大学出版社，2001. 360—363.

［37］黄继忠. 区域内经济不平衡增长论［M］. 北京：经济管理出版社，2001.

9—11.

[38] 朱厚伦. 中国区域经济发展战略 [M]. 北京：社会科学文献出版社，2004. 11—17.

[39] 张超. 地理系统工程 [M]. 北京：科学出版社，1993. 13—14.

[40] Bertalanffy von. The History and Status of General System Theory. In：Klir G J, ed.. Trends in General System Theory. John Wiley & Son, Inc. 1972. 21—41.

[41] [42] 刘洪. 经济系统预测的混沌理论原理与方法 [M]. 北京：科学出版社，2003. 190—192、191—192.

[43] Chen，Y, etal. Two-tiered Architechture of IS in W W W Environment. In：Rolland C，etal. ed. Information Systems in the W W W Environment. London：Chapman & Hall，1998. 239—257.

[44] Swenson，R. Emergent Attractors and the Law of Maximum Entropy Production：Foundation to a Theory of General Evolution. System Research，1983，6（3）：1987—1997.

[45] [46] [82] 许国志. 系统科学 [M]. 上海：上海科技教育出版社，2000. 21—25、29—31、176—177.

[47] 拉兹洛. 用系统的观点看世界 [M]. 北京：中国社会科学出版社，1985. 14—15.

[48] Baumal W J，Wolff E. N. Feedback form Productivity Growth to R&D [J]. Scandinavian Journal of Economics，1983（1）：147—157.

[49] [55] 钱学森. 论地理科学 [M]]. 杭州：浙江教育出版社，1994. 64—65.

[50] 吴超，魏清泉. 系统科学在区域发展研究中的应用 [J]. 人文地理，2005 (1)：32—36.

[51] M. C. Jachson. System Methodology for Management Sciences [M]. Plenum Press，1991. 121.

[52] J. W. Forrester. Industrial Dynamics [M]. Cambridge：The MIT Press，1960. 67.

[53] Forrester，Jayw. The System Dynamics National Model：Objectives，Philosophy，and Status，Proceedings of the 1984 International System Dynamics Conference. 1—16.

[54] Graham，Alan K. 1980. Parameter Estimation in System Dynamics Modeling，in Element of the System Dynamics Modeling，Jorgn Randers，ed.，Cambridge，Mass.：The MIT Press. 143—161

[56] 克鲁格曼. 地理与贸易 [M]. 北京：北京大学出版社，中国人民大学出版社，2001. 15—18.

[57] 李丽萍. 大连发展国际性城市的环境经济模式 [J]. 城市发展研究，2001 (3)：42—47.

[58] 胡传机. 非平衡系统经济学 [M]. 石家庄：河北人民出版社，1987. 7—8.

[59] 刘树成. 现代经济词典 [M]. 南京：凤凰出版社，江苏人民出版社，2005. 825—826.

[60] Arthur, W. B. Positive Feedbacks in Economy. Sci, Am., 1990, 262 (2), 92—99.

[61] 杜肯堂，戴士根. 区域经济管理学 [M]. 北京：高等教育出版社，2004. 16—22.

[62] 董锁成. 经济地域运动论 [M]. 北京：科学出版社，1994. 6—15.

[63] 刘国平. 经济系统进化及动因 [D]：[博士学位论文]. 南京：南京农业大学，2001.

[64] 梁吉义，任家智. 区域经济系统复杂性探析 [J]. 系统辩证学学报，2003 (4)：19—22.

[65] Horgan, J. (1995). From Complexity to Perplexity. Sci. Am, 272 (6), 104—109.

[66] 杨敏华. 区域经济发展系统及系统的发展—理念及方法探寻 [J]. 经济地理，1999 (4)：21—25.

[67] 刘明君. 经济发展理论与政策 [M]. 北京：经济科学出版社，2004. 24—25.

[68] 陈国阶，王青. 中国山区经济发展阶段的理论模型与预测 [J]. 地理学报，2004 (2)：303—310.

[69] 转引自：刘洪. 经济系统预测的混沌理论原理与方法 [M]. 北京：科学出版社，2003. 190—192.

[70] [71] 张培刚. 发展经济学教程 [M]. 北京：经济科学出版社，2001. 129、128—137.

[72] KravisI. Trade as a Hand-Maiden of Growth：Similarities between the 19th and 20th Centuries [J]. Economic Journal，Vol. 80，No. 320 (Dec. 1970)，pp. 852—872.

[73] 李柏洲. 企业发展动力研究 [D]：[博士学位论文]. 哈尔滨：哈尔滨工程大学，2003.

[74] 马克思. 直接生产过程的结果 [M]. 北京：人民出版社，1964. 41.

[75] 凯恩斯. 就业、利息和货币通论 [M]. 北京：商务印书馆，1993. 93—95.

[76] 欧文·拉兹洛，克里斯托弗·拉兹洛. 管理的新思维—第三代管理思想 [M]. 北京：社会科学文献出版社，2001. 119—120.

[77] 黄贯虹，方刚. 系统工程方法与应用 [M]. 广州：暨南大学出版社，2005. 72—73.

[78] [125] 陈银法，叶金国. 产业系统演化与主导产业的产生、发展 [J]. 河北经贸大学学报，2003（2）：46、46—51.

[79] H. haken. Synergetics, An Introduction: Non-Equilibrium Phase Transitions and Self-Organization in Physics, Chemistry, and Biology, Springer-Verlag, Ⅲ, 1983, p. 191.

[81] 哈肯. 信息与自组织 [M]. 成都：四川教育出版社，1988. 29.

[83] PerBak, chenKan. self-organized criticality [J]. Scientific American, Jan, 1991（264）：33.

[84] [97] [131] 李兴华，蓝海林. 高新技术企业集群自组织机制与条件研究 [M]. 北京：经济科学出版社，2004. 104—105、116—118、214—218.

[85] G. Nicolis and I. Prigogine. Self-Organization in Non-Equilibrium System, form Dissipative Structure to Order through Fluctuations, New York, Wiley, 1977, p. 60.

[87] 吴彤. 自组织方法论研究 [M]. 北京：清华大学出版社，2001. 19.

[88] Anderson, P. W. and Stein, D. L. Broken Symmetry Emergent Properties, Dissipative Structures, Life and Origin: Are They Reprinted in Anderson (1984), pp. 262—284.

[89] 普利高津. 从存在到演化 [M]. 上海：上海科技出版社，1986. 94.

[90] 叶侨健. 论系统自组织机制—耗散结构机理图的诠释 [J]. 系统辩证学学报，1994（2）：57—63.

[91] [94] [95] 庞元正，李建华. 系统论、控制论、信息论经典文献选编 [M]. 北京：求实出版社，1989. 162—177、161、241.

[92] 尼科里斯，普利高津. 探索复杂性 [M]. 成都：四川教育出版社，1986. 69.

[93] Paul Krugman. The Self-Organizing Economy. Blackwell Publishers Inc, 1996. 88—90.

[96] 刘和平，崔援民. 自组织理论在市场经济研究中的应用 [J]. 河北经贸大学学报，1996（3）：107.

[98] Bakper, Chao Tang, and Kurt. Wiesenfeld Self-Organized Criticality: An

Explanation of l/fnoise〔J〕. Physical Review Letters，July1987，Vol. 59，No4：381—384.

[99] 胡家勇. 转型、发展与政府〔M〕. 北京：社会科学文献出版社，2003. 405—410.

[100] [181] 郭熙保. 发展经济学经典论著选读〔M〕. 北京：中国经济出版社，1998. 348、335.

[101] Knowles，Stephen and Garces-Ozanne，Arlene. Government Intervention and Economic Performance in East Asia，Economic Development and Cultural Change，Jan. 2003，Vol. 51，No. 2，pp. 451—477.

[102] 刘勇. 完善区域融资在区域经济发展中的作用〔R〕. 国研报告，1999—05—27.

[103] 张绍旭. 我国区域经济发展与政府行为的实证分析初探〔J〕. 延边大学学报（社会科学版），1999（4）：81—84.

[104] 陈秀山，张可云. 区域经济理论〔M〕. 北京：商务印书馆，2003. 382—385.

[105] 鲁鹏. 制度与发展关系研究〔M〕. 北京：人民出版社，2002. 2—3.

[106] Singer. H. W. The Distribution of Gains between Investing and Borrowing Countries〔J〕. American Economic Review，May，1950，pp. 474—479.

[107] 沈宏达. 经济结构的三维模式〔M〕. 北京：经济管理出版社，2002. 4—13.

[108] 皮亚杰. 结构定义〔M〕. 北京：商务印书馆，1984. 2—10.

[109] 中国大百科全书编写组. 中国大百科全书：哲学卷〔M〕. 北京：中国大百科全书出版社，1998. 358.

[110] 庞元正，丁冬红. 当代西方社会发展理论新词典〔M〕. 长春：吉林人民出版社，2001. 186—188.

[111] 皮亚杰. 结构主义〔M〕. 北京：商务印书馆，1984. 2.

[112] 杜肯堂，戴士根. 区域经济管理学〔M〕. 北京：高等教育出版社，2004. 91—93.

[113] 曾菊新. 空间经济：系统与结构〔M〕. 武汉出版社，1996. 230.

[114] 龚仰军. 产业结构研究〔M〕. 上海：上海财经大学出版社，2002. 20—26.

[115] 钱纳里，鲁滨逊，赛尔奎因. 工业化和经济增长的比较研究〔M〕. 上海：三联书店上海分店，1989. 42.

[116] 郭克莎. 中国：改革中的经济增长与结构变动〔M〕. 上海：三联书店上海分店，上海人民出版社，1996. 122—124.

[117] 谷国锋，张秀英. 区域经济系统耗散结构的形成与演化机制研究 [J]. 东北师大学报（自然科学版），2005（3）：119－125.

[118] Shaked A. Non-existence of equilibrium for the two-dimensional three-firms location problem [J]. Review of Economic Studies，1975（45）：51－55.

[119] Baranov，E. F. and I. S. Matlin. A system of models for coordinating sectoral and regional developmentplans. in：B. Issaev，P. Nijkamp，P. Rietveld and F. Snickars，eds.，Multiregional economic modeling：practice and prospect [M]. Amsterdam：North-Holland1982. 143－156.

[120] Miline，W.，F. G. Adams and N. J. Glickman. A top-down multi-regional model of the US economy. In：F. G.，Adams N. J. Glickman eds.，Modeling the multiregional economic system. Lexington [M]. Mass：Lexington Books，1980a. 133－146.

[121] 陈计旺. 地域分工与区域经济发展 [M]. 北京：经济管理出版社，2001. 96－99.

[122] 畅建霞，黄强，王义民，等. 基于耗散结构理论和灰色关联熵的水资源系统演化方向判别模型研究 [J]. 水利学报，2002（11）：107－112.

[123] I. Prigogine and P. M. Allen. The Challenge of Complexity，Self-Organization and Dissipative Structures，edited by W. C. Schieve and P. M. Allen，University of Texas Press，Austin，1982，p9.

[124] 吴郁文. 区域经济协调与发展 [M]. 北京：中国环境科学出版社，1997. 148－149.

[126] 湛垦华. 涨落与系统自组织 [J]. 中国社会科学，1989（1）：4.

[127] 关士续. 自然辩证法概论 [M]. 北京：高等教育出版社，1989. 43－44.

[128] 陈顺武. 系统观：从一元决定论到多元决定论的随机选择论 [J]. 自然辩证法（人大复印资料），1990（3）：1－3.

[129] 潘才岩. 科学发展的自组织 [J]. 自然辩证法，〔人大复印资料〕1991（5）：9.

[130] Bak，P. How Nature Works：The Science of Self-Organized Criticality [M]. New York：Copernocus Press For Springer Verlag，1996. 31－32.

[132]【133] 普利高津. 从混沌到有序 [M]. 上海：上海译文出版社，1987. 7－8、1－2.

[134] 尼科里斯基. 非平衡系统的自组织 [M]. 北京：科学出版社，1986. 22－23.

[135]【186】哈肯. 协同学 [M]. 北京：原子能出版社，1984. 12－13、20－32.

[136] 孙久文. 论区域经济在国家和地区发展中的作用 [J]. 经济问题, 2001 (4)：24—27.

[137] 亚当·斯密. 国民财富的性质和原因的研究（上卷）[M]. 北京：商务印书馆，1972. 10.

[138] N. Rosenberg. Inside the black box [M]. Cambridge：Cambridge University Press，1982，p34.

[139] [143] [145] 熊彼特. 经济发展理论 [M]. 北京：商务印书馆，1990. 23—29、83、82—83.

[140] HenningsK. H. John Rae. 新帕尔格雷夫经济学大词典（第四卷） [M]. 北京：经济科学出版社，1992. 42—43.

[141] Dorfman R Economic Development from Beginning to Rostow，The Journal of Economic Literature，Vol. 29，No. 2，June1991.

[142] Philip Cooke and Kevin Morgan. The Associational Economy：Firms, Regional and Innovation（Chapter1，institutions of Innovation），pp. 9—34，Oxford University Press，1998.

[144] Grabher G 1991：Rebuilding cathedrals in the desert：new patterns of cooperation between large and small firms in the coal，iron，and steel complex of the German Ruhr area. In Bergman EM，Maier G and Todtling F（eds）：Regions Reconsidered：Economic Networds，Innovation，and Local Development in Industrialized Countries，New York：Mansell 59—78.

[146] 陈文化，彭福扬. 关于创新理论和技术创新的思考 [J]. 自然辩证法研究，1998 (6)：37.

[147] Mowery，David C.. The Economic History of Technology：The Development of Industrial Research in U. S. Manufacturing [J]. AEA Papers and Proceedings，May，Vol. 80，No. 2，pp. 345—349.

[148] 杜长征，杨磊. 技术创新、技术进步与技术扩散概念研究 [J]. 经济师，2002 (3)：43—45.

[149] 滕福星. 科技进步论 [M]. 吉林：吉林科学技术出版社，1995. 21.

[150] 柳卸林. 技术创新经济学 [M]. 北京：中国经济出版社，1993. 1—2.

[151] 桑庚陶，郑绍濂. 科技经济学 [M]. 上海：复旦大学出版社，1993. 41—42.

[152] 王海山. 技术进步经济学 [M]. 大连：大连理工大学出版社，1993. 5—11.

[153] 周寄中. 科学技术创新管理 [M]. 北京：经济科学出版社，2002. 89—91.

[154] 贝尔纳. 二十五年以后. 转引自马凯. 科学的科学: 技术时代的社会 [M]. 北京: 科学出版社, 1985. 262.

[155] 魏江. 产业集群—创新系统与技术学习 [M]. 北京: 科学出版社, 2003. 118—121.

[157] 傅家骥. 技术创新学 [M]. 北京: 清华大学出版社, 1999. 402—410.

[159] 谷国锋, 滕福星. 区域科技创新运行机制与评价指标体系研究 [J]. 东北师大学报 (哲学社会科学版), 2003 (4): 24—30.

[160] 邹东涛. 经济中国之新制度经济学与中国 [M]. 北京: 中国经济出版社, 2004. 15.

[161] 李松龄. 制度创新与经济发展 [J]. 中共云南省委党校学报, 2004 (11): 93—97.

[162] 吴凯. 制度与经济发展: 从历史到现实的认识 [J]. 财经理论与实践, 1999 (2): 17—21.

[163] Coase, R. H. The New Institutional Economics [J]. Organization of Institutional and Theoretical Economics, 1984, 140 (March): 229—231.

[164] 转引自乔弗瑞. M. 霍奇逊. 西方制度经济学发展概况简述 [M]. 该文译自 The Economics of Institutions, Edited by Geoffrey. M. Hodgson 1993 Published by Edward Edgar Publishing Limited.

[165] Walton H. Hamilton. Institution, in Eduin R. A. Seligman and Alvin Johnson (ends) [J]. Encyclopedia of the Social Sciences, 1982 (8): 84—9.

[166] 张宇燕. 制度经济学: 异端的见解 [C]. 见: 现代经济学前沿专题 (第二集) [M]. 北京: 商务印书馆, 1996. 226—228.

[167] 奥斯特罗姆, 菲尼, 皮希特, 等. 制度分析与发展的反思 [M]. 北京: 商务印书馆, 1992. 132.

[168] Andrew Schotter. The Economic Theory of Social Institutions [M]. Cambridge: Cambridge University Press, 1980, p11.

[169] 布莱克维尔政治学百科全书编写组. 布莱克维尔政治学百科全书 [M]. 北京: 中国政法大学出版社, 1992. 359.

[170] 汤因比. 历史研究 (上) [M]. 上海: 上海人民出版社, 1986. 59—60.

[171] 樊纲. 渐进式改革的政治经济学分析 [M]. 上海: 上海远东出版社, 1996. 16.

[172] L. E. 戴维斯, D. C. 诺思. 制度变迁的理论: 概念与原因, 载财产权利与制度变迁 [M]. 上海: 上海三联出版社, 1991. 271.

[173] North，D. Structure and Change in Economic History ［M］. Yale University Press，1983. 202.

[174] 卢现祥. 西方新制度经济学 ［M］. 北京：中国发展出版社，1996. 72.

[175] Coase，R. H. The New Institutional Economics ［J］. Organization of Institutional and Theoretical Economics，1984，140（March）：229－231.

[176] 奥斯特罗姆，菲尼，皮希特，等. 制度分析与发展的反思：问题与抉择 ［M］. 北京：商务印书馆，1992. 1.

[177] 詹姆斯. A. 道，史迪夫. H. 汉科，阿兰. A. 瓦尔特斯，等. 发展经济学的革命 ［M］. 上海：上海三联书店，上海人民出版社，2000. 9.

[178] 迈克尔·波特. 国家竞争优势 ［M］. 北京：华夏出版社，2002. 8.

[179] 刘锡田，许艺敏. 论转型期区域经济发展的路径选择与制度创新 ［J］. 广东财经职业学院学报，2002（6）：43－47.

[180] 卢现祥. 西方制度经济学 ［M］. 北京：中国发展出版社，1996. 208.

[182] 道格拉斯·诺思. 西方世界的兴起 ［M］. 北京：学苑出版社，1988. 1－2.

[183] 许庆瑞，谢章澍. 企业创新协同及其演化模型研究 ［J］. 科学学研究，2004（6）：327－332.

[184] 黄少安，魏建. 制度互补与企业发展 ［J］. 管理世界，2000（3）：193－199.

[185] 韦德里希·哈格. 定量社会学 ［M］. 成都：四川人民出版社，1986. 55－67、251－266.

[187] Stevens，Benjamin H. An application of game theory to a problem in location strategy ［J］. Papers of the Regional Science Association，1961（7）：143－151.

[188] 张伟，曹洪军，王宪玉. 经济增长中的技术创新与制度创新关系探讨 ［J］. 科技与经济，2003（5）：19－22.

[189] Ben Polak. Epistemic Conditions for Nash Equilibrium，and Common Knowledge of Rationlity ［J］. Econometrica，1999，vol. 67，No. 3，673－676.

[190] 李志强. 相对成本收益决定及其模型 ［J］. 中国软科学，2002（5）：98－103.

[191] D. C. 诺思. 财产权利与制度变迁 ［M］. 上海：上海三联书店，1991. 23－25.

[192] D. C. 诺思，R. 托马斯. 西方世界的兴起 ［M］. 北京：华夏出版社，1999. 5.

[193] 小艾尔弗雷德 D. 钱德勒. 看得见的管理—美国企业的管理革命 [M]. 北京：商务印书馆，1987. 18.

[194] 王建国. 争名的经济学—位置消费理论. 载现代经济学前沿专题 [M]. 北京：商务印书馆，1999. 85.

[195] 何恒远. 技术与制度：决定的抑或是互动的 [J]. 山东经济，2002（4）：5—11.

[196] 高波，张志鹏. 文化与经济发展：一个文献评述 [J]. 江海学刊，2004（1）：80.

[197] 转引自陈庆修，李健. 文化是经济发展的深层原因 [J]. 中国电子商情，2003. 54.

[198] 王康弘，耿侃. 文化信息的空间扩散分析 [J]. 人文地理，1998，13（3）：50—53.

[199] 转引自李宗桂. 中国文化概论 [M]. 广州：中山大学出版社，1989. 6.

[200] 李鹏程. 当代西方文化研究新词典 [M]. 长春：吉林人民出版社，2003. 307.

[201] 俞吾金. 现代化的文化内涵和文化的现代化指向 [N]. 文汇报，1996—04—10（4）.

[202] 阎世平. 制度视野中的企业文化 [M]. 北京：中国时代经济出版社，2003. 25.

[203] 钱穆. 中国文化史导论 [M]. 北京：商务印书馆，1994. 1.

[204] 罗若山. 中国文化动力研究刍议 [J]. 毛泽东邓小平理论研究，2000（5）：79—83.

[205] 阎耀军. 论区域文化性格概念 [J]. 理论与现代化，2002（3）：3—4.

[206] 史晋川，金祥荣，赵伟. 制度变迁与经济发展 [M]. 杭州：浙江大学出版社，2002. 15.

[207] 李勤德. 中国区域文化 [M]. 太原：山西高校联合出版社，1995. 2—10.

[208] 梁金河. 中国鲁粤经济方位 [M]. 北京：中国城市出版社，1996. 10.

[209] 胡惠林，李康化. 文化经济学 [M]. 上海：上海文艺出版社，2003. 1.

[210] 何传启，张凤. 知识创新—竞争新焦点 [M]. 北京：经济管理出版社，2001. 1—4.

[211] 庞效民. 90年西方经济地理学的文化研究趋向评述 [J]. 经济地理，2000（3）：6—8.

[212] 胡惠林，李康化. 文化经济学 [M]. 上海：上海文艺出版社，2003. 1.

[213] 马克思，恩格斯. 马克思恩格斯全集（第3卷）[M]. 北京：人民出版社，

1975. 29.

[214] 李俭. 振兴东北老工业基地企业文化建设研讨会简述 [N]. 光明日报，2004-07-07 (2).

[215] 高波，张志鹏. 文化与经济发展：一个文献评述 [J]. 江海学刊，2004 (1)：80-87.

[216] 金相郁. 文化与经济的关系：第三种解释 [J]. 经济学动态，2004 (3)：13-18.

[217] 叶辉. 文化软实力成为浙江综合竞争力的重要组成部分 [N]. 光明日报，2005-02-27 (3).

[218] 李宗植. 发挥江苏区域文化对区域经济发展的促进作用 [J]. 现代经济探讨，2003 (4)：38-41.

[219] 西安交大"西部生产考察"课题组. 研究报告 [R]. 生产力研究，1989 (1)，见：韦伟. 中国经济发展中的区域差异与区域协调 [M]. 合肥：安徽人民出版社，1995. 71.

[220] 转引自哈特里奇. 第四帝国的崛起 [M]. 北京：世界知识出版社，1982. 12.

[221] 转引自哈特里奇. 第四帝国的崛起 [M]. 北京：世界知识出版社，1982. 100.

[222] 李庆松，董四代. 区域文化与区域经济社会现代化 [J]. 前沿，2004 (4)：160-163.

[223] [224] [225] 塞缪尔·亨廷顿，劳伦斯·哈里森. 文化的重要作用 [M]. 北京：新华出版社，2002. 43、54、82.

[226] 转引自尹继佐. 文化发展与国际大都市建设 [C]. 上海：上海社会科学院出版社，2002. 197.

[227] 夏丽丽. 文化因素对区域经济发展影响初探 [J]. 人文地理，2000 (8)：55-59.

[228] 渠爱雪，孟召宜. 区域文化递进创新与区域经济持续发展 [J]. 经济地理，2004 (3)：49-54.

[229] 贾玉新. 跨文化交际学 [M]. 上海：上海外语教育出版社，1997. 18.

[230] 马波. 现代旅游文化学 [M]. 青岛：青岛出版社，1998. 6-7.

[231] 高一虹. 文化定型与跨文化交际悖论 [J]. 外语教学与研究，1995 (2)：35-42.

[232] 欧小威. 全息经济学 [M]. 上海：东方出版社，1993. 37.

[233] 徐建设. 论区域经济发展的文化底蕴 [N]. 光明日报，2000-10-27 (4).

[234] 林恩·夏普·佩因. 公司道德：高绩效企业的基石 [M]. 北京：机械工业出版社，2004. 43.

[235] 陈宗胜. 中国经济体制市场化进程研究 [M]. 上海：上海人民出版社，1990. 45.

[236] 刘澈元. 区域经济发展的文化成本探析 [J]. 甘肃高师学报，2004 (2)：32－35.

[237] 曾小华. 文化、制度与制度文化 [J]. 浙江省委党校学报，2001 (2)：30－36.

[238] 王振华. 经济发展的文化效应分析 [J]. 唐都学刊，2003 (3)：90－93.

[239] 周天勇. 发展经济学 [M]. 北京：中共中央党校出版社，1997. 348.

[240] 道格拉斯·诺斯. 经济史中的结构与变迁 [M]. 上海：上海三联书店，1991. 228.

[241] 道格拉斯·诺斯. 制度、制度变迁与经济绩效 [M]. 上海：上海三联书店，1994. 34.

[242] 蒋自强，史晋川. 当代西方经济学流派 [M]. 上海：复旦大学出版社，2001. 252.

[243] 科斯. 财产权利与制度变迁—产权学派与新制度经济学译文集 [M]. 上海：上海三联书店、上海人民出版社，1994. 391.

[244] Andersson, A. E. Potentials of multiregional and interregional economic modeling, in: B. Issaev, P. Nijkamp, P. Rietveld and F. Snickers, eds., Multiregional economic modeling: proactive and prospect [M]. Amsterdam: North-Holland1982. 205－216.

[245] 转引自冯之浚. 软科学纲要 [M]. 北京：生活·读书·新知三联书店，2003. 34－35.

[246] 主悔. 区域经济发展动力与机制 [M]. 武汉：湖北人民出版社，2006.

[247] 王建廷. 区域经济发展动力与动力机制 [M]. 上海：上海人民出版社 格致出版社，2007.

[248] 杨继瑞，郝康维. 文化经济论——基于成都市文化产业及文化事业对社会经济发展贡献的研究 [M]. 成都：西南财经大学出版社，2007.

[249] 吴传清. 区域经济学原理 [M]. 武汉：武汉大学出版社，2008.

[250] 吴殿廷. 区域经济学 [M]. 北京：科学出版社，2003. 4－22.

[251] 安虎森. 区域经济学通论 [M]. 北京：经济科学出版社，2004. 201－238.

[252] 陈秀山，张可云. 区域经济理论 [M]. 北京：商务印书馆，2003. 25－35.

[253] 丁四保，王荣成，李秀敏，等. 区域经济学 [M]. 北京：高等教育出版社，

2003. 15－45.

[254] 刘再兴. 区域经济理论与方法 ［M］. 北京：中国物价出版社，1996. 38－88.

[255] 陈才. 区域经济地理学 ［M］. 北京：科学出版社，2001. 12－43.

[256] 蒋中一. 数理经济学的基本方法 ［M］. 北京：商务印书馆，2002. 72－109.

[257] 侯景新，尹卫红. 区域经济分析方法 ［M］. 北京：商务印书馆，2004. 2－6.

[258] 王铮，邓悦，葛昭攀，等. 理论经济地理学 ［M］. 北京：科学出版社，2003. 76－96.

[259] 龚六堂. 动态经济学方法 ［M］. 北京：北京大学出版社，2002. 3－14.

[260] 刘力钢. 企业持续发展论 ［M］. 北京：经济管理出版社，2001. 71－76.

后　记

　　本书是在我的博士学位论文《区域经济发展的动力系统研究》基础上，参阅新的相关文献，经过近三年的思考、修改、补充后完成的。

　　2002年3月，我考取了东北师范大学博士生开始学习区域经济学，2005年12月获得经济学博士学位。期间博士论文写作过程的磨练，使我深深感受到了求学之路的艰辛，尤其对于我这样一个"半路出家"的人来说，为能够经受住这种历练而心存感激。本书既包含了我几年来的学习、思考和研究的体会，又渗透着导师滕福星教授的大量心血，先生严谨的治学态度和广博的学术视野，时刻激励着我不断探索……在本书出版之际，导师亲自为书作序，恩师的谆谆教诲和辛勤培养是我一生的宝贵财富，在此谨向滕福星教授致以最诚挚的敬意和最衷心的感谢。

　　在求学和博士学位论文写作期间，东北师范大学博士生导师陈才教授、袁树人教授、徐效坡教授、丁四保教授、刘继生教授、李诚固教授、宋玉祥教授、刘力臻教授、支大林教授都给予了我无私的指导和莫大的帮助，从他们那里使我学到了真诚做人的道理和严谨治学的科学精神，也是他们的言传身教逐渐引领我步入了区域经济学这一研究领域的大门。

　　东北师范大学博士生导师尚金城教授以及他的硕士研究生邵立国、许野同学为论文写作付出了辛勤的劳动；学院党政领导班子和教授委员会成员给我创造了良好的学习条件；吉林省图书馆的赵连堤先生，东北师范大学国际关系学院图书资料室的郑亭荣、耿雪侠老师，在图书资料借阅等方面提供了非常便利的条件；佟志军、张正祥老师在论文排版和图形处理等方面提供了有力支持；从论文开题、写作、评阅到答辩，始终得到了东北师范大学杨青山教授、王荣成教授、我的硕士生导师赵树智教授、中国科学院东北地理与农业生态研究所博士生导师佟连军研究员、辽宁师范大学副校长博士生导师韩增林教授、吉林大学管理学院博士生导师葛宝山教授的悉心指导和热情帮助；东北师范大学出版社总编室主任魏芳华女士为著作的出版付出了大量心血；我的硕士研究生申雪、冯慧宇和靳宇婷在书稿校对中也做了大量工作。在此，一并向他（她）们表示深深的谢意。

特别要感谢的是东北师范大学区域经济学学科带头人、博士生导师丁四保教授，在承担着繁重的教学和科研任务的同时，亲自为本书撰写了书序，并在书稿修改过程中，提出了许多宝贵的富有建设性的意见和建议，使得书稿整体结构内容更加完善，逻辑关系更加清楚，在这里对丁四保教授的严谨、坦诚和直率表示深深的敬意。

区域经济发展问题一直是区域经济学，乃至区域科学研究的核心内容之一。区域经济发展与一般经济发展的概念既相互联系又有区别，它们的共性特征均表现为财富和福利的增加，是一个动态的过程，但区域经济发展强调的是在特定的地域空间上，具有时间与空间相结合的特殊属性。鉴于区域经济系统的开放性、时空性、整体性和复杂性，研究区域经济发展的过程需要多学科理论与方法的融合。众多专家、学者的研究方法、真知灼见以及他们的睿智与博学，使作者受到了莫大的启迪，本书正是在借鉴和参阅了国内外大量文献的基础上完成的，书中引用了一些专家学者的研究成果，已列于参考文献中，如有疏漏敬请谅解，谨致谢意。

本书就要付梓出版了，我心中既有喜悦，又深感不安，因为毕竟笔者对于区域经济学的学习和研究时间不过短短几年，深知自己理论功底浅薄，而区域经济学这门学科又在快速发展，书中难免存在这样或那样的缺点与不足，敬请学界前辈和青年学者们指正。

仅以此书献给那些曾经关心、帮助过我的领导、同事、同学和朋友，也献给为我付出一切的亲人们！

谷国锋